ララチッタ
Taipei

台北

ララチッタとはイタリア語の「街＝La Citta」と
軽快に旅を楽しむイメージをかさねた言葉です。
小籠包の超有名店、おいしいスイーツ、
おすすめ茶藝館、足裏マッサージなど…
台北の旅が楽しくなるテーマが詰まっています。

ララチッタ 台北
CONTENTS

台北早わかり…P4　　2泊3日王道モデルプラン…P6

台北で叶えたい❤❤
とっておき
シーン7 …P8

すべてが絵になる九份へ…P9
陽気でアツイ夜市で遊ぶ！…P10
アツアツ小籠包をパクリ！…P11
絶品スイーツ食べ比べ…P11
リノベタウンで観る・歩く・買う♪…P12
パワスポ寺廟で開運祈願…P13
美のフルコースを体験…P13

Area of interest
女子旅注目エリア

迪化街…P14
中山・赤峰街…P18
康青龍…P22

Sightseeing
見る

行くべき夜市BEST3…P28
歴代皇帝の至宝が集結
國立故宮博物院…P32
開運スポットNavi…P36
話題のリノベスポットへ…P40
観光名所めぐり…P42
イマドキ夜遊びスポットで女子会…P44
台北101から絶景を眺める…P46

Gourmet
おいしいもの

行列しても食べたい本場の小籠包…P48
美食通をも唸らす"麺"…P52
ヤミツキの火鍋ワールド…P54
台湾式朝ごはん…P56
ひ～んやりかき氷…P58
ほっこり❤台湾スイーツ…P60
茶藝館でリラックス…P62
ひとりでも入りやすいお店…P64
台湾版"丼"ものメニュー…P66
B級グルメ、小吃食べ歩き…P68
レトロ食堂で家庭料理を…P70
台湾ドリンクチャート…P72
居心地◎のくつろぎカフェ…P74
"ザ・台湾料理"の名店4軒…P76
お得に召しませ高級食材♪…P78
ヘルシーな"素食"と野菜ゴハン…P80

Shopping
おかいもの

パイナップルケーキ…P82
上質茶葉が揃う専門店…P84
一生愛せる茶器探し…P86
かわいいシノワ雑貨…P88
デザイン雑貨ハンティング…P90
台湾デザイナーズブランド…P92
おみやげコレクション…P94
安くておいしい食材みやげ…P96
便利♪なデパート…P98

Beauty きれい

変身写真館でモデル気分♪…P100
台湾式シャンプー＆ヘッドスパ…P102
お手軽・足裏マッサージ…P104
美サロンデビュー♪…P106
自然派コスメで美肌Get…P108
美容にきくスイーツ大集合！…P110

Go for a walk 街さんぽ

発展し続ける「信義」…P112
トレンド発信源「東區」…P114
安カワ＆安ウマが集合「西門町」…P116
クリエイターの隠れ家タウン「富錦街」…P118
活気に満ちた学生街「師大路」＆「公館」…P120
「台北駅」を使いこなそう！…P122

One Day Trip 足を延ばして

「九份」でタイムトリップさんぽ…P124
「十分」でランタン上げ…P128
喧騒を離れて「猫空」へ…P130
台湾最大の温泉地「新北投」…P132
異国情緒たっぷりの港町「淡水」…P134

Stay ステイ

台北中心部のホテルリスト…P136

トラベルインフォメーション

トラベルインフォメーション …P140
旅じたく memo …P154
Index …P156

付録MAP

台北周辺図／淡水 …P2
台北全体図 …P3
台北北部 …P4
台北西部 …P6
台北東部 …P8
台北101周辺（信義）…P10
東區（忠孝復興駅〜忠孝敦化駅）…P12
中山 …P14
西門町 …P16
迪化街 …P18
康青龍 …P19
師大路〜公館 …P20
行天宮周辺／龍山寺周辺 …P21
富錦街 …P22
台湾グルメ 指さし注文カタログ …P23
シーン別 カンタン会話 …P27
MRT（捷運）路線図 …裏表紙

マークの見かた

J 日本語スタッフがいる		**交** 交通
J 日本語メニューがある		**M** MRT
E 英語スタッフがいる		**住** 住所
E 英語メニューがある		**☎** 電話番号
R レストランがある		**時** 開館時間、営業時間
P プールがある		**休** 休み
F フィットネス施設がある		**料** 料金
		URL Webサイトアドレス

その他の注意事項

●この本に掲載した記事やデータは、2023年8月の取材、調査に基づいたものです。発行後に、料金、営業時間、定休日、メニュー等の営業内容が変更になることや、臨時休業等で利用できない場合があります。また、各種データを含めた掲載内容の正確性には万全を期しておりますが、おでかけの際には電話等で事前に確認・予約されることをお勧めいたします。なお、本書に掲載された内容による損害等は、弊社では補償いたしかねますので、予めご了承くださいますようお願いいたします。
●地名・物件名は政府観光局などの情報を参考に、なるべく現地語に近い発音で表示しています。
●休みは基本的に定休日のみを表示し、年末年始や旧正月などの祝祭日については省略しています。
●料金は基本的に大人料金を掲載し、飲食店や美容系サロンなどのサービス料（10％）については省略しています。

台北早わかり

グルメスポットやオシャレタウン、レトロな街並みが残る通りなど、
特徴あるエリアが点在する台北。MRTの駅を起点として
賑わっていることが多いので、街から街へのアクセスは比較的簡単。

基本情報

人口：約250万人(台北市：2023年7月)　面積：約272㎢
時差：マイナス1時間(日本の正午なら、台北は午前11時。
　　　サマータイムは導入していない)
通貨：NT$1=約4.5円(2023年8月)
言語：中国語、台湾語、客家語など
チップ：不要。飲食店やホテルでの支払いはサービス料が含まれている
　　　ので、原則としてはチップ不要。ただしホテル、レストラン、タクシー
　　　などで特別な依頼をした場合、気持ち程度に渡してもOK。
ベストシーズン：春(3〜5月)と秋(10・11月)
　　　気温や降水量、祝日やイベントについては→P149

淡水 P134
九份 P124
P132
新北投 台北市
基隆市
新北市
台北 松山空港
P128
十分
台北駅
猫空 P130
新北市

TAIPEI

國立故宮博物院
士林夜市
劍潭駅
劍南路駅
西湖駅
港墘駅
大直駅
民權西路駅
中山國小駅
中山國中駅
台北松山空港
饒河街觀光夜市
行天宮駅
松山機場駅
中山駅
台北小巨蛋駅
南京三民駅
松山駅
北門駅
台北車站
松江南京駅
南京復興駅
松山文創園區
永春駅
西門駅
善導寺駅
忠孝東路
忠孝復興駅
市政府駅
龍山寺
台大醫院駅
新忠孝生駅
忠孝敦化駅
國父紀念館駅
象山駅
小南門駅
中正紀念堂駅
東門駅
大安
森林公園駅
大安駅
信義安和駅
台北101/世貿駅
台北101
龍山寺駅
古亭駅
台電大樓駅
六張犁駅
國立臺灣大學
麟光駅
公館駅

食の名店から雑貨まで

❶ 康青龍 →P22
カンチンロン

ハイセンスな茶藝館や雑貨店、カフェなどが林立するスポット。
Ⓜ淡水信義線・中和新蘆線東門駅

台北マダム出没エリア

❺ 中山・赤峰街 →P18
チョンシャン・チーフォンジエ

中山北路沿いにハイブランドのブティックやホテルが集中する。センスのよい雑貨店やカフェも多い。
Ⓜ淡水信義線・松山新店線中山駅

国立大生の庭

❾ 公館 →P121
ゴングワン

台湾の最高学府・國立臺灣大學をランドマークに、リーズナブルな飲食店やカフェなどが探せる。
Ⓜ松山新店線公館駅

通称・台湾の裏原宿

❷ 東區 →P114
ドンチュウ

流行の最先端をいくファッションやアクセサリーの店が集合。
Ⓜ文湖線・板南線忠孝復興駅、
Ⓜ板南線忠孝敦化駅

ティーンが集まる原宿

❻ 西門町 →P116
シーメンディン

カジュアルファッションやファストフード店が集まる若者の街。アキバ系のサブカルスポットもある。
Ⓜ松山新店線・板南線西門駅

ご利益を求めて連日賑わう

❿ 龍山寺周辺 →P37
ロンシャンスー

台湾最古のお寺・龍山寺を中心に賑わうエリア。
Ⓜ板南線龍山寺駅

台北101ビルのお膝元

❸ 信義 →P112
シンイー

台北101を中心にデパートや高級ホテルが点在する。年々新しいスポットが登場している。
Ⓜ淡水信義線台北101/世貿駅

おしゃれな住宅街

❼ 富錦街 →P118
フウジンジエ

台北松山空港南側に広がる閑静な住宅街。緑の並木道がある。
Ⓜ文湖線松山機場駅

商売熱心な台湾人に人気

⓫ 行天宮周辺 →P37
シンティエンゴン

商売の神様を祀ったお寺・行天宮を中心としたエリア。
Ⓜ中和新蘆線行天宮駅

新旧融合する最旬タウン

❹ 迪化街 →P14
ディーホアジエ

歴史ある建物が残る問屋街に、オシャレなショップが次々登場している。
Ⓜ松山新店線北門駅

猫が行き交う学生街

❽ 師大路 →P120
シーダールウ

師範大學があることから学生街としてカフェやショップが発展。猫カフェや猫のいる店も密集。

Ⓜ松山新店線台電大樓駅、Ⓜ松山新店線・中和新蘆線古亭駅

注目の郊外スポット

九份
ジウフェン
→P124
風光明媚な景観で数々の映画の舞台にもなった元金鉱の街。

十分 シーフェン
→P128
ランタン上げが人気。

猫空 マオコン
→P130
鉄観音茶の里として知られ、茶藝館が多く集まるエリア。ロープウェイでアクセスする。

新北投 シンベイトウ
→P132
台湾きっての温泉街。

淡水 タンシュイ
→P134
夕日の美しい河岸の街。

台北を楽しみつくす！

2泊3日王道モデルプラン

短い滞在時間で、あれもこれも楽しみたい！
そんな女子旅には外せないマストなスポットを効率よくまわれるプランでご紹介。

DAY1

小籠包、マンゴーかき氷、
担仔麺も！
マストグルメを攻略！

11:30
台北松山空港着
↓
市内ホテルへ
チェックイン
↓
13:30
おまちかね
小籠包ランチ
オススメ▶鼎泰豐(→P48) 101店

▶ADVICE!
台湾桃園国際空港と台北松山空港が空の玄関口

歴史的建造物をリノベした四四南村。台北101(→P46)の撮影スポットとしても人気

行列必至の
超有名店！

アツアツのスープに
凝縮された濃厚なう
ま味を楽しんで

↓ 徒歩で移動

15:00
台北101&
信義エリア散策
オススメ▶四四南村(→P41)

↓ 地下鉄で16分

16:30
フルーツ山盛り
かき氷店へ
オススメ▶
陳記百果園(→P58)

↓ 徒歩すぐ

17:30
東區エリアで
ショッピング

↓ 徒歩で移動

19:00
夜ごはんは
麺の名店で
オススメ▶度小月(→P52)

パーラーの質の高い果物がたっぷりのっ
たかき氷をいただく

1：深夜まで営業して
いるグルメの宝庫・
士林夜市(→28)
2：大通りにはデパー
トが並び、裏路地に
は個性的なショップ
が多く見つかる東區

エビのスープと肉そぼろが
絶妙な風味の担仔麺

アレンジプラン
元気があれば夜市(→P28)へ
Go！台北の夜の熱気と屋台
グルメを楽しめる。

DAY 2

歴史とローカル感
故宮と九份
2大観光地！

たくさん歩いた日は足裏マッサージへ

アレンジプラン
夜ショッピングなら誠品生活 松菸店(→P40)へ。洗練された台北みやげを見つけることができる。

おみやげにオススメ

9:00
國立故宮博物院(→P32)を見学
↓ タクシーと地下鉄で40分

12:00
台北駅で駅弁を購入、九份へ
オススメ ▶ 台鐵便當本舗1號店(→P65)
↓ 鉄道とタクシーで約1時間30分

13:30
九份そぞろ歩き&茶藝館
オススメ ▶ 阿妹茶樓(→P126)
↓ タクシーと鉄道で約1時間30分

16:30
台北に戻り、
足裏マッサージ
オススメ ▶ 滋和堂(→P104)
↓ タクシーで移動

18:00
老舗レストランで
しっかり夜ごはん
オススメ ▶ 欣葉(→P76)

1：秘宝をモチーフにした雑貨
2：皇帝が集めた世界屈指の中国美術の至宝が集結

昔ながらの味が楽しめる、おかずたっぷりの駅弁

かわいい♡

ワタリガニのおこわ 紅蟳米糕

1：九份名物タロイモ団子のかき氷 2：九份みやげの代表格、オカリナ、形もいろいろ 3：美しい眺めを楽しめる茶藝館が多い 4：レトロな街並みの竪崎路(→P125)

DAY 3

最終日は
最旬エリア
総めぐり！

バラマキにもぴったり♪
スーパーにはローカルフードがたくさん！(→P96)

ほっこり雑貨探し♪

白水豆花 台北永康の豆花

康青龍の雑貨店、リトルワークス(→P24)

9:00
迪化街でお参り&さんぽ
↓ タクシーで移動

11:00
スーパーでおみやげ探し
↓ タクシーで移動

12:00
ホテルに戻ってチェックアウト
↓

12:30
康青龍でスイーツ
オススメ ▶ 白水豆花 台北永康(→P23)
↓ 徒歩で移動

13:30
康青龍をおさんぽ
↓ タクシーで移動

15:30
荷物をピックアップ、空港へ

1：永楽布業商場(→P17)で鮮やかな花布グッズをゲット 2：陶一二(→P15)で茶器探し 3：恋愛成就にご利益があるといわれる霞海城隍廟(→P36) 4：縁結びの神様、月下老人のお守り

アレンジプラン
時間があれば、空港近くのエリア富錦街(→P118)に立ち寄るのもオススメ。パイナップルケーキの有名店、微熱山丘(→P83)もこのエリア。

SPECIAL SCENE7

台北で叶えたい

とっておきシーン7

台北で絶対に体験したい7つのシーン！
異世界のような九份や小籠包、スイーツ、話題のリノベスポットなど、
女子の欲望を満たしてくれる、7つの魅力を紹介します。

建物の赤提灯がもっとも美しく
輝く日没前後を狙って訪れたい

SCENE 1

台湾随一の観光地

すべてが絵になる九份へ

路地裏には猫も♥

台北から1時間30分ほど、古き良き台湾の姿が息づく九份は、19世紀末に金の採掘が開始され、台湾ゴールドラッシュの舞台として栄えた街。閉山後急速に衰退したものの、近年、台湾映画の舞台になったこともあり一躍世界から注目を集める人気観光地に。台北から足を延ばして、ノスタルジックタウンを堪能しよう。

幻想的に輝く提灯をアップでバシャリ

基隆站 九份一金瓜

古い看板もなんだか絵になる

Keyword1

路地カメラさんぽ

山の斜面に立つ九份はコンパクトだが、どこを切り取っても絵になる街。石畳のメイン通りはもちろん、小さな路地でもフォトジェニックな景色に出合えるはず。訪れる時間帯によって多彩な表情を見せてくれるのも魅力だ。

提灯が揺れる豎崎路の石段は絶好の撮影スポット

Keyword2

絶景×茶藝館

豎崎路周辺には、ノスタルジックな雰囲気と、基隆湾の絶景が同居する風情たっぷりの茶藝館が点在。香り豊かな台湾茶や茶菓子とともに至福のひとときを過ごしたい。

上:阿妹茶樓(→P126)のテラス席からは基隆湾を一望できる
左:阿妹茶樓は店内もノスタルジック
下:阿妹茶樓では台湾各地の銘茶が味わえる

絶景を見ながらのんびりお茶を楽しもう

Keyword3

食べ歩き&お買い物

九份には基山街と豎崎路の2つのメイン通りがあり、みやげ物店や軽食店が軒を連ねている。九份ならではの名物グルメや買い物を楽しもう。

右:もち米で作る草餅のような饅頭
@阿蘭草仔粿➡P127

下:名物の芋圓スイーツ。テイクアウトもできる
@阿柑姨芋圓店➡P127

右:ミュール風の手作り下駄
@ん防木屐工➡P127

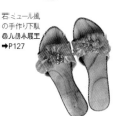

とっておきシーン7

SCENE 2

楽しみ方も多彩！
陽気でアツイ夜市で遊ぶ！

連日お祭り騒ぎの屋台街・夜市は、グルメも買い物も楽しめる一大エンターテインメント。観光客も多い大スケール夜市から、地元っ子が通うローカル夜市まで、毎晩街中のあちこちで開かれている。B級グルメを食べ歩き、プチプラショッピングにゲーム、占いなど、夜の台北をエネルギッシュに遊ぼう！

必食！夜市グルメ

豪大大鶏排
顔と同じくらいの大きさの特大サイズの鶏モモ肉の唐揚げ
@豪大大鶏排
➡P29

薬燉排骨
豚の骨付きスペアリブを十数種類の漢方で煮込んだ滋養スープ
@陳董薬燉排骨
➡P30

蚵仔煎
甘辛いソースがかかったカキ入り台湾風オムレツ
@頼鶏蛋蚵仔煎
➡P31

胡椒餅
カリカリの皮の中に、スパイシーな豚肉のあんが入り食べごたえあり
@福州世祖
胡椒餅➡P30

毎日がお祭りみたい！

1：台北最大級の士林夜市 **2**：人気屋台は熱気ムンムン **3**：食事スペースのある屋台も **4**：士林夜市に次ぐ規模の饒河街観光夜市 **5**：饒河街観光夜市のゲート前に立つ松山慈祐宮 **6**：士林夜市は慈誠宮の門前に屋台が集まったのが始まり**7**：フレッシュなフルーツも！ **8**：南国フルーツにときめく♥ **9**：おいしいグルメを探そう

饒河街觀光夜市
Raohe St. Night Market

SCENE 3

指名率No.1の台湾グルメ代表

アツアツ小籠包をパクリ！

グルメタウン台北で必ず食べたいのが小籠包。皮とあん、スープを楽しむシンプルな料理ながら、店ごとに個性があり、奥深い。小籠包デビューの人や久しぶりに味わう場合は、まず絶対に外さない名店へ。鼎泰豐（→P48）はマストGo！

手仕事の美しさは芸術品レベル！
鼎泰豐の小籠包10個NT$250

サイドメニューも

鼎泰豐は空芯菜炒めや炒飯などサイドメニューも豊富！

烏龍茶小籠包が楽しめる京鼎樓（→P51）も有名

キャラクターグッズの販売もあるよ

鼎泰豐のキャラクター

まさに理想の見た目♥

旬のフルーツが満載のかき氷
@陳記百果園→P58

厳選されたマンゴーを贅沢に使った人気No.1かき氷
@思慕昔
→P58

かき氷とみつ豆を合わせたような粉圓冰
@東區粉圓
→P60

タロイモとサツマイモがたっぷりのおしるこ
@芋頭大王
→P61

大豆で作った豆花は台湾を代表する伝統スイーツ
@庄頭豆花担
→P60

SCENE 4

マンゴーから伝統菓子まで

絶品スイーツ食べ比べ

マンゴー、パパイヤ、パッションフルーツなど、南国フルーツをたっぷり使用したスイーツから、昔からローカルに親しまれてきた懐かしの味まで、台北はバラエティに富んだスイーツ天国。女子にはうれしい美容に効くトッピングもさまざま。街なかのいたるところにスイーツ専門店があるので、散策途中に立ち寄って至福のひとときを楽しんで。

酒造工場跡地でアート散策
華山1914

工場跡地から旬を発信

松山文創園區

台北の"イマ"が詰まってる♥

SCENE 5
リノベタウンで
観る・歩く・買う♪

ここ数年、台北の旬が集まるカルチャースポットとして、工場跡地や古い建物を再利用して蘇らせたリノベーションエリアが話題。なかでも人気は迪化街、松山文創園區、華山1914文化創意産業園區。カフェ、地元クリエイターのショップなど、高感度なお店が目白押し。

おしゃれ雑貨も
1

1：水水生活×松菸小賣所(→P40)はMIT雑貨の品揃えが豊富 2：たばこ工場跡地を利用した複合施設

2

きてね

施設内にはショップや公園、イベントスペースが

台北101周辺も楽しい！

3：日本統治時代の建物をリノベしたカフェ・青田七六(→P26) 4：松山文創園區(→P40)にあるカラフルなオブジェ

裏道にも穴場店がいっぱい

康青龍

信義

信義にある四四南村(→P41)は文化遺産保全地区

3

4

TAIPEI

メイド・イン台湾 "MIT"雑貨に注目

カラフルな中華風雑貨がさまざまに揃う
@バオ ギフト タイペイ➡P89

台湾伝統芸能「布袋劇」の人形の材料を使った一点もの
@布調➡P88

カラスミ柄のユニークなバッグ
@梁山泊壹零捌➡P90

木の箸、スプーンとセットになったランチョンマット
@印花作夥➡P90

運気を上げたい！
パワスポ寺廟で開運祈願

SCENE 6

信仰心が厚く、寺廟への参拝や占い師への相談が生活に密着している台湾。恋愛運なら霞海城隍廟(→P36)、仕事運なら行天宮(→P37)というように、神様には専門分野があるといわれているほど。総合運アップを祈願するなら、どんな願いもきっと叶う台北屈指のパワースポット、龍山寺(→P37)へ。

台北一古いパワースポット・龍山寺

月下老人は恋愛の神様

上：台湾式おみくじ(→P37)で運気を占ってみよう 左：3本の線香を持ったまま3回お辞儀をしてお参りする

願いが叶いますように

台湾の寺廟では購入するお守り以外に無料でもらえるものもある(→P39)

SCENE 7

コリをとる？全身磨く？
美のフルコースを体験

イタ気持ちいい本場の足裏マッサージをはじめ、ヘッドスパ、エステなど、台北には"きれい"になれるスポットがいっぱい。比較的リーズナブルで、夜遅くまでオープンしている店が多いのも旅行者にとって魅力。フルーツや野菜、ハーブといった天然素材を用いたナチュラル系コスメも要チェック。

台湾式シャンプー(→P102)でサラツヤ髪をゲット

1：東洋の技術を織り込んだトリートメントが人気の沐蘭スパ(→P107)
2：足の疲れは足裏マッサージ(→P104)ですっきり 3：お肌にやさしいナチュラルコスメ(→P108)で美肌を手に入れよう

めざせ！すっぴん美人

3

大人女子にオススメ！
台北の注目エリア

新しいショップが次々登場しているのが迪化街、中山・赤峰街、康青龍エリア。
おいしいものやかわいいものを求めて、おさんぽしてみませんか？

Area 1
迪化街
ディーホアジェ

新旧文化がオシャレに
融合する最旬タウン

漢方薬や乾物などの問屋が立ち並ぶ昔ながらの街・迪化街に個性派ショップが増加中。レト
ロな建物をリノベしたビルに、雑貨店からレストランまでニューフェイスが集まっている。

Theme 1
リノベビルめぐり

19世紀後半に建設された商館を改装、改築
した魅力的なリノベビルがあちこちに。

A | 付録 MAP P18A1 | **聯藝埕**
リエンイーチョン

歴史と文化を融合したスポット

台湾のプロデュース集団「世代文
化創業」が2014年にオープンさ
せた複合施設。表通りと裏通り
に面した部分を中庭でつなぐ伝
統的な三進式町家を利用。吹き
抜けの中庭も居心地よい。

```
DATA
交M中和新蘆線大橋頭駅から徒歩11分　住迪化街
一段195〜199號　電時店舗により異なる　休なし
```

 エレメンティ
elementi

リラックスできる店

表通りに面した明るい店。ワイン
やスパイスを販売するほか、カフ
ェとしても気軽に利用できる。

DATA　住聯藝埕1F　電02-
2557-7317　時10時30分〜18時
休なし E E

ラディチと共有している中
庭の席も利用できる

 ラディチ
RADICI

絶品料理に出合える隠れ家イタリアン

エレメンティを抜けた先、中庭に
面したイタリア料理店。イタリア
人シェフが作る料理は、季節の素
材を使ったメニューのほか、定番
の料理も洗練された仕上がり。

DATA　住聯藝埕内1F　電02-
2557-7327　時12時〜14時30分、
17時30分〜22時　休火曜 E E

トマト、パルメザンチーズの
スパゲティ

沃森 WOSOM / ASW
ウォーセン WOSOM / ASW

クラシックなティーサロン

日月潭産など、上質な台湾産紅茶を揃え、手作り菓子や軽食とともに楽しめる。おすすめは3種類から選べるアフタヌーンティーセット(NT$360〜)。

DATA　🏠小藝埕内1F　☎02-2555-9913　🕐11〜19時、水〜日曜17時30分はバー営業　休なし　Ⓙ Ⓙ Ⓔ Ⓔ

B 付録 MAP P18A3
小藝埕
シャオイーチン

迪化街に面しており入りやすい店構え

芸術と文化を楽しめる建物

かつては薬局だったバロック様式の建物、旧屈臣氏大藥房を再利用。1階は雑貨店、2階はカフェ、3階はギャラリースペースとして使われている。

DATA　🚇松山新店線北門駅から徒歩8分　🏠迪化街一段34巷1號　🕐10〜19時　休なし

1. アフタヌーンティーセットNT$360〜。自慢のスコーンとともに　2. レトロな空間でのんびりできる

C 付録 MAP P18A3
民藝埕
ミンイーチン

1913年、日本統治時代に建てられた奥に長い、三進式の建物

歴史と文化を感じる伝統建築

歴史的建造物に指定されているリノベスポット。日本の町家造りのように、間口が狭く奥行きが深い構造になっている。1〜2階に雑貨店やティーサロンが入る。

DATA　🚇松山新店線北門駅から徒歩10分　🏠迪化街一段67號　☎02-2552-1367　🕐10〜19時　休なし

表通りの入口から見た民藝埕

陶一二
タオイーアル

東洋の奥深い陶器と民芸品が集結

日本を代表するデザイナー・柳宗理氏の作品を含む、味わい深い陶器や世界各地の民芸品を販売しているショップ。奥にある陶二進では台湾の若手民芸作家のブランド「台客藍」といった実用的な陶器が並んでおり、おみやげ選びにおすすめ。

DATA →P86

1. 現代的なセンスのアイテムが多数　2. 小籠包型スパイス入れと蒸籠のセット NT$1510

南街得意
ナンジエドーイー

ゆっくりできる隠れ家

迪化街を見下ろす2階にある隠れ家的1軒。店内はおしゃれな街なかカフェの趣だが、お茶は上質な本格茶葉を使用したものばかり。

DATA　🏠民藝埕内2F　☎02-2552-1367　🕐10時30分〜18時　休なし　Ⓙ Ⓔ Ⓙ Ⓔ

東方美人茶NT$280。9種類の茶菓子も付いている

Theme 2
リノベ・レストラン＆カフェ

かつて賑わいをみせた商館や店舗、工場などを改装、改築した飲食店は雰囲気抜群。

D 付録MAP P18A1

コフェ
COFE

名物は台湾茶チョコ

築100年以上の建物をリノベしたカフェ。こだわりの台湾茶や台湾産コーヒーのお供には、台湾茶を使った自家製チョコレートがおすすめ。

DATA　交M中和新蘆線大橋頭駅から徒歩8分
住迪化街一段248號2F　☎02-2552-8386　時10～18時　休不定休 JJ

1.古い建物の面影が随所に残る　2.人気雑貨店「印花作夥（→P90）」の店内を通って2階へ　3.台湾茶やコーヒー、ワインを使った特製チョコレートCOTE（1枚NT$50～）

E 付録MAP P3A2

稲舍Rice & Shine
ダオショー ライス アンド シャイン

元精米工場で台湾の伝統お米料理を

米屋だった築110年の建物をリノベ。趣ある店内は自由に見学が可能。お店で精米したご飯に、迪化街の乾物を取り入れたおかずのセットなどが楽しめる。

DATA　交M中和新蘆線大橋頭駅から徒歩6分　住迪化街一段329號　☎02-2550-6607　時12時～14時30分、17時30分～21時　休なし EJ

1.自慢のご飯を存分に楽しめる　2.赤いレンガで造られたアーチなどレトロな雰囲気が◎

F 付録MAP P18B4

森高砂咖啡館 大稲埕
センガオシャーカーフェイグワン ダーダオチョン

台湾産コーヒーが豊富に揃う

問屋街からは少し離れた場所に位置する、阿里山や古坑など台湾内で作られたコーヒーに特化したカフェ。コーヒー豆の販売もしているので、おみやげに購入するのもおすすめ。

DATA→P75

元はキャバレーだった建物をリノベーション。落ち着いたノスタルジックな空間に、コーヒーの香りが満ちる

G 付録MAP P18A3

爐鍋咖啡
ルーグオカーフェイ

職人気質なオーナーのこだわり

希少価値が高い阿里山コーヒーNT$260や手作りケーキが評判。台湾のアンティーク家具でまとめたセンスのよい店内は、居心地も抜群。

DATA　交M松山新店線北門駅から徒歩8分　住小藝埕（→P15）2F　☎02-2555-8225　時11～19時　休なし EE

1.静かな落ち着いた空間　2.キャラメルマキアートNT$180。歩き疲れた体にぴったりな、やさしい甘さ

リノベ・レストラン & カフェ／老舗でおみやげ探し

Theme 3
老舗でおみやげ探し

赤レンガ建築と昔ながらの問屋さんもまだまだ健在。
タイムトリップ感覚を楽しみながらおみやげ探しを。

H 付録MAP P18A1 林豊益商行

リンファンイーシャンハン

レトロモダンな竹製品と出合える

何百種類もの竹編み工芸品が所狭しと
並ぶ、創業1906年の老舗。竹籠やセイ
ロ、小物入れといった生活雑貨がお手
頃価格で販売されている。

DATA 交M中和新蘆線大橋頭駅から徒歩10
分 住迪化街一段214號 ☎02-2557-8734
時9〜18時 休なし JE

1.籠バッグやセイロが
人気 2.竹製の小物
入れはNT$100〜とお
手頃価格で販売

I 付録MAP P18A3 永楽布業商場

ヨンルーブウイエシャンチャン

布生地の問屋が集結

「布の市場」の別名をもち、店舗の数は約100に
も及ぶ。エリアごとに扱う商品が集まっており、
目的別・用途別で探しやすい。3階には仕立屋
があるので、オーダーメイドも可能。

DATA 交M松山新店線北門駅から徒歩8分 住迪化街一段21
號 営店舗により異なる 時10〜18時ごろ 休日曜(1階は月曜)

1.色鮮やかな花 布のバッグも販売
2.市場1階にある包子の専門店、老竹三
發包子のまんじゅうNT$20〜 3.市場1
階にある林合發油飯店の台湾風おこわ
「油飯」NT$50/300g。営業は12時まで(売
り切れ次第終了)

🐾**街あるきポイント**

MRTの駅は松山新店線北門駅や淡水
信義線雙連駅、中和新蘆線大橋頭駅な
どが最寄り駅となる。旧正月の前には、
買い出しの人で大混雑するので気をつ
けて。

旧聯華食品のビ
ル。美しいバロッ
ク様式で、草花の立
体的な彫刻に注目

旧寶泰藥行ビル。
日本統治時代に流
行した、赤レンガでで
きた「洋樓式」建築

上乾元蔘藥行ビ
ル。ヨーロッパ風の
スッキリとしたデザ
インとカラーが特徴

[地図]
E
A エレメンティ P14 ラディチ P14
H
D 印花作夥 P90
大橋頭駅へ
大稲埕公園
乾物や漢方の店が集まる通り
N
0 50m
セブンイレブン
J 妙口四神湯 P69
窩窩 P74
梁山泊壹零捌 P90
LOHAS
C 陶一二
霞海城隍廟 P36
南街得意 P15
沃森 WOSOM/ASW P15
G
B
I 永久号 P95
F
このあたりは布を売る店が集まる
小花園 P88
北門駅へ

J 付録MAP P18A2 益興蔘藥行

イーシンセンヤオハン

種類豊富な漢方 & 乾物がずらり

漢方やドライフルーツなどの乾物店。フカヒレや
ツバメの巣、カラスミなどの高級食材のほか、烏
龍茶や花茶なども並ぶ。

DATA 交M松山新店線北門駅か
ら徒歩11分 住民生西路394號
☎02-2556-1208 時9〜18時
休日曜 JE

1.滋養強壮に効果が期待できるニンジンNT$3000〜 2.貝
柱はNT$1400〜/300g。大きさにより値段が異なる

中山・赤峰街
ヂョンシャン・チーフォンジェ

ハイソな街から 路地裏探索へ

緑が美しい並木道に、ハイブランドのショップや高級ホテルが立ち並ぶ中山エリア。
赤峰街は細い路地沿いに、個性派ショップが増えている最新の人気スポット。

Theme 1
駅近エリアでショッピング

デパートやハイセンスなショップが並ぶ中山駅周辺。
ショッピングの合間にはカフェでひと休み。

A 付録 MAP P14A3 ### 誠品R79
チョンピンアールチージウ

長〜い書店へGO！
中山駅と雙連駅を結ぶ地下道、全長約270mにも及ぶエキナカ書店。本のほかにも、カフェ、MIT雑貨の店などが軒を連ねる。

立ち読みならぬ「座り読み」が台湾スタイル

DATA 交Ｍ淡水信義線・松山新店線中山駅からすぐ 住南京西路16號B１之中山地下街B１-B48店舗（B24、B26號は含まない）☎02-2563-9818 時11時〜21時30分 休なし Ｊ Ｅ

🐾 街あるきポイント
南北に走る中山北路、東西に走る南京西路がメインストリート。高級ブランド店は中山北路沿いに多い。中山駅の北西に位置する赤峰街は下町情緒漂うエリア。近年、カフェやショップをオープンし、おしゃれスポットとして話題。

5階の書店は金・土曜は24時まで営業。夜にも使える

B 付録 MAP P14A3 ### 誠品生活南西
チョンピンションフオナンシー

多文化交流の生活プラザ
台湾人デザイナーによるクリエイターズショップ、生活雑貨や文具をはじめ、いろんな工房とコラボしたオリジナルアイテムが手に入る。レトロなカフェも併設。

DATA 交Ｍ淡水信義線・松山新店線中山駅からすぐ 住南京西路14號 ☎02-2581-3358 時11〜22時（ショップの金・土曜は〜24時） 休なし Ｊ Ｅ

🏺 神農生活×食習
シェンノンションフォ シーシー

台湾のイイものが凝縮！
ナチュラルでシンプルかつ上質で安心な台湾メイドの商品を取り揃えるおしゃれマーケット。カフェ「食習」でひと休みも。

DATA 住誠品生活南西4F ☎02-2563-0818 時11〜22時（金・土曜は〜22時30分） 休なし Ｊ Ｅ

1. 黃秋葵脆片 NT$159。台湾ではよく食べられている乾燥オクラ
2. 愛文芒果果醬 NT$180。台湾産マンゴーを使ったジャム

C 鮮芋仙
付録 MAP P14A3
シエンウィーシェン

人気スイーツ店の旗艦店

日本にも支店がある人気店の旗艦店で、中山駅近くの路地にある。壁やライトなど、台湾らしいレトロモチーフの店内で、台湾スイーツが楽しめる。

DATA→P110
1. 芋圓5號NT$80。タロイモで作った団子や、サツマイモのでんぷんで作ったゼリー、米粉の麺がのる　2. 年2回替わる外壁のコラボステッカーにも注目

D ナイン
付録 MAP P14B3
The Nine

かわいいパッケージが人気

オークラ・プレステージ内のスイーツショップ。パイナップルケーキはチャイナモダンテイストのパッケージ。レトロテイストなパッケージのヌガーとともに早くに売り切れることもあるため、午前中に訪れるのがおすすめ。

DATA→P83
1. ヌガーNT$1080(64個入り)。3種のフレーバーがある　2. パイナップルケーキ NT$550(12個入り)。定番のおみやげだが、見た目で差をつけられる。もちろん味も定評あり

E 台北之家
付録 MAP P14B3
タイベイジージア

台湾映画がテーマの複合施設

九份が舞台の映画『悲情城市』などを製作した映画監督・侯孝賢氏がプロデュースした施設。ミニシアター「光點電影院」やアート関連本が置かれた書店、カフェ、バーなどが入っている。

DATA　交M淡水信義線・松山新店線中山駅から徒歩3分　住中山北路二段18號　☎02-2511-7786　時11〜22時(施設により異なる)　休月曜不定休

以前はアメリカ大使館だった建物を使っている

⬆中山駅周辺の地下街には、バンドの生演奏や手作り市などが開催される広場がある

and more...

雙連市場で朝活もオススメ

中山駅の隣駅、雙連駅の北側の公園に沿って延びる道路で開かれる朝市。食材や衣類、雑貨などの店が並ぶ。付近には学問の神様を祀る文昌宮があり、参拝客も買い物に来る。年間を通して安くておいしいフレッシュフルーツが手に入る

雙連市場
朝市 付録 MAP P14A1
シュアンリエンシーチャン

DATA　交M淡水信義線雙連駅からすぐ　住民生西路45巷　時7〜11時ごろ　休なし
1. 散策途中に文昌宮で神様にお参りしよう　2. 青果店ではフルーツジュースをNT$50ほどで販売。体への負担が少ない常温で飲むのがツウ　3. 大量にフルーツを購入していく地元の人も

Theme 2
個性派ショップを探す

赤峰街周辺は、MIT系の雑貨を扱う店やおしゃれなカフェが、たくさん見つかる。路地を歩き、お気に入りを見つけよう。

F 付録 MAP P14A3
小器生活
シャオチーションフオ

運命の「器」との出合いに期待

モダンな雰囲気の店内には皿を中心にポットや木の桶など、台湾製の物に混じり日本のキッチンアイテムが並ぶ。洗練されたデザインの商品は日本国内でも目にしたことがない物が多く、気に入った物は購入してお持ち帰りが正解。店内では台湾ブランドのジャムや茶葉も販売している。

DATA　交M淡水信義線・松山新店線中山駅から徒歩2分　住赤峰街29號　☎02-2552-7039　時12〜21時　休なし　E

1．色とりどりの茶瓶など、なかなかお目にかかれないレア物が並ぶ　2．赤峰街ブームの先駆けとなった店。隣には和食が味わえる「小器食堂」がある　3．南国フルーツ柄のイラストがキュートなコップ　各NT$220

G 付録 MAP P14A2
然後 furthermore
ランホウ ファーザーモア

ぬくもりあふれる商品が並ぶ

台湾のデザイナー集団「MOGU」が手がけるウェアやオリジナル雑貨を販売。天然素材や帆布を使ったアイテムは温かみがある。

DATA →P91

MIT雑貨を扱うショップの先駆け

H 付録 MAP P14A2
面線町
ミエンシエンティン

庶民派麺料理が贅沢グルメに

昔ながらの屋台グルメ・麺線の専門店。海鮮などたっぷりの具材を使った豪華版の麺線が評判で、清潔感のあるおしゃれなお店も人気の理由。

DATA　交M淡水信義線・松山新店線中山駅から徒歩4分　住赤峰街49巷25號　☎0932-055-466　時11時30分 〜19時30分　休月・火曜

1．ビルの1階にあるテラス風のお店。庶民派グルメで旅行者もウェルカムな雰囲気　2．看板メニューの海王子愛三寶NT$160。イカや鶏肉、カキなど入ってボリューム満点

I ハドソン・コーヒー

付録 MAP P14A2

Hudson Coffee

手作りのドーナツとドリンク

インスタグラムの青色加工フィルターからとったという店名どおり、カフェ内はブルーがベースで落ち着いた雰囲気。

DATA 交Ⓜ淡水信義線雙連駅から徒歩2分
住赤峰街26-2號 ☎02-2550-5025
時12〜19時 休月曜 🅔🇪

ドーナツとドリンクはテイクアウトOK

👆路地裏を歩けば、興味を引かれるお店に次々と出合える

J 點冰室 ジャビン

付録 MAP P14A2

ディエンビンシー ジャビン

日台融合のかき氷と萌え断フルーツサンド

「台湾の材料をメインに日本目線で作る台湾スイーツ」がコンセプト。マンゴーをトッピングした抹茶かき氷(季節限定)は、抹茶のほろ苦さとマンゴーの甘さが相性抜群。

DATA 交Ⓜ淡水信義線・松山新店線中山駅から徒歩4分 住承德路二段53巷33號
☎0907-495-158 時14〜20時 休水曜
🇪

1. 季節限定(4〜7月ごろ)の夏日老京都NT$250。やわらかで軽い食感 2. アンティーク家具が置かれた店内は、懐かしくてどこか落ち着ける 3. 日の出富士の看板マークが目印。MRT中山駅のほど近くにある

K 茗萃飲品

付録 MAP P14A1

ミンツェイインビン

丁寧に作られるヘルシードリンク

緑豆餡と氷で作るスムージー「緑豆沙」の専門店。食物繊維たっぷりの栄養満点ドリンクで、豆を煮込むところから丁寧に手作り。ほかにも多彩なドリンクメニューが楽しめる。

DATA 交Ⓜ淡水信義線雙連駅から徒歩2分
住赤峰街81號 ☎02-2558-5881 時10〜21時 休日曜 🇯🇪

1. ホテルマンとして働いていたオーナーが、小さいころに飲んだおいしい緑豆沙を届けたいとオープン 2. 緑豆沙NT$55。なめらかな口当たりとやさしい甘さ 3. 鮮奶烤蔗鉄観音NT$65。鉄観音茶ミルクティーの苦みと焦がしシロップのコクがマッチ!

康青龍
カンチンロン

裏道まで楽しい
カフェ&ショップめぐり

昔ながらの住宅街に、雑貨店や茶葉専門店、カフェなどが軒を連ねるエリア。裏道にも穴場の店が潜んでいるので、隅から隅まで街散策を楽しもう！

boutique

↑駅の反対側にある東門市場。乾物や小吃店など60店舗ほどが軒を連ねる。時7〜15時 休 月曜（店により異なる）

↑天津葱抓餅（→P68）の行列は永康街名物

←歩き疲れたら、永康公園でひと休み

東門市場
廟方街
連雲街
忠孝新生駅へ
鼎泰豐(新生店) P48
天安森林公園駅へ
信義路二段
M 東門
MRT中和新蘆線
MRT淡水信義線
興華名茶 P85
13巷
靜品雅集 P87
小茶栽堂
永康旗艦店 P84
鼎泰豐(信義店)
永康牛肉麵 P52
P89
パオ ギフト タイペイ
E
G
天津葱抓餅 P68
思慕昔 P58
芋頭大王 P61
D
永康街
豐盛食堂 P70
金山南路二段
郵政總局
金華國小
永康刀削麵 P53
H
愛國東路
麗水街
永康公園
31巷
中正紀念堂へ
後期聖徒教會
淡江台北校區
B
37巷
41巷
政大教育中心
薫心比心 P108
K
F
47巷
M
A
I
二吉軒豆乳 P72
金華街
金華公園
↑小籠包の名店「鼎泰豐」の旗艦店である新生店。本店の信義店は現在テイクアウトのみ
61巷
大隠酒食 P71
C
e2000 P85
75巷
青田街
J
164巷
2巷
N
6巷
L
8巷
183巷
197巷
潮州街
▼師大路へ

N

0　　　　100m

🐾 街あるきポイント

MRT東門駅から延びる永康街と、隣の麗水街という南北300mほどの2本の通りが中心。周辺の細い通りにも個性的な店が並んでいる。南下すれば師大路エリア（→P120）。

Theme 1
素敵なカフェとの出合い

若者で賑わうカフェがいっぱい。空間づくりやメニューに、店主のこだわりが満ちている。

A 付録MAP P19A3 白水豆花 台北永康

バイシュェイトウホアタイベイヨンカン

すべてが手作り、こだわりの豆花

宜蘭の人気豆花店が永康街に新店舗をオープン。オーガニック大豆と宜蘭の新鮮な湧き水を使い、ニガリで固める昔ながらの作り方。トッピングは、花生(ピーナツ)、パクチーが共通で、粉圓(タピオカ)と晶凍(ブラウンシュガーのゼリー)から選べる。

DATA 交M淡水信義線・中和新蘆線東門駅から徒歩5分 住永康街34號 ☎非公開 時13〜21時 休木曜
🅙🅙🅑🅔

1. 黒壁に白いのれんの奥に、スタイリッシュな空間が広がる 2. 麦芽糖花生晶凍豆花 NT$85。小さめサイズなのが、いろいろ食べたい旅先ではうれしい

B 付録MAP P19B2 永康階

ヨンカンジェ

大きな窓から光が差しこむ緑あふれる一軒家カフェ

周囲を緑に囲まれた癒やし系のカフェ。コーヒーのほかに、ほのかに洋酒が香る陽明山櫻花茶 NT$200など、オリジナルのドリンクも提供。日替わりの手作りスイーツと一緒に味わいたい。

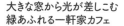

DATA 交M淡水信義線・中和新蘆線東門駅から徒歩5分 住金華街243巷27號 ☎02-2392-3719 時12時〜18時30分 休なし 🅙🅑🅔

1. 周囲を緑に囲まれ、通りの喧騒が忘れられる 2. 生ハーブが入った爽やかなカフェラテ 山草咖啡 NT$200 3. テーブルは10席ほど。ロフト席もある

C 付録MAP P19B3 学校咖啡館

シュエシャオカーフェイグワン

デザイナーが経営するおしゃれカフェ

インテリアデザイナーがオーナーのおしゃれなカフェ。契約農家から仕入れた有機栽培の野菜や卵など、厳選したこだわりの食材を使用。手作りケーキのほか、サンドイッチやサラダなど、フード系のメニューも充実。

DATA 交M淡水信義線・中和新蘆線東門駅から徒歩10分 住青田街1巷6號 ☎02-2322-2725 時9〜19時(水曜は〜18時) 休なし 🅙🅙🅑🅔

1. 木目調の調度品を配したシンプルな空間 2. ドリンクや手作りケーキも評判が高い

D 付録MAP P19A2 京盛宇(永康概念店)

ジンションユィー(ヨンカンガイニエンディエン)

ティースタンドでモダンにお茶する

台湾茶の新たな楽しみ方を提案する台湾茶ブランドのカフェ。20種ほど揃うお茶を目の前で淹れてくれ、アイスはおしゃれなクリアボトル入り。無料試飲の祝福御所茶体験も。

DATA 交M淡水信義線・中和新蘆線東門駅から徒歩2分 住永康街8巷11號 ☎02-8712-0019 #415 時11〜19時 休なし 🅙🅑🅔

1. 茶藝師が丁寧に淹れる所作を間近に見ることができる 2. 祝福御所茶体験の試飲茶がセットになった「十全十美御守袋茶」NT$490

Theme 2
上質アイテム見つけた!

花布柄や、台湾らしいモチーフのデザインなどのMITグッズや、高品質な茶葉や食品など、魅惑のアイテムが満載。

C 付録MAP P19A2 来好
ライハオ

ハイセンス雑貨を豊富にセレクト

食品やクリエイターズブランドの小物などを取り扱う。ズラリと並んだMIT雑貨のなかから、宝探し感覚で、お気に入りのアイテムを見つけよう。

1

DATA 交M淡水信義線・中和新蘆線東門駅から徒歩3分 住永康街6巷11號 ☎02-3322-6136 時10時～21時30分 休なし JE

1. 台北101など、台湾名物が描かれたビールグラス NT$150
2. 伝統的なベゴニア柄のガラス製コースター NT$180

2

F 付録MAP P19B3 布調
ブウディアオ

伝統の台湾花布の鮮やかな色彩にひかれる

もとは人形劇「布袋戲」の衣装を作製していたオーナーが開いた雑貨店。花布を使った華やかなグッズが人気で、永康街で長年愛されている。花布のコースター5枚 NT$680 など。

DATA →P88

1. 所狭しと雑貨が並ぶ 2. 少し路地に入った住宅街にある

G 付録MAP P19A2 リトドルワーク
Littdlework

刺繍やイラストがかわいい台湾コモノ

オリジナルのかわいい刺繍小物やイラストグッズが店内にあふれる小さなお店。アクセサリーやポーチ、ポストカードなど、おみやげに持ち帰りやすいミニサイズのグッズが多彩なのもうれしい。

DATA 交M淡水信義線・中和新蘆線東門駅から徒歩2分 住永康街4巷12號 ☎090-945-4405 時12時～20時30分 休なし J

1

2

3

4

1. 自分だけの名前入りの小物も頼める 2. 永康街の路地裏に立つ小さなお店
3. マジョリカタイル柄のピアス (各NT$530) は4種類 4. 台湾の都市をモチーフにした刺繍のピンバッジ (各NT$120)。ピンバッジは200種以上

3

4

H 沁園
チンユエン

付録 MAP P19A2

プーアール茶の老茶専門店

日本語が堪能なオーナー母娘が出迎えてくれるプーアール茶の専門店。茶葉を20年以上寝かせた老茶は、深みのある味わいに驚かされる。台湾産の茶葉を探すなら、重厚な味わいが人気の凍頂烏龍茶をチェックして。

1. 凍頂烏龍茶 (手摘新茶) NT$255/60g。海抜800mの茶畑で手摘みされている 2. 店内では上品な茶器も販売。お手頃価格で買いやすい

DATA 交Ⓜ淡水信義線・中和新蘆線東門駅から徒歩5分 住永康街10-1號 ☎02-2321-8975 時12～20時 休なし Ⓙ Ⓔ

---

1. 青梅のエキス NT$1000～。胃腸の活性化に効果 2. 山ブドウや松の実など、野菜や果物を熟成発酵させて作る酵素原液 NT$2000～

I 清浄母語
チンジンムーユィー

付録 MAP P19B3

大自然の恵みがたっぷりの食材

台東にある自家農園で育てた無農薬栽培の果物や野菜、酵素などを扱うオーガニック食材店。南国のフルーツを使った酵素ドリンクが人気。

DATA 交Ⓜ淡水信義線・中和新蘆線東門駅から徒歩10分 住金華街253-2號 ☎02-2394-5111 時11～20時 (火・木・土曜9時～) 休なし Ⓙ Ⓔ

1. アンティークの茶器からおもちゃまで商品は幅広い 2. 通りの左右に何軒もの骨董品店が並ぶ

J 錦安市場 昭和町 文物市集
ジンアンシーチャン チャオフーディンウェンウーシージー

付録 MAP P19A3

宝探し感覚でまわりたい骨董品市場

以前は龍安市場として営業していた跡地に20店舗以上の骨董品店が集合。中国茶器や戦前の日本語教科書など一期一会の商品が魅力的。

DATA 交Ⓜ淡水信義線・中和新蘆線東門駅から徒歩10分 住永康街60號 時14～21時ごろ (店舗により異なる) 休不定休

K ガーデン 文創選物店
Garden ウェンチュアンシュエンウーディエン

付録 MAP P19A3

ユニーク&キュートな商品が見つかる

元茶店を改装した雑貨店。アンティーク家具が陳列棚になっていて、温かみのある雰囲気。お手頃で実用的な個性派商品が並ぶ。

DATA 交Ⓜ淡水信義線・中和新蘆線東門駅から徒歩5分 住永康街43-1號 休なし 時14～19時 休なし Ⓙ Ⓔ

1. 刺繍の入ったバッグ各 NT$1480
2. 涼し気な手作りのサンダル各 NT$690
3. たくさんの台湾製雑貨が並ぶ店内

Theme 3
茶藝館でくつろぐ

永康街や、隣接する青田街には、隠れ家的茶藝館が点在。静かな空間で憩いの時を。

L
付録MAP P19B4
青田七六
チンティエンチーリウ

日本統治時代の建物をリノベ

日本統治時代に日本人の大学教授が暮らしていた建物を改装したカフェレストラン。瓦屋根やすりガラスの窓など、昔ながらの建物に郷愁を感じる。メニューは和洋折衷の定食など食事とお茶が中心。ランチでNT$490～。

DATA 交M淡水信義線・中和新蘆線東門駅から徒歩15分 住青田街7巷6號 ☎02-2391-6676 時11時30分～14時、14時30分～17時、17時30分～21時 休第1月曜 ［C］［E］［J］［E］

1. 建物保存のため、玄関で靴下を着用してから入店する
2. ピカピカの縁側。ガラス戸の外には中庭が広がる　3. 店名の由来は住所から来ている

M
付録MAP P19A3
串門子茶館
チュアンメンズーチャーグワン

宮廷菓子と一緒に台湾茶を

インテリアデザイナーであるオーナーが手がける美術館のような空間が印象的。厳選された台湾茶と一緒に宮廷菓子や軽食が味わえる。茶器や茶葉のほか雑貨なども販売。

DATA 交M淡水信義線・中和新蘆線東門駅から徒歩6分 住麗水街13巷9號 ☎02-2356-3767 時13～21時 休なし ［C］［J］［E］

1. 照明を落とした幻想的な空間。靴を脱ぐスタイルなので、ゆったりくつろげる　2. 青春三泉 NT$220。凍頂烏龍、東方美人、金萱の3種類が味わえるセット

N
付録MAP P19B4
青田茶館
チンティエンチャーグワン

元日本町だった往時を偲ぶ

もとは台湾大学の教授が住んでいたという日本家屋を改装した茶藝館。季節の花が咲く美しい庭のある、静寂な空間でお茶を満喫できる。建物はギャラリーとしても利用されている。

DATA 交M淡水信義線・中和新蘆線東門駅から徒歩12分 住青田街8巷12號 ☎02-2396-3100 時10～18時 休なし ［C］［E］［J］［E］

1. どこか懐かしさも感じるレトロな空間　2. 東方美人茶NT$900／ポット（＋茶水費1人200元）。2～3人でシェアできる
3. 画廊のオーナーが日本家屋を改装した

Topic 1

見る
Sightseeing

パワフルな夜市、故宮博物院の秘宝、
女子的パワースポット...etc.
押さえておきたい台北の名所へ。

熱気と情熱がいっぱい！

勝手にランキング
行くべき夜市BEST3

エネルギッシュな台北を肌で感じるなら、やっぱり夜市。そぞろ歩けば食欲も好奇心も
満たされて、お祭り気分も味わえちゃう。数ある夜市のなかからベスト3をご紹介。

剣潭駅 ／ 付録 MAP P3A2 ／ BEST1 **士林夜市**
シーリンイエシー

台湾最大の夜市がさらにパワーアップ

100年以上前から地元庶民の台所として賑わっ
てきた台湾最大規模の夜市。基河路、大南路、
文林路など広範囲に渡って屋台や店舗がひしめ
き合い、連日深夜まで賑わいをみせている。中心
的存在である士林市場は地下1階の美食區に小
吃屋台が50軒ほど並び、一大グルメスポットとな
っている。

夜市DATA

交Ⓜ淡水信義線剣潭駅から徒歩1分
時17時ごろ〜翌1時ごろ　休なし
客層：観光客中心、地元の学生〜年配の方まで
規模：P29のルートをぐるりと歩いて約1.4km、約90分
混雑時間：19〜24時ごろ

夜遊びPOINT

1、荷物は最小限に抑えよう
夜市はスリもいるので荷物は最小限に。屋台での支払
い用に小銭を多めに用意するのがおすすめだ。

2、トイレは事前にチェック
ファッションビルやコンビニなどで使用可能。無料の
公衆トイレは清潔でない場合も多いので注意。

3、ビニール袋は便利！
夜市はゴミ箱が少ないので、ビニール袋を持って行くと
便利。食べきれなかった料理を持ち帰るのにも役立つ。

4、値切り交渉もOK
雑貨などはまとめ買いなら値引き交渉に応じてくれやす
い。ただし屋台料理は値段が決まっているので難しい。

5、帰りの手段を確保
バスや電車の終電は24時ごろなので宿泊先へ帰る
時間に気をつけたい。週末はタクシーの争奪戦が繰
り広げられる。

プチ情報　士林市場の美食區では、入場制限をしている（1400人まで。上限人数は変更の可能性あり）。平日は入場制限が
かかることはほとんどないが、週末に行く場合は、特に込み合う20〜21時を避けると比較的スムーズに入場できる。

士林夜市ベストルート

1 基河路

剣潭駅1番出口を出て文林路を渡った正面の大通り。靴やアクセサリー、カジュアルな洋服など若者向けの路面店が多い。

2 士林市場美食区

駅から徒歩7分ほどの距離にある、士林市場の地下1階に広がる屋台フードコート。行列必至の名物メニューは下記参照。

4 文林路

めがねやコスメなどを扱う店が並ぶ。「豪大大雞排」や「王記青蛙下蛋」など有名屋台の本店もある。

余力があれば

3 大南路

通りの両脇には胡椒餅や臭豆腐、小籠包など、グルメ屋台が並ぶ。地元学生に一番人気のエリア。

5 安平街

B級グルメ屋台が集結するエリア。靴などファッション関連の店も充実。

＼ 美食区名物はコチラ！ ／

香酥一口蟹／NT$150
小さなカニをまるごと揚げてパリパリに。塩こしょうが効いていて、ビールがすすむ！（佳鴻）

蝦仁蛋炒飯／NT$90
プリプリのエビがたっぷりのったチャーハンは台北伝統市場コンテストで星5つを獲得（晶棧熱炒）

経典套餐／NT$500
フィレミニョンのセット。台湾政府開催のコンテストで連続3年3ツ星を受賞している（日上鉄板焼）

豪大大雞排／NT$80
鶏モモ肉を伸ばした約20cm強の特大サイズの唐揚げ。スパイシーな衣はカリカリで中は肉汁たっぷり（豪大大雞排）

エスカレーター／階段／階段／トイレ／エスカレーター／階段／階段／階段／コインロッカー／エスカレーター／飲食店

2 BEST 饒河街觀光夜市

ラオフージエグワングアンイエシー

一本道に絶品グルメの屋台が集まる

士林夜市に次ぐ規模の夜市。慈祐宮から続く約400mの一本道に伝統的な小吃店やスイーツ店のほか、衣類を扱う雑貨店が軒を連ねる。金魚すくいやエビ釣り、占いブースなども登場し、縁日のような雰囲気が色濃く残っていて地元の人にも人気が高い。一本道は一方通行で平日でも混雑するので、時間に余裕をもって出かけよう。

夜市 DATA
交 Ⓜ 松山新店線松山駅から徒歩1分
時 17時ごろ〜翌1時ごろ 休 なし
客層：観光客中心、地元の学生〜年配の方まで
規模：約400mの一本道。ぐるりと歩いて約60分
混雑時間：18時ごろ〜

麺線／NT$70
極細の麺線にカキとモツをトッピング。かつお節の利いたほんのり甘めのスープがクセになる（東發號）

薬燉排骨／NT$85
ホロホロになるまで漢方で煮込んだ豚スペアリブスープ。魯肉飯NT$30と一緒にどうぞ（陳董薬燉排骨）

福州世祖胡椒餅

一本道なのでわかりやすい

マッサージ店なども両脇に並ぶ

夜市出入口

松山慈祐宮 卍

安カワの洋服店が集まる

夜市出入口

東發號

饒河街

夜市へは1と5番出口がオススメ

5 松山國小

賴董台東特產

陳董薬燉排骨

八德路四段709巷

2 1

MRT松山駅 Ⓜ

3

MRT松山新店線 八德路四段

虎林街

4

市民大道六段

N

0 ... 100m

市民大道六段 台湾鉄道

松山駅

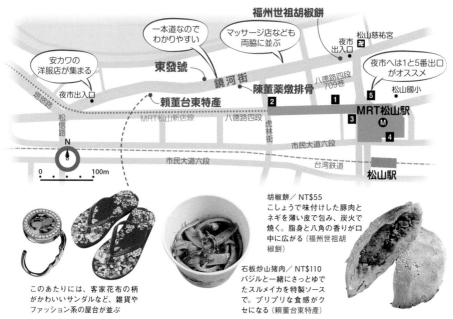

このあたりには、客家花布の柄がかわいいサンダルなど、雑貨やファッション系の屋台が並ぶ

胡椒餅／NT$55
こしょうで味付けした豚肉とネギを薄い皮で包み、炭火で焼く。脂身と八角の香りが口中に広がる（福州世祖胡椒餅）

石板炒山猪肉／NT$110
バジルと一緒にさっとゆでたスルメイカを特製ソースで。プリプリな食感がクセになる（賴董台東特產）

プチ情報 松山駅の反対側にある五分埔（付録MAP/P3B3）は、洋服や雑貨が驚くほどの安さで販売されている衣服問屋街。24時前まで営業している店もあるので、饒河街觀光夜市の前後に立ち寄ってみてはいかが。

中山　付録 MAP P4A4　BEST 3　**寧夏夜市**
ニンシアイエシー

ローカル色あふれる地元住民の台所

台北市内の中心部に位置し、300mほどの道路に
屋台や路面店が100軒ほど並ぶ夜市。ほぼグルメ
屋台のみなので地元住民の台所としても活躍して
いる。豆花で有名な豆花荘(→P60)や老舗の甘
味処・雙連圓仔湯(→P61)、奥深い味の麻辣鴨血
が評判の里長伯といった名店も多く、夜市の屋台
グルメとともに、名店グルメも楽しめる。

夜市DATA
交Ｍ淡水信義線・松山新店線中山駅から徒歩10分
時18時ごろ～24時ごろ　休なし
客層：地元住民中心、子供～年配の方まで
規模：約300ｍの道路。ぐるりと歩いて約30分
混雑時間：19～21時ごろ

豆花や芋圓をす
べて手作りする
豆花荘(→P60)

N

0　　　　100m

豆花荘

MRT雙連駅へ

民生西路

夜市出入口

冰霖古早味豆花

重慶北路二段97巷

猪肝榮仔

**頼鶏蛋
蚵仔煎**

**慈音古早味
阿婆飯糰**

重慶北路二段
73巷1弄

方家鶏肉飯

重慶北路二段73巷

マッサージ店なども
両側に並ぶ

重慶北路二段57巷

寧夏路

平陽街

旺来蛋糕

重慶北路二段

ゲーム屋台
なども並ぶ

夜市出入口

南京西路

MRT中山駅へ

蚵仔煎／NT$80
外はカリカリ、中はプル
プルの具だくさんカキオム
レツ。屋台の隣にテーブ
ル席あり(頼鶏蛋蚵仔煎)

飯糰／NT$50
大満足の台湾版おにぎ
り。もち米に揚げパン
や肉デンブ、豚ひき肉
などを包む(慈音古早
味阿婆飯糰)

戚風蛋糕／NT$70(小)
片方を持つと自重でちぎれそう
なほど、ふわふわのシフォンケー
キ。卵の香りが濃厚(旺来蛋糕)

鶏肉飯／NT$40
蒸した七面鳥に門外不出
の塩ダレを絡めたご飯。
シンプルなだけに肉のう
ま味が楽しめる
(方家鶏肉飯)

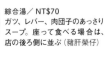

綜合湯／NT$70
ガツ、レバー、肉団子のあっさり
スープ。座って食べる場合は、
店の後ろ側に並ぶ(猪肝榮仔)

中国文化の歴史を紐解く

歴代皇帝の至宝が集結
國立故宮博物院

中国歴代王朝が数千年かけて収集してきた世界屈指のコレクションを収蔵する故宮博物院。
芸術性に富んだ銅器、彫刻、絵画、書道など中国芸術文化の集大成に目を奪われるはず!

士林駅　付録 MAP P3B1

國立故宮博物院

グオリーグウゴンボーウーユエン

70万点近い至宝が眠る世界有数の博物館

世界でもトップクラスの中国美術工芸品収蔵数を誇る、台湾一大きな博物館。約69万点の貴重な収蔵品は宋、元、明、清の四王朝を中心に、北京の紫禁城宮殿や南京の中央博物院の至宝など、歴代皇帝の権力や財力を示す宝物がメイン。常設展示は約2万点で、それ以外の展示品は3〜6カ月に一度入れ替えられている。

```
DATA
🚇M淡水信義線士林駅から車で10分　🏠至善路二段221號
☎02-2881-2021　🕘9〜17時、チケット販売は8時50分〜16時
30分　休月曜　料NT$350
□日本語スタッフ　☑英語スタッフ
```

注意!禁止されていること

1. 陳列室内での大声の談笑や飲食、喫煙など
2. フラッシュや三脚を使用しての撮影
3. 服装が乱れている人、ペットや玩具を持ち込んでの入館
4. 大型の旅行用かばん、スーツケースなどの本院への持込み

\音声ガイドが便利/

日本語を含む13言語の音声ガイド機器のレンタルもある。貸し出しはオーディオガイドカウンターへ。レンタル料1台NT$150

故宮博物院の成り立ち

1914年	北京の紫禁城(王宮)に古物陳列所を設立、皇室の宝物・文献を収蔵・展示
1925年	紫禁城内に故宮博物院を設立、117万件を超える皇室の宝物、文献を収蔵
1933年	日本軍が中国の華北地方へ侵攻。南京に故宮博物院南京分院を設立、収蔵品を疎開
1937年	戦火拡大。文物を四川省へ分散して疎開
1945年	第二次世界大戦終結。文物は南京と北京へ戻る
1948年	中華民国政府と中国共産党の内戦激化※。国民党は故宮博物院から厳選した所蔵品を台湾へ
1965年	台北に國立故宮博物院が完成、一般公開開始
2007年	大規模なリニューアル工事を終え、再スタート
2015年	嘉義県に故宮博物院南部院區が完成

※蔣介石の国民党率いる中華民国政府と毛沢東の中国共産党による中国の内戦

プチ情報　展示品は随時入れ替えられている。最新情報はURL www.npm.gov.tw/ でチェック(日本語あり)。

展示室

故宮が誇る秘宝にご対面！
第一展覧エリア3階（本館）

第一展覧エリアの3階は、2大宝物の「翠玉白菜」「肉形石」をはじめ、玉器、青銅器、清朝の宝物を集めた特別展示などみどころ満載。時間がないときは3階だけでも見学しよう。

高さ 18.7cm

ココに注目！
天然翡翠の色の変化を巧みに利用した葉脈の再現性がスゴイ！！

302
翠玉白菜
ツェイユィーバイツァイ
時代：清中晩期

故宮博物院のシンボル作品
翡翠の自然な色を生かした彫刻。白菜は清廉潔白を意味し、葉の上には子孫繁栄の象徴である2匹の昆虫（キリギリスとイナゴ）が表現されている。

高さ 5.73cm

302
肉形石
ロウシンシー
時代：清代

ココに注目！
豚皮の毛穴や脂身、赤身の質感がリアル！！まるで本物の肉のよう。

豚の角煮に瓜二つの天然石
中国料理の豚の角煮「東坡肉」にそっくりな天然石。長い年月を経て形成された3層の石を生かし、彩色、加工を施した傑作。

エレベーター
303
306　　302　　　303
308　　　階段　　301
300　　　　エレベーター
307　　　305

ココに注目！
内側には十二支を示す銘文、外側には青龍や白虎、朱雀、玄武など、緻密な模様がきれいに残っている。

306
玉辟邪
ユィーピーシエ
時代：漢

表情豊かな神獣の彫刻
雄々しい霊獣「辟邪」を翡翠で作った作品。二本の角と両翼をもつ四足の神話的動物で、邪悪なものを除けてくれる願いが込められている。地下水が染みこみ紅褐色に変色した。

ココに注目！
32行500文字にわたる銘文が彫り込まれている。西周の宣王が叔父の毛公を賞賛した内容。

口径 47cm

304
毛公鼎
マオゴンディン
時代：西周晩期

最長の銘文が刻まれた青銅器
西周晩期に作られた半球形をした青銅器。獣を模した重厚な3本足が特徴で、口径部分の内側に刻まれた銘文は、現存する商・周代製造の銅器7000点のうちで最も長い。

長さ 20.3cm

304
「仙人不老」博局鏡
シエンレンブウラオボージュウチン
時代：東漢早期

中国思想を映し出す古鏡
皇帝の銅鏡コレクションだった円形の鏡。4種の珍獣のほか、鳥類や霊獣が彫り込まれている。古代中国で行われた讖緯思想という予言が反映された希少な古鏡と評価されている。

ココに注目！
辟邪の頭を上げて吠えているような堂々とした表情に注目。胸元には御製詩が刻まれている。

長さ 13.2cm

高さ 9.6cm

写真提供：国立故宮博物院蔵品　※展示替えなどにより、展示されていないことや別の場所で展示されていることがあります

こちらも見逃せない！

展示室 第一展覧エリア 1・2階（本館）

1階は清代皇室の文物や仏教関連の彫像、2階の中国歴代陶磁器展は、宋代以降の磁器や漆器などの陶磁器を展示。定期的に現代書画の特別展も開催されている。

長さ23cm

ココに注目！
世界で70点しか現存しない汝窯の青磁器。しかも所蔵品で唯一ひび割れのない極上品。

101

明 青銅鎏金観音菩薩半跏像

ミン チントンリウジングワンインプウサーバンジャシャン

時代：明代

チベット様式の仏像

中国の社会や文化に仏教が深く根付いた時代に作られたチベット様式の仏像。表情や服装が世俗化され、表面的な装飾に趣向を凝らした仕上がり。

高さ12.7cm

205

汝窯 青磁無紋水仙盆

ルーヤオ チンツーウーウェンシュェイシエンペン

時代：北宋代

高貴な青色が美しい青磁器

水仙を室内鑑賞するための青磁器の楕円形の盆。全体に汝窯特有のメノウの粉末を加えた天青の釉薬により、高貴な青色のグラデーションが生み出された名品。

ココに注目！
延命、子宝、財運、招福などの現実的な利益を願ったもので、見た目も庶民的なのが特徴。

写真提供：國立故宮博物院藏品
※展示替えなどにより、展示されていないことや別の場所で展示されていることがあります

おみやげも充実！

ショップ 故宮商店

グウゴンシャンディエン

本館の地下1階にある一番大きなミュージアムショップ。収蔵品の精巧なレプリカや文具、Tシャツ、スカーフ、ストラップなど、約4000種類のアイテムが並ぶ。

マグネット／NT$690
2大秘宝をモチーフにしたグッズは大人気。ほかにも各種揃う

鉛筆削りと鉛筆のセット／NT$320
清代の霽青描金游魚転心瓶をモチーフとした鉛筆削り

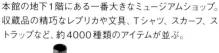

パスポート提示で日本円でも買い物が可能

付箋／NT$80
ユーモラスな「黄帝蝦蟇経」シリーズ。実用性の高さもポイント

マスキングテープ／NT$220
乾隆帝洋彩をモチーフにしたテープ。3本セット

布バッグ／$690
4色のバリエーションがあるキャンバス地のバッグ

DATA
☎02-2881-2021（代表） 時9〜17
時 休月曜 J E

プチ情報 第一展覧エリアの1階にはカジュアルなコーヒーショップ「閑居賦」がある。見学の合間の休憩に気軽に利用しよう。

秘宝を食す！

レストラン **故宮晶華**
グウゴンジンホア

一流ホテル「リージェント・タイペイ」の系列店。
地下1階と1階は広東料理のアラカルト、2階
の個室はコース料理、地下2階では台湾小吃
を堪能することができる。モダンな内装は日
本人デザイナー橋本夕紀夫氏によるもの。

```
DATA
☎02-2882-9393　時11時30分〜14時30分（土・
日曜11〜15時）、17時30分〜21時30分　休月
曜　J J B E
```

1.國賓宴コース
NT$3800。翠玉
白菜など宝物を模
した9品のコース
料理は要予約
2.書画など中国の
伝統を取り入れた
趣のある空間

1

六曲がりの橋を渡る碧橋渓の園亭

時間があれば

庭園 **至善園**
ヂーシャンユエン

1万8800㎡の広大な中国古式庭園。宋〜明
代の庭園を模したといわれ、緑の中で鳥がさえ
ずり清らかなせせらぎが流れる景観はまるで
水墨画のよう。洗筆池と龍池を中心に散策路
もあり、優雅なひとときを過ごすことができる。

```
DATA
☎02-2881-2021（代表）　時8〜17時　休月曜
料NT$20
（國立故宮博物院入場券の半券で無料）
```

南部院區もある！

2015年に開館した台湾中南部にある
分館で、アジア文化を象徴する美術品
を展示。本院の人気展示物もこちらに
置かれていることもある。
DATA　交台湾高速鉄道嘉義駅から車で10
分　住嘉義県太保市故宮大道888號　☎05-
362-0777　時9〜17時　休月曜　料NT$150
（音声ガイドNT$120）

しあわせフルチャージ!

恋も仕事も運気アップ!
開運スポットNavi

信仰心が厚い台湾の人にとって寺廟へのお参りや占い師への相談は日常生活の一部。
ふらりと訪ねられる開運スポットや、さりげなく持てる開運グッズで女子の願いを叶えちゃいましょう。

本気で

参拝

恋愛成就

| 迪化街 | 付録 MAP P18A3 | **霞海城隍廟** シアハイチョンホアンミャオ |

縁結びのプロ・月下老人にお祈り

迪化街の真ん中に構える寺廟。ここの月下老人は
特にパワーが強い神様として有名で、連日恋愛運
UPを願う女性が訪れている。毎年、恋を実らせた
9000組ものカップルがお礼参りに来るというから、
ここは気合いを入れてお参りしておきたい!

月下老人
赤い糸で男女の仲を
取りもつ、縁結びの
神様

DATA
交Ⓜ松山新店線北門駅から徒歩8分　住迪化街一段61號
☎02-2558-0346　時7〜19時　休なし　Ⓙ※日本語
スタッフは不定期

平日の昼間でも熱心に
参拝する人が多い

きちんと!　**お参りしましょう**

1. 金紙と線香3本を購入。初参拝の人は、ご挨拶として「お供えセット」NT$50も買おう

2. 点火所で線香に火をつける。3本ともしっかりと火をつけよう

3. まずは天公(天の神様)にご挨拶。名前、年齢、住所の自己紹介をしてから願い事を伝える

4. 廟の主である城隍爺にもご挨拶としてお参りを忘れずに

5. いよいよ月下老人に自己紹介。相手の名前、将来どうなりたいかを、きちんと伝えよう

10. 9で回したコインと赤い糸は持ち帰ろう。1の金紙を点火所近くの箱に収めたら終了

9. 初めて参拝する人はお供えセットに入ったコインと赤い糸を天公炉の上で3回回す

8. 参拝終了後は廟の中央で喜餅と平安茶を召し上がれ。良縁に恵まれた花嫁さんが御礼にお供えした喜餅はご利益ありそう!

7. 線香3本を天公炉に立てよう

6. 旅の安全や家庭円満、穏やかな毎日を願い、義勇公・城隍夫人・菩薩にも参拝する

プチ情報　台湾では信仰において厳格なきまりが少ない。P37で紹介している「おみくじの引き方」の4でも、たとえ3回まで杯筊を投げて表裏が出なかったとしても、もう一度おみくじを引いてもOK。

全体運UP

龍山寺駅 　付録 MAP P21A3

龍山寺
ロンシャンスー

台北一古いパワースポット！

1738年に創建された、台北最古の歴史を誇る龍山寺。ご利益を求めて、連日多くの参拝客で賑わう。仏教と道教、民間信仰の神様たちを集めて祀られているので、一度の参拝で恋愛や健康、お金にまつわることと、たくさんのお願い事ができるのも人気の理由。

DATA
交M板南線龍山寺駅から徒歩5分　住廣州街211号　☎02-2302-5162　時6～22時　休なし

前殿にあたる三川殿。薬師如来、釈迦如来、阿弥陀仏が祀られている

昌帝君
↓運命全体を担当。学問の神としても有名

媽祖娘娘
↑台湾で人気の女神で、漁業・航海の安全を司る

観世音菩薩
↑正殿中央の主神で、除災の神様

1. 正面の門は閉じているので、両脇の入口に回る
2. 名物のお払い・収驚。老若男女問わず地元の人が訪れる

仕事運UP

行天宮駅 　付録 MAP P21B1

行天宮
シンティエンゴン

無料のお払い・収驚で気分スッキリ

行天宮のご本尊は三国志でおなじみの三国時代の将軍・関羽。商売繁盛の神様として知られ、商売熱心な台湾人に人気。青い法衣を着たボランティアの信者が邪気を払うお払いを無料でしてくれる「収驚」が名物なので、ぜひトライしてみて。

DATA
交M中和新蘆線行天宮駅から徒歩5分　住民權東路 二段109号　☎02-2502-7924　時4～22時（祭事の際は時間変更あり）休なし

関羽
商売の神様や武神として信仰されている

台湾式おみくじの引き方

1. まずは自己紹介　神様に向かって名前、年齢、住所を伝える。日本語でもOK

2. 杯筊を投げる　「杯筊」とよばれる道具を両手で挟み、お願い事をして投げる

表＋表　　表＋裏　　裏＋裏
×　　　　◎　　　　×

3. くじを引く　杯筊で表裏が出たら、おみくじを引き、先端に書いてある番号を確認

4. 再度、杯筊を投げる　くじの番号で間違いないかを神様に確認するため、再び杯筊を投げる（3回まで投げてOK）

5. 引き出し所へ　杯筊で表裏が出たら入口付近の引き出し所で、自分の番号のおみくじをゲット

6. 解説は「解籤處」で　おみくじの内容を、ボランティアが日本語や英語で解説してくれる。不在の場合もある

※上記は龍山寺での作法です

迷ったら！
占い

行天宮駅 付録MAP P21B1

横町の母
ヨコチョウノハハ

日本人リピーター続出の店

日本での生活経験が長く、宗教哲学や生命起源にも精通している横町の母こと林先生の店。占う内容は当たりすぎて怖くなると評判。

日本語で結果をお伝えできます

MENU
○米粒占い2件 NT$600
○総合占い 15分 NT$1000、
　30分 NT$2000

林先生

1. 日本語で書かれた大きな看板が目印
2. 米粒占いに用いる道具

DATA
交 M中和新蘆線行天宮駅から徒歩3分　住松江路362巷4號　☎02-2543-3227、0933-898-446（携帯電話、日本語可）　時11〜22時　休なし　要予約 Ⓙ

忠孝復興駅 付録MAP P12A3

日月命理館
リーユエミンリーグワン

政財界や芸能人も通うオリジナル占い

生まれつき備わっていたという霊感に四柱推命、手相、面相をプラスして総合的に鑑定する。具体的なアドバイスで、鑑定終了後は気持ちが晴れやかに。状況によってはお払いもしてくれる。

MENU
○四柱推命＋手＆面相
　2項目 NT$2600/30分
　3項目 NT$3200/40分
　全項目 NT$3800/50分
○相性占い NT$6600

魏先生

結果はハッキリ伝えますよ！

1. 顔写真入り看板が出ているので一目瞭然
2. 先生のパートナーともいえる四柱推命の本

DATA
交 M文湖線・板南線忠孝復興駅から徒歩3分　住大安路一段82號5階　☎02-2773-6177　時10〜12時、14時〜18時30分　休火曜　要予約 Ⓙ

行天宮駅 付録MAP P21B1

行天宮算命街
シンティエンゴンスアンミンジエ

ローカル感がたまらない街角占い

行天宮前の交差点地下道に広がる占いブース。四柱推命や姓名占い、八字占いなど、全22の占いブースが並ぶ。

DATA
交行天宮（→P37）から徒歩3分　住行天宮地下商場　時10時ごろ〜21時ごろ　休店により異なる

龍山寺駅 付録MAP P21A4

龍山寺算命街
ロンシャンスースアンミンジエ

駅地下にある台北最大級の占い広場

2005年に開業。40以上の店が集まる台北最大規模の占い広場。亀占い、小鳥占いなどユニークな占いもできる。

DATA
交龍山寺（→P37）から徒歩3分　住龍山寺地下街　時11時〜21時30分（金・土曜は〜22時）　休店により異なる

 プチ情報　日本では購入したお守りはそのお寺や神社に返納するのが一般的だが、台湾では同じお守りをずっと持ち続けるのが慣習となっている。日本に持ち帰ったお守りは、ずっと大切にしておこう。

開運グッズ

1.ケースはもちろん朱肉もセットで購入できる

2.3.印鑑 NT$6800～。2代目ご主人が作製。一生ものの品質の印鑑も作れるので相談しよう。値段は素材で異なる

台北駅
付録
MAP
P7C1
兆元印社
ヂャオユエンインショー

世界にひとつ、私だけの開運印鑑
生年月日と氏名から、その人に合った印鑑を、手彫りで仕上げてくれる。一般的なものなら2～3日で完成。ホテルや日本への宅配（購入金額NT$6800以上なら送料無料）もある。

DATA
交Ｍ淡水信義線・板南線台北車站から徒歩10分
住中山北路一段70號　☎02-2562-7469
時12～18時　休土・日曜　要予約 Ｊ

行天宮駅
付録
MAP
P21B2
良友翠玉専門店
リャンヨウツェイユィー
ヂュアンメンディエン

パワーストーンアクセで運気UP！
古代から中国で信仰されてきたパワーストーンの「玉」。上質の玉をお手頃価格で購入できる卸問屋で、品揃えも幅広く、おみやげも自分用も見つかるはず。迷ったら日本語堪能なオーナーに相談を。

DATA
交Ｍ中和新蘆線行天宮駅から徒歩5分　住松江路330巷19號　☎02-2511-2375　時9～16時　休水曜 Ｊ

1.2.ストラップや、ブレスレット、バングルなど、さまざまな物に加工された玉が並ぶ

3.パワーストーンブレスレットは NT$300 ほど

お守りコレクション
寺廟に行った際には、ご利益を願ってお守りを手に入れよう。無料のものもある。

➡ほほえましい月下老人のイラストが入ったお守り NT$100（霞海城隍廟）

⬅八卦招福袋 NT$35 は幸せを願うお守り（龍山寺）

➡無事を祈願するお守りの平安御守護 NT$45。男性へのおみやげにもOK（龍山寺）

🔖無事を祈願するカード式の平安卡。服務台で無料でもらえる（行天宮）

⬅神様に杯筊で伺い、表裏が出たら服務台でもらえる無料の平安袋（行天宮）

いま旬のキーワードは温故知新

レトロがおしゃれ。
話題のリノベスポットへ

歴史ある近代遺産を活用し、新たな文化の拠点として再生する「文創」。
いま台北で最も注目される文創スポットで、旬のショッピングとグルメを楽しもう。

國父
紀念館駅

付録
MAP
P9C2

松山文創園區
ソンシャンウェンチュアンユエンチュウ

時代の記憶を宿す工場跡地から
現代カルチャーを発信

日本統治時代の1937年に設立された、たばこ工場の跡地を利用した複合施設。およそ80年の時を経た工場建築独特のレトロな空間を、ミュージアムやギャラリー、イベントスペースなどの創造的空間として活用している。MITブランドに特化したショップや話題のダイニングも集まり、買い物やグルメの楽しみも尽きない。

DATA
交Ⓜ板南線國父紀念館駅から徒歩2分　住光復南路133號　☎02-2765-1388　時8〜22時　休なし

1.工場時代の古い柱などがそのまま残る。「松山煙草工場」の看板も 2.広い敷地は公園として整備。子どもたちの声が響く 3.園内各所に現代アートが展示されている

水水生活×
松菸小賣所
シュェイシュェイションフオ
ソンイエンシャオマイスオ

MIT雑貨が揃う

新進の台湾人デザイナーや、無名ながらも優れた工房を台湾各地から発掘。

DATA　☎02-2765-1388
時11〜19時　休なし ⒿⒺ

↑店内の奥にはレトロなカフェを併設

←レトロな空間に思わず心がほっこり

誠品生活 松菸店
チョンピンションフオ
ソンイエンディエン

MITブランドが集結

書店、シアター、ホールを備え、クリエイティブな地元ブランドも多く揃う。

DATA　住菸廠路88號
☎02-6636-5888　時11〜22時　休なし

↑2階にある台南発ブランド「廣富號」はおしゃれで丈夫な帆布バッグで有名。ショルダーバッグが人気

↓2023年にリニューアルを予定。24時間営業となる

プチ情報　松山文創園區の旧たばこ工場内にある「設計點／Design Pin」は財団法人台湾デザインセンターが運営するショップ。デザイン賞を受賞した文具や雑貨、家具や照明などハイセンスな商品が揃う。

華山1914文化創意産業園區

ホアシャンイージウイースーウェンホアチュアンイーチャンイエユエンチュウ

忠孝新生駅 付録MAP P7D2

酒造工場跡地でアート散策

日本統治時代、酒造工場として使われていた1914年建造の建物を、アート&イベントを楽しむ空間としてリノベーション。トレンドを発信するショップやカフェ、レストラン、ライブハウスが集まる。

DATA
交M中和新蘆線・板南線忠孝新生駅から徒歩5分 住八德路一段1號 ☎02-2358-1914 時店舗により異なる 休なし

1.自然とレトロ建築を楽しみながら散策 2.創造性あふれる商品群は見ているだけで楽しい

知音文創
ヂーインウェンチュアン

おもちゃの国へ

商品エリアとDIYエリアからなる。自社設計の木製おもちゃを中心にオルゴールや文具などがズラリ。

↑入口の上にも木のおもちゃがお出迎え

DATA ☎02-2341-6905 時11～20時 休なし ⓙⒺ

↑木のぬくもりを感じるおもちゃたち

どこか懐かしさを感じる四四南村の集合住宅

四四南村
スースーナンツン

信義 付録MAP P10B4

台北101近くの文化財指定スポット

ショップやカフェ、資料館が入居する複合施設。もとは、戦後に中国大陸から渡ってきた軍人とその家族が暮らした眷村のひとつ。この一角は眷村の文化、歴史を伝えるため保存された。

DATA
交M淡水信義線台北101/世貿駅から徒歩3分 住松勤街50號 ☎時休施設により異なる

好、丘
ハオ、チウ

四四南村一の注目店

台湾各地から取り寄せた自然派食品やコスメなど、良品のMIT雑貨が勢揃い。台湾人作家が作るアイテムも必見。カフェも併設している。

↑MIT雑貨が豊富に並ぶ。おみやげ選びに寄りたいショップ

DATA ☎02-2758-2609
時11～18時(LO17時) 休第1月曜
ⓙⒺ

→台湾の風景を切り取ったマグネット各NT$80

↑片皮烤鴨堡NT$299。ローストした鴨を、ネギとキュウリとともにベーグルでサンド

眷村文物館
ジュアンツンウェンウーグワン

村の歴史を学ぼう

昔ながらのレトロな生活用品や台所用具などを展示するほか、村民たちが働いていた兵器工場についても紹介。

DATA ☎02-2723-8937
時9～17時 休月曜、祝日
ⓙⒺ

↑教室に見立てた空間で眷村での教育について学べる

もっと深く知りたくなったら

台湾の歴史や文化に触れる 観光名所めぐり

白亜の建造物や華麗な銃剣さばきを披露する衛兵交代式、タイムトリップしたかのような200年前の街並みなど、台北を象徴する名所をめぐって歴史や文化を体感しよう！

圓山駅 ／ 付録MAP P3A2

忠烈祠
ヂョンリエツー

英霊が眠る神聖な地

戦争などで殉死した英霊33万を祀る、1969年に竣工された祭祀場。大殿は中国宮殿様式を採用し北京の紫禁城を模している。9〜17時の間の毎正時に行われる衛兵の交代式は一見の価値あり。一糸乱れぬ行進と銃剣さばきで見る者を魅了する。

DATA 交Ⓜ淡水信義線圓山駅から車で7分 住北安路139號 ☎02-2885-4376 時9〜17時（17時の交替式は16時40分） 休なし 料無料

・衛兵の条件

忠烈祠を守る衛兵は、陸・海・空軍の超エリート。さらに高身長、容姿端麗な人が選ばれ配属されるのだとか。

1.赤い柱と豪華絢爛な彫刻が印象的な鐘楼 2.殉死した英霊の位牌や遺品、革命家の胸像などを解説文とともに展示 3.中央広場を5人の衛兵たちが行進する交代儀式は10分ほど行われる

中正紀念堂駅 ／ 付録MAP P7C4

中正紀念堂
ヂョンヂョンジーニエンタン

壮大なスケールの白亜の名物建築

蒋介石の功績を讃え、1980年に創建された記念公園。約25万㎡の広大な敷地に高さ約70mの中正紀念堂がそびえ立つ。

DATA 交Ⓜ淡水信義線・松山新店線中正紀念堂駅から徒歩3分 住中山南路21號 ☎02-2343-1100 時9〜18時 休なし 料無料

1.衛兵交代式は9〜17時の間の正時に行われる 2.蒋介石の愛用車などゆかりの品々を展示 3.八角形の屋根は「忠、孝、仁、愛、信、義、和、平」の八徳を表している 4.4階フロアには高さ6.3mの蒋介石のブロンズ像が鎮座

 プチ情報 總統府では月1回特別開放日がある。この日は通常の見学では立入禁止の3階総統執務室や接待室などが見学でき、写真撮影も可能（通常日は撮影不可）。通常日、特別開放日ともにパスポートチェックがあるので忘れずに持って行こう。

and more...

北門駅　付録 MAP P6B1

國立臺灣博物館 鐵道部園區
グオリータイワンボーウーグワン ティエダオブウエンチュウ

鉄道好きはこちらへ！

2020年オープンの鉄道博物館で、写真パネルや実物の鉄道部品などを展示。メインの建物は日本統治時代の歴史建築で、優雅な装飾も必見。

DATA　交M松山新店線北門駅から徒歩3分　住延平北路一段2號　☎02-2558-9790　時9時30分〜17時　休月曜　料NT$100 🅙🅔

西門町　付録 MAP P17D4

總統府
ゾントンフウ

左右対照のルネサンス式の建物

陸、海、空軍の最高司令部と行政府が置かれ、台湾総統が執務を行っている。16人以上は要予約。ショートパンツやビーチサンダル、大きな荷物は不可。

DATA　交M淡水信義線台大醫院駅から徒歩7分　住重慶南路一段122號　☎02-2312-0760　時9〜12時　休土・日曜　料無料 🅙🅔

1. 1919年建造の美しい外観　2. 1〜3階の特定エリアは月1回の休日参観日（8〜16時、要パスポート）のみ見学可　3. 各国から送られた贈答品や勲章など、貴重な展示物が並ぶ

龍山寺駅　付録 MAP P21B3

剥皮寮歷史街區
ボーピーリャオリースージエチュウ

レンガ畳のレトロな街並みを散策

200年以上前の清代の面影を残す歴史的な街並みが保存されているエリア。修復された台湾の伝統的な建築様式の建物や洋館の間を散策できる。

DATA　交M板南線龍山寺駅から徒歩5分　住廣州街101號　☎02-2336-1704　時9〜21時、展示室9〜18時　休月曜、祝日　料無料

1. 銀行や旅館などがほぼ完全な形で残る　2. 個性あふれる壁画や看板などもみどころ

圓山駅　付録 MAP P4B1

台北市立美術館
タイベイシーリーメイシュウグワン

ハイセンスな近現代美術館

抽象画をはじめ、収蔵作品は約4900点にのぼる美術館。台湾美術界を代表する水彩画や彫刻などを常設展示。

DATA　交M淡水信義線圓山駅から徒歩10分　住中山北路三段181號　☎02-2595-7656　時9時30分〜17時30分（土曜は〜20時30分）　休月曜　料NT$30

1983年にオープン。館内には気持ちのよい緑のアトリウムが

イケメン遭遇率高し!?

イマドキ夜遊びスポットで 女子会in台北

おしゃれ化がどんどん進んでいる台北では、雰囲気がよいバーも次々オープン！
イケメン＋カワイイ店員さんのシェーカーさばきにうっとりしつつ、旅の思い出を語らいましょう。

信義　付録 MAP P11C1

啜飲室ランドマーク信義店

シーインシー Landmark シンイーディエン

気軽に一杯！のスタンディングバー

オリジナルの臺虎ブルワリーのクラフトビールを中心に、各国のタップビールとボトルビールが楽しめる。隣り合わせた人とも仲良くなれる開放的な空間で気軽に飲もう。

DATA 交Ｍ板南線市政府駅から徒歩4分　住忠孝東路五段68號　☎02-2722-0592　時17時〜23時30分（金・土曜15時〜翌1時30分、日曜15時〜）休なし　□日本語スタッフ　□日本語メニュー　☑英語スタッフ　☑英語メニュー　□要予約

1. ウッドテイストのおしゃれなカウンター　2. 臺虎 IPA NT$220 は南国フルーツと花の香りが特徴。少し苦みもあるが後味は甘い

---

1. 世界が認める名ブランドのお酒を大人の空間でゆっくりと味わおう　2. 好みの3種類を飲める、お得なカバランウイスキー3杯セットNT$ 1100　3. 香り高いカバランNo2を使ったカクテル茉莉花NT$450

松江南京駅　付録 MAP P15D3

カバラン ウイスキー バー

KAVALAN WHISKY BAR

評判の台湾ウイスキー 多彩な銘柄を飲み比べ

秘密の扉のような樽型のドアがバーの入口。世界的に評価の高い台湾産ウイスキー、カバランウイスキーの直営店で、高級銘柄や限定品を含む20種以上のウイスキーを堪能できる。

DATA 交Ｍ中和新蘆線松江南京駅から徒歩6分　住南京東路二段1號2F
☎02-2521-0880　時19時〜翌1時（食事23時LO、ドリンク24時LO）休第1月曜
※サービス料別金10%　□日本語スタッフ　☑日本語メニュー　☑英語スタッフ　☑英語メニュー　☑要予約

プチ情報　比較的治安のよい台北だが、見知らぬ土地で夜中に女性だけで歩くのは危険。夜遊びをしたら帰りは店の人にタクシーを呼んでもらったほうが安心。万が一に備えて貴重品も必要最小限だけを持って出かけよう。

猫下去敦北倶楽部 & 倶楽部男孩沙龍

中山國中駅 ／ 付録MAP P22A2

マオシアチュウドゥンベイジュウルーブウ & ジュウルーブウナンハイシャーロン

絵になるバーでカクテルを傾ける

本格派のバーテンダーが作るカクテルが楽しめるバー。店内は、80年代ロックのBGMやインテリアなど、アメリカンな雰囲気でまとめられている。創作性豊かな料理も楽しめる。

DATA 交M松山新店線中山國中駅から徒歩13分 住敦化北路218-220號 ☎02-2717-7596 時17〜24時（土・日曜11時〜、料理は22時LO）休火曜 ※サービス料別途9% □日本語スタッフ □日本語メニュー ☑英語スタッフ ☑英語メニュー □要予約

1.バーテンダーの技術は世界レベル 2.オレンジのライトが独特の雰囲気を演出する 3.アメリカンなインテリアが随所に見られる

61ノート

中山 ／ 付録MAP P14A3

リウシーイーノート 61 NOTE

隠れ家バーで傑作ビールと出合う

住宅街の路地裏にあるオアシスのようなカフェ&バー。沖縄出身のオーナーが、その時どきのおすすめ台湾クラフトビールを提供している。

DATA 交M淡水信義線・松山新店線中山駅から徒歩2分 住南京西路64巷10弄6號 ☎02-2550-5950 時11〜20時 休月曜 ☑日本語スタッフ ☑日本語メニュー ☑英語スタッフ ☑英語メニュー □要予約

1.スタイリッシュなサーバーからおいしいクラフトビールを。緑が生い茂る入口が目印 2.紅點精醸 台.P.A.ラージ NT$280。ホップの苦みが強めで日本人好みのおいしさ

ザ58バー

西門町 ／ 付録MAP P16B1

THE 58 BAR

おすすめを聞いて多彩なビールを満喫

台湾クラフトビール専門店で、品揃えは常に100種類近くになるそう。カウンターのほか、2階には落ち着けるボックスシートもある。

DATA 交M松山新店線北門駅から徒歩9分 住開封街二段58號 ☎02-2388-8580 時18時30分〜翌1時（土・日曜12時〜）休なし □日本語スタッフ □日本語メニュー ☑英語スタッフ ☑英語メニュー □要予約

1.台湾産のクラフトビールがずらりと並ぶ 2.大きい窓が印象的な異国情緒の漂う店構え 3.立秋260元。台湾茶が入ったビターな風味。その味がやみつきになる一杯

台北の街を見守るシンボルタワー

台湾一ののっぽビル
台北101から絶景を眺める

地上101階建ての高層ビル内には、買い物からグルメまでさまざまな施設が揃う。
89階の展望台からは、台北の街並みを一望。きらびやかな夜景もおすすめ。

信義　付録 MAP P11C3

台北101
タイベイイーリンイー

絶景もショッピングもグルメも満足！
地上101階、地下5階、高さ約508mの台湾が誇る高層ビルで、正式名称は「台北國際金融大楼」。85～91階は台北市内が一望できる展望台、中層はオフィスが入るタワー部分、地下1～5階のショッピングモール＆フードコートに分かれている。

DATA
(交)M淡水信義線台北101／世貿駅からすぐ　(住)信義路五段7號　☎02-8101-8800
(時)11～21時（最終入館20時15分）　(休)なし（屋外展望台は天候による）　(料)展望台 NT$600
☑日本語スタッフ　☑英語スタッフ

展望台

360度の大パノラマが楽しめる。スリル満点のガラス張りの床や屋外展望も！

↑夜の景色は絶景のひと言

➡晴れて風のない日には91階の屋外展望台へ。遮るものが柵しかない景色は開放感たっぷり

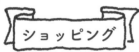

ショッピング

地下1階から5階にまたがる巨大ショッピングモール。高級ブランド店からカジュアルショップまで幅広いお店が並ぶ。

➡開放的なフロア。気持ちよく買い物ができる
➡地下1階のフードフロアには鼎泰豐の支店もあり

↖山腹にある展望台から台北101を望む

101の雄大な姿を望む展望台へ

象山は市街東部にあり、観光気分で気軽に登れる低山。標高は180mほど、登山口から絶景の展望台までは15～30分のハイキングだ。台北101の雄大な姿を眺めたり、記念撮影をしよう。

象山 シャンシャン
付録 MAP ● P3B4

DATA (交)M淡水信義線象山駅から中強公園近くの登山口まで徒歩10分、台北市立聯合医院松徳院区の登山口まで徒歩15分、M板南線永春駅から永春崗公園の登山口まで徒歩15分

🐾 ポイント
展望台は公式サイトで入場券を事前予約すれば、当日は予約購入専用窓口で購入でき、入場が円滑。さらに、エレベーターまでの専用レーンがある優先バス（NT$1200）を買うのも時短に効果大。平日午前中が比較的すいている。

プチ情報　展望台から記念はがきを出すことができる。室内展望台のショップで絵はがきと切手を購入し、同フロアに設置されている郵便ポストに投函すればOK。

おいしいもの
Gourmet

小籠包、麺、火鍋、スイーツ…
おなじみのメニューも店によって味は違うもの。
確かな評判の名店を選りすぐりました。

食べずに帰ってはいけません!!

行列しても食べたい
本場の小籠包

本場の小籠包はやっぱり絶品！皮の厚さやあんの具材、スープのだしに秘められた
各店の並々ならぬこだわりぶり。食べ比べながらハシゴしてみるのもオススメ。

小籠包 NT$250/10個
あんは16g、皮は5g。小籠包
は皮の折り目が多いほどおい
しいという店の信念を守り、熟
練の職人が18折で作っている
あんの具材：台湾産黒豚
スープのだし：鶏ガラ、黒豚肉

康青龍　付録 MAP P19B1　**鼎泰豊** ディンタイフォン

超有名店の総本山で味わおう

日本をはじめ海外にも多数の支店がある
有名店。小籠包は1日1万個以上売れる
こともあり、お昼や週末には長蛇の列が
できる。作り置きはせず、注文後に蒸し上
げるので、できたてアツアツを食べられる。

昼どきは混み合うが、店のサービスがスムーズなので長時間待つことは少ない

おすすめ
サイドメニュー

排骨蛋炒飯
NT$280
炒飯の上に豚のスペアリブが豪快にのった一品。どちらも主役級のおいしさ

紅油抄手【蝦肉】NT$210
ゆでワンタンをピリ辛のネギダレで
味付け。中のあんは野菜も選べる

DATA
交Ⓜ淡水信義線・中和新蘆線東門駅から徒歩3分　住信義路二段277
号（新生店）　☎02-2395-2395　時11時～20時30分（土・日曜10時
30分～）　休なし　☑日本語スタッフ　☑日本語メニュー
☑英語スタッフ　☑英語メニュー　□要予約
［主な支店］復興店（付録MAP/P12A3）、101店（付録MAP/P11C3）
南西店（付録MAP/P14A3）

プチ情報　永康街入口近くにある鼎泰豊本店の信義店（付録MAP/P19B1）はテイクアウト専門の店舗になっている。現在の旗艦店は近くに新しくオープンした新生店。

カニ

蟹粉小籠包
NT$400/10個
豚肉にカニ肉、カニミソ入
り。リッチな味わい
（鼎泰豐→P48）

鶏

雞肉小籠包
NT$250/10個
鶏肉、タマネギが入ったあ
ん。豚肉が苦手な人に
（鼎泰豐→P48）

烏龍茶

烏龍茶小籠包
NT$270/10個
皮だけでなく、肉あんにも
茶葉を練り込み風味豊か
（京鼎樓→P51）

ナツメ

棗泥小籠包
NT$210/10個
ナツメあんを包み、デザー
ト仕立てに。甘さ控えめ
（京鼎樓→P51）

変わり種も見逃せない

「小籠包＝豚肉」だけでなく、ヘチマを使ったものや魚介類、鶏肉などあんのバリエーションは豊富。さらに小豆あんやチョコを包んだスイーツ系小籠包にも注目が集まっている。

上海小籠湯包
NT$180/8個

具が透けて見えるほど薄い皮
で、濃厚な肉汁がたっぷり
あんの具材：黒豚の外モモ肉
スープのだし：鶏、黒豚の外モ
モ肉

中正
紀念堂駅

付録
MAP
P7C4

盛園絲瓜小籠湯包

ションユエンスーグアシャオロンタンバオ

知る人ぞ知る隠れた名店

オーナーは点心の本場・山東出身。厳選した食材で作る点心をリーズナブルに提供してくれる。カニみそのスープなど季節限定メニューが多く、小籠包と一緒に台湾の旬の味が楽しめるのも魅力。

おすすめ
サイドメニュー

海皇蝦仁豆腐
NT$350
エビ、ハマグリなどが入っ
た具だくさんの海鮮スー
プ。カニみそが隠し味

どの席からも厨房で点心を作
る様子が眺められる

酸辣湯 NT$65
色鮮やかで、鴨血、キクラゲな
どさまざまな食感が楽しめる

DATA
㊤Ⓜ淡水信義線・松山新店線中正紀念堂駅、Ⓜ
淡水信義線・中和新蘆線東門駅から徒歩10分
㊟杭州南路二段25巷1號 ☎02-2358-2253
㊙11時～14時30分、16時30分～21時30分
㊡水曜
☑日本語スタッフ　☑日本語メニュー
☑英語スタッフ　　☑英語メニュー　☑要予約

おすすめ
サイドメニュー

招牌鍋貼 NT$140/10 個
パリッとした羽根付きの
焼き餃子。ジューシーな
餡にリピーターが続出

園盅燉雞湯 NT$150
地鶏を 4 時間、じっくり
煮込んだスープ。コラー
ゲンがたっぷり取れそう

明月湯包 NT$140/8 個
赤身と脂部分を5対1の割合
で使用。味に深みを出している
あんの具材：黒豚の前モモ肉
スープのだし：黒豚のモモ肉、
豚足、鶏肉、豚皮

庶民的な雰囲気の中で、絶品
小籠包を味わう

| 六張犁駅 | 付録 MAP P3B4 | **明月湯包** ミンユエタンバオ |

もっちり生地に肉汁たっぷりで満腹

ホテルグランドで点心を担当していたシェフの店。全
20席とこぢんまりとしているが、確かな味で地元の常
連客も多い。そんな地元客に合わせてか、こちらの小
籠包は箸で持ち上げると重く、食べごたえ十分。

DATA
交 M 文湖線六張犁駅から徒歩11分
住 通化街171巷40號1F　☎02-2736-7192
時 11 〜 14 時、17 〜 21 時　休 なし
□日本語スタッフ　☑日本語メニュー
□英語スタッフ　　☑英語メニュー　□要予約

| 忠孝新生駅 | 付録 MAP P7D3 | **済南鮮湯包** ジーナンシエンタンバオ |

クチコミで人気爆発の繊細な小籠包

もともとは地元客向けの小さな店だったが、クチコミで
人気を集めた。来店客の目当ては超薄皮の小籠包。オー
ダー後に包むため、提供に少し時間がかかるが、つるり
とした皮の食感は待つだけの価値あり。

済南鮮湯包 NT$210/8 個
薄皮の中には大量のスープ。深いコクがあ
り、塩味が強め。他店と比べ大きなサイズ
あんの具材：台湾産黒豚
スープのだし：鶏ガラ

1階席と、広々とした地下席がある

DATA
交 M 中和新蘆線・板南線忠孝新生駅から徒歩4分
住 済南路三段20號　☎02-8773-7596
時 11 時 20 分〜14 時 30 分、17 〜 21 時　休 なし
☑日本語スタッフ　☑日本語メニュー
☑英語スタッフ　　☑英語メニュー　□要予約

プチ情報　注文はあらかじめテーブルに置いてある伝票に自分で書き込むスタイルが一般的。食べたいメニューの欄に注文個数を書き込んで店員に渡そう。支払いのときは伝票をレジで渡して精算すればよい。

小籠包 NT$200/10個
透き通った肉汁。口当たりが
軽く、何個でも食べられそう
あんの具材:新鮮な豚肉
スープのだし:豚足、豚皮

中山　付録 MAP P15C2

京鼎樓
ジンディンロウ

鼎泰豊で腕を磨いた三兄弟の店

シェフの陳三兄弟の修業先は鼎泰豊。名店仕込みの
小籠包が一番の人気メニューだが、麺や炒め物など60
種類以上のラインナップも自慢だ。サイドメニューのク
オリティも高く、安定感のあるおいしさが人気の秘密。

東坡肉 NT$380
皮付き豚バラ肉を調理。
箸で切れるほどやわらか
く、濃い味が後を引く

皮蛋豆腐 NT$60
甘い醤油ダレが絶妙に
マッチ。ピータンの独特
の味がたまらない

落ち着いた雰囲気の2階は
100席ほどのスペース

DATA
交 Ⓜ淡水信義線・松山新店線中山駅か
ら徒歩10分
住 長春路47號　☎02-2523-6639
時 11時〜14時30分、17〜22時
休 月曜
☑日本語スタッフ　☑日本語メニュー
☑英語スタッフ　☑英語メニュー
☑要予約
[主な支店]京鼎小館(付録MAP/P3B3)

西門町　付録 MAP P17D2

點水樓
ディエンシュェイロウ

大人数もOKな格調高い上海料理店

市内で3店舗を構える上海料理店。ゆったり楽しみた
いならクラシカルな店内のココがオススメ。定番の小
籠包のほかに、エビとヘチマ入りのものやカニみそ入り、
芋あん入りのデザート小籠包も味わえる。

DATA
交 Ⓜ淡水信義線台大醫院駅から徒歩5分　住 懷寧街64號
☎02-2312-3100　時11〜14時、17時30分〜21時　休な
し　※別途サービス料10%
☑日本語スタッフ　☑日本語メニュー
☑英語スタッフ　☑英語メニュー　□要予約
[主な支店]SOGO復興店(付録MAP/P12A3)、南京店(付
録MAP/P9C1)

XO醤小籠包 NT$220/5個、
NT$420/10個

あっさりとした鶏とホタテ貝柱ベースのスー
プが薄皮で包まれている
あんの具材:台湾産黒豚、干貝、XO醤
スープのだし:老母鶏

回転テーブルの席もあり、
大人数での食事にも対応

小籠包のおいしい食べ方

1. 上部をつまむ
皮が破れないように、折
り目が集まった上部を箸
でやさしく持ち上げる

2. タレにつける
醤油と酢、針しょうがで
タレを作る。お好みで黒
酢だけで食べてみても◎

3. レンゲに置く
タレにつけたらレンゲの
上へと運ぶ。針しょうが
もたっぷり添えよう

4. まずはスープから
やけどに気をつけて口
に運ぶ。皮を破ってまず
肉汁を味わってもOK

ヌードルパラダイスへようこそ♪

美食通をもうならす
初めての"麺"に出合えます

麺の専門店がひしめきあう激戦区・台北。どの店も麺やスープのこだわりがスゴイ！
地元の人に愛される定番から個性派まで、お気に入りの一杯を探しに出かけてみては？

紅焼牛肉麺(小) NT$280
ラー油が効いたピリ辛スープに、やわらかめの麺と、トロトロに煮込まれた牛肉がよく絡む不動の人気メニュー**B**

擔仔麺 NT$50
豚の後ろ足を5時間炒めた濃厚な風味の肉そぼろを溶かしながら食べる。隠し味の黒酢で後味もスッキリ**A**

牛肉麺(小) NT$210
漢方の配合が控えめなので飲みやすく、濃厚なスープがおいしい**C**

A ●東區
度小月
ドゥーシャオユエ
付録 MAP ● P13C3

4代続く伝統の味
100年以上の伝統を誇る、台南を代表する台南担仔麺の名店。新鮮なエビのスープと継ぎ足して伸う秘伝の肉そぼろ、コシの強い麺は4代にわたり受け継がれている。

DATA
交**M**板南線忠孝敦化駅から徒歩3分 住忠孝東路四段216巷8弄12號 ☎02-2773-1244 時11～15時、16時30分～20時45分 休なし

B ●康青龍
永康牛肉麺
ヨンカンニウロウミエン
付録 MAP ● P19A2

ボリューム満点の牛肉麺
1963年に屋台から始まった牛肉麺の名店。創業当時から受け継ぐ秘伝のレシピで作る牛肉麺は、牛肉も大ぶりでボリューム満点。四川風のワンタンや、炸醤麺も美味。

DATA
交**M**淡水信義線・中和新蘆線東門駅から徒歩5分 住金山南路二段31巷17號 ☎02-2351-1051 時11時～20時40分 休なし

C ●南京復興駅
林東芳牛肉麺
リンドンファンニウロウミエン
付録 MAP ● P8B2

特製スープにファン多数
創業40年の老舗店で行列必至の人気店。60時間煮込んだまろやかな牛骨スープに、特製ラー油を入れて辛さを調節することが可能。

DATA
交**M**文湖線・松山新店線南京復興駅から徒歩10分 住八徳路二段322號 ☎02-2752-2556 時11時～翌3時 休なし

プチ情報 台湾は麺の種類が豊富。日本の細うどんの太さほどの「細麺」や太めの「粗麺」、平打ちの「扁麺」のほか、そうめんによく似た細い麺「麺線」や麺の塊を包丁でそぐ「刀削麺」など、店ごとにさまざまな麺を使っている。

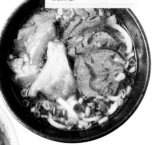

清燉牛肉麺(小) NT$280
牛肉のうま味やコクがストレートに伝わる塩味スープの牛肉麺も絶品にⒷ

半筋半肉麺(小) NT$260
牛肉と牛スジが両方のった欲張り麺。ボリューム満点Ⓒ

涼麺(小) NT$55
さっぱりダレが決め手の台湾版の冷やし中華。好みで自家製焦がしラー油を加えてもⒹ

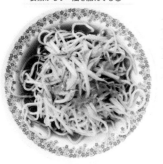

麺線(小) NT$60
カツオ節のうまみが抽出された濃厚なスープが口いっぱいに広がる。とうがらしのピリ辛さがアクセントにⒻ

蕃茄牛肉麺 NT$190(小)
シコシコとした弾力のある麺と、トマトと牛肉ベースのスープはほどよい酸味がマッチして思いがけないうまさⒺ

Ⓓ ●富錦街
屏東任家涼麺
ピンドンレンジアリャンミエン
付録 MAP ● P3B3

ツルツル麺にやみつき
台湾の南部屏東での創業から、50年以上続く老舗の涼麺店。出汁の利いた醤油の秘伝ダレが決め手で、あっという間に完食してしまう。

DATA
交Ⓜ松山新店線南京三民駅から徒歩18分 住富錦街535號 ☎02-2749-4326 時7時30分〜14時30分（土曜は〜15時）、16時30分〜20時30分 休土曜の夜、日曜

Ⓔ ●康青龍
永康刀削麺
ヨンカンダオシャオミエン
付録 MAP ● P19A2

熟練の技で作る刀削麺
小麦粉の生地の固まりに包丁を当て、鍋に直接削りだしてゆでる刀削麺の人気店。店先では麺を削る様子が見られる。店内の壁にある写真を見て指さし注文もOK。

DATA
交Ⓜ淡水信義線・中和新蘆線東門駅から徒歩5分 住永康街10巷5號 ☎02-2322-2640 時11〜14時、17時〜20時30分 休木曜 ⒿⒺ

Ⓕ ●西門町
阿宗麺線
アーゾンミエンシエン
付録 MAP ● P16B3

カツオのすっきりスープ
1975年に屋台でスタートした台湾屈指の麺線店。カツオだしのスープに麺線、漢方調味料で煮込んだ豚の大腸をのせて独特の味わいを生み出している。

DATA
交Ⓜ松山新店線・板南線西門駅から徒歩3分 住峨嵋街8-1號 ☎02-2388-8808 時8時30分〜22時（土・日曜は〜23時）休なし

夏でも人気なんです

一度食べたら忘れられない
ヤミツキの火鍋ワールド

酸菜鍋に麻辣火鍋、漢方鍋、しゃぶしゃぶとスープの味も食べ方もバリエーションが
豊富な台湾の鍋料理。具材やスープはもちろん、各店こだわりのつけダレもチェック！

牛スジ、ハチノス、豚モツなどの
ホルモンも臭みがなくおすすめ

鴛鴦鍋 NT$150×人数

スープ：仕切りのある鍋で、紅湯（絶
選麻辣鍋）と白湯（養生白味鍋）が
入った欲張り鍋
具材：油條(小) 78元〜、頂級安格
斯無骨牛小排(小) 508元〜など

翌朝5時まで営業していて使
い勝手がよい

松江南京駅	付録 MAP P15D3	**老四川**

ラオスーチュアン

真夜中でも楽しめる激辛鍋

格式高い優雅な内装の店内で火鍋を堪能でき
る。奥深さがある辛みの赤いスープと、豚骨やネ
ギのうま味が詰まった白湯が味わえる。鴨血と豆
腐は無料で追加できる。

DATA　交Ⓜ松山新店線・中和新蘆線松江南京駅か
ら徒歩9分　住南京東路二段45號　☎02-2522-
3333　時11時30分〜翌5時　休なし
□日本語スタッフ　☑日本語メニュー
☑英語スタッフ　☑英語メニュー　☑要予約

信義	付録 MAP P11D2	**新馬辣経典麻辣鍋PLUS+ 台北信義遠百店**

シンマーラージンディエンマーラーグオ プラス＋
タイベイシンイーユエンバイディエン

高級食材も満喫できて食べ放題＆飲み放題

台北101を眺めながら、高級食材を食べ放題・飲み放題で味わえ
る。100種以上揃うメニューにはアワビや最高級ブランド牛などの
高級食材（平日ランチタイムのみ一部＋NT$100）、アルコール類も。

DATA　交Ⓜ板南線市政府駅から徒歩7分　住松仁路58號信義遠百
A13 14F　☎02-2720-2118　時11〜24時　休なし　※2時間制、※サ
ービス料別途10%
□日本語スタッフ　☑日本語メニュー
☑英語スタッフ　☑英語メニュー　☑要予約

NT$898〜
平日ランチはNT$798〜

スープ：7種のスープから2種を選択
具材：具材はスマホで注文。具材
以外はビュッフェ形式。100g以上
食べ残すと追加料金がかかる

プチ情報　台湾では辛い鍋も辛くない鍋もすべて「火鍋」とよぶ。真ん中を仕切った鍋に、辛いスープと辛くないスープで分
ける鴛鴦火鍋を出す店が多い。台湾の人も火鍋が好きなので、特に冬場は予約が無難。

POINT

老油條 NT$70 を入れるとスープを吸って美味。5秒煮れば食べごろ

火鍋の有名店。予約がベター

東區 　付録 MAP P13C2

鼎王 台北忠孝店
ディンワン タイベイヂョンシャンディエン

本場仕込みの四川鍋を2種のスープで満喫

台中に本店がある人気店。こだわりのスープは白菜の漬物をたっぷり入れた酸菜白肉鍋と、10数種類もの香辛料を煮込んだピリ辛の麻辣鍋の2種で、約80種類の具材各NT$70～から好きなもの選んで注文する。食事時間は1時間30分まで。

DATA　交Ⓜ板南線忠孝敦化駅からすぐ　住忠孝東路四段177號2樓　☎02-2779-0528　時11時30分～翌2時　休なし
☑日本語スタッフ　☑日本語メニュー
☑英語スタッフ　☑英語メニュー　☑要予約

鴛鴦鍋 NT$150×人数＋NT$180（具材は別途）

スープ：仕切りのある鍋で白湯（酸菜白肉鍋）と紅湯（麻辣鍋）の2つのスープを味わえる
具材：肉類や野菜から好きなものをチョイス。人気は上選牛小排NT$959、招牌川丸子NT$258など

國父紀念館駅 　付録 MAP P13D3

長白小館
チャンバイシャオグワン

中国伝統の発酵白菜鍋でパワー補給

中国北部の名物料理である白菜の漬物・酸菜を使った鍋で有名な老舗。家庭的な雰囲気の店内は、酸っぱさがクセになる酸菜鍋目当ての地元の人々でいつもいっぱい。明るい女将の飾らないサービスにも心が和む。

DATA　交Ⓜ板南線國父紀念館駅から徒歩5分
住光復南路240巷53號　☎02-2751-3525
時11時30分～14時、17～21時　休月曜、7・9月の火曜、8月
☐日本語スタッフ　☑日本語メニュー
☑英語スタッフ　☑英語メニュー　☑要予約

1階と地下が食事スペース。特に冬場の週末は大混雑

薬味はゴマ、豆腐乳、にんにく、ニラソースなどお好みで

酸菜白肉火鍋（2人前）NT$1180

POINT

スープ：台湾の特徴的な酸菜火鍋スープ。酸菜から熟成したうま味が流れ出ている
具材：豚肉、凍豆腐、キノコ、青菜、春雨。豚肉は余分な脂身を減らした白肉とよばれるものを使用

安くておいしい！
台湾式朝ごはん
豆漿やお粥で大満足

台北の人々は朝食も外食主義。朝食の定番、豆漿（豆乳のこと）やお粥やおにぎりの店には毎朝行列ができている。やさしい朝ごはんで、一日のエネルギーチャージは完璧！

豆漿

甜豆漿 NT$30
黄豆を煮込んだ甘い豆乳。油條 NT$25 を浸して食べるのが台湾式の食べ方Ⓐ

鹹豆漿 NT$40
黒酢や醤油で味付けされた塩味の豆乳。揚げパンや肉そぼろなどをトッピングⒶ

鹹豆漿 NT$30
玉子や切干し大根、小エビ、油條が入った豆漿。豆腐のようなとろける食感Ⓑ

米漿 NT$20
米で作るドリンク。焼めたピーナッツを加えていて、やさしい甘みととろみがあるⒷ

サイドメニュー

厚餅夾蛋 NT$50
パイ生地で玉子焼をサンド。サクサク生地とフワフワした食感がマッチⒶ

焦甜甜餅 NT$30
麦芽糖の甘い餡が入ったスイートパイが人気。ネギ入りの塩味のものもあるⒶ

蛋餅 NT$40
生地が薄くてモッチリした台湾風クレープ。醤油を少し垂らしてもおいしいⒶ

Ⓐ ●善導寺駅
阜杭豆漿
フウハンドウジャン
付録 MAP ● P7C2

早朝から行列の豆漿専門店
華山市場の2階にあるほぼ午前中しか営業しない豆漿専門店。午前3時から仕込む豆漿のほか、石釜で炭火を使って焼き上げる焼餅や油條などを目当てに、毎朝地元ファンが行列する。

DATA
🚇Ⓜ板南線善導寺駅から徒歩3分 🏠忠孝東路一段108號 華山市場2F ☎02-2392-2175 🕐5時30分～12時30分（売り切れ次第終了） 🈺月曜 Ⓙ Ⓔ

Ⓑ ●中正紀念堂駅
鼎元豆漿
ディンユエンドウジャン
付録 MAP ● P7C4

手作りの味を守る創業50年以上の老舗
中正紀念堂の近くにあるすべて手作りの豆漿店。飯團や焼餅加蛋といった朝ごはんの定番メニューから水煎包などの小吃まで、品揃えは幅広い。7時30分～9時ごろまでは出勤前の人たちで賑わう。

DATA
🚇Ⓜ淡水信義線・松山新店線中正紀念堂駅から徒歩5分 🏠金華街30-1號 ☎02-2351-8527 🕐4時30分～11時30分 🈺なし Ⓔ Ⓙ

プチ情報 早朝から開店している朝食専門店だが、人気店は地元客で長蛇の列ができている。10時過ぎには店じまいしてしまう店もあるので早起きして出かけてみて！

and more...

洋食派はコチラ

旅行中の野菜
不足も解消！

中正紀念堂駅　付録 MAP P7C4

早香早餐吧
ザオシャンザオツァンバー

創業約20年のチェーン展開している朝食専門店。トマトや山芋など、新鮮な有機野菜を使ったサンドイッチ（生菜三明治 NT$45〜）が人気。フレッシュなフルーツを使ったドリンク類も充実している。

DATA 交Ｍ淡水信義線・松山新店線中正紀念堂駅から徒歩4分 住寧波東街24巷2號 ☎02-2394-3662 時5時30分〜11時30分 休日曜

お粥・おにぎり

サイドメニュー

鶏肉 NT$50〜
鶏ガラスープで塩ゆでしたジューシーな鶏モモ肉。ツルンとした食感◎

芥藍 NT$40〜
キャベツの仲間のカイランのおひたし。コリッとした食感がたまらない◎

紅燒肉 NT$50〜
中はやわらかく表面はサクサクの豚ロース肉。独特の香りが食欲をそそる◎

肉粥 NT$15
醤油味のお粥に甘辛いそぼろ肉をトッピング。だしは鶏ガラと豚骨。量が少なめなので2杯頼む人も◎

招牌紫米飯糰 NT$55
サクサクの油條とシャキシャキとした酸菜の食感が楽しいおにぎり◎

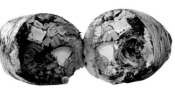

起士海陸総匯飯糰 NT$80
もち米使用で腹もちもよく、中には肉鬆や油條、豚肉などが入っている◎

Ｃ ●龍山寺駅
周記肉粥店
ヂョウジーロウゾウディエン
付録 MAP ● P21B4

老若男女に愛される地域密着店

煮込んだそぼろ肉をトッピングした肉粥が看板メニューの店。肉粥と一緒に頼みたいのが秘伝ダレに漬け込んで揚げた豚ロース肉の紅燒肉。小皿料理は人数や量によって料金が異なる。

DATA
交Ｍ板南線龍山寺駅から徒歩6分 住廣州街104號 ☎02-2302-5588 時6時〜16時15分 休不定休 Ｊ

Ｄ ●古亭駅
劉媽媽飯糰
リウマーマーファントゥアン
付録 MAP ● P7C4

アツアツのおにぎり専門店

注文を受けてから店員さんが握ってくれるので、いつ来てもアツアツが食べられる。具だくさんおにぎりのお供には、ヘルシーな黒豆漿25元が合う。ビニール袋に入れてもらって歩き食べが台湾流。

DATA
交Ｍ松山新店線・中和新蘆線古亭駅から徒歩6分 住杭州南路二段88號 ☎02-3393-6915 時5時〜11時30分 休月曜 ＪＥＪ

どっさりフルーツから変わり種まで

ホットな街で大人気!
ひ〜んやりかき氷

台北の気候にピッタリなかき氷。南国フルーツをトッピングした王道から、さまざまな工夫が凝らされたものまで。ボリュームもハンパじゃない!

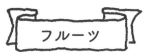
フルーツ

濃厚な果汁が滴るマンゴーをはじめ、南国フルーツを豪華にトッピング。ふわふわ氷との相性も最高!

草莓抱抱
NT $260(シングル)
イチゴのアイスクリームとフローズンストロベリーがトッピングされたイチゴのかき氷 Ⓒ

芒果牛奶冰(5〜9月限定)NT$160
黒糖氷に練乳が素朴な甘さ。氷の中にもマンゴーが! Ⓑ

雪地冰淇淋　NT$320(ダブル)
フルーツを贅沢にのせたかき氷に、好きなアイスをプラス(アイスシングルの場合は NT$260)。写真はドラゴンフルーツとパッションフルーツのダブル Ⓒ

超級雪酪芒果雪花冰 NT$250
厳選した台湾アップルマンゴー、金煌(キンコー)マンゴーで作ったマンゴージャムを使用したフワフワかき氷 Ⓐ

Ⓐ ●康青龍
思慕昔
スームウシー
付録 MAP ● P19B2

フルーツかき氷が充実

永康街の中心部という好立地に立つ人気店。現在はオープンエアの席のみで、連日大脈わいだが、回転は早い。

DATA
交Ⓜ淡水信義線・中和新蘆線東門駅から徒歩2分　住永康街15號　☎0908-059-121　時11〜22時(金・土曜は〜22時30分)　休なし

目抜き通りを眺めながら甘い時間を過ごそう

Ⓑ ● 行天宮駅
黒岩古早味黒砂糖剉冰
ヘイイェングウザオウェイヘイシャータンツオビン
付録 MAP ● P21B2

地元で人気の伝統かき氷

黒糖氷を削って作るかき氷は、どこか懐かしい味わいでリピーターが多い。大きめにカットされたマンゴーがのるかき氷が一番人気。

DATA
交Ⓜ中和新蘆線行天宮駅から徒歩5分　住錦州街195號　☎02-2536-2122　時12〜21時　休冬の日・月曜、祝日

行天宮でお参りしたついでに立ち寄っても◎

Ⓒ ●忠孝敦化駅
陳記百果園
チェンジーバイグオユエン
付録 MAP ● P8B2

高級フルーツパーラー

台湾産の上質な果物が手に入るフルーツ専門店。併設のパーラーでは旬の果物で作った自家製アイスやジュースなどが味わえ、果物の濃厚な味わいが堪能できる。

DATA
交Ⓜ文湖線・板南線忠孝敦化駅から徒歩7分　住敦化南路一段100巷7弄2號　☎02-2772-2010　時7〜19時(土曜は〜17時)　休日曜

みやげにできるフルーツジャムも販売している

プチ情報
マンゴーの旬は4〜10月ごろ。生のマンゴーが手に入る夏季限定で開店する店もある。年間を通して提供する店も多いが、この時期のマンゴーは格別。

バラエティ

トッピングやシロップがどんどん多彩になり、進化を続ける
かき氷。創意工夫が炸裂する台湾のかき氷をご賞味あれ！

珍珠奶茶冰 NT$150
ミルクティーを染み込ませ
た大盛りかき氷に2色の
タピオカ、ゴマプリン
をトッピングℰ

春暖大花玫瑰冰 NT$160
オーガニックの花びらがたっぷ
りのったバラの香りのかき氷。
鉄観音茶ゼリーとの相性◎Ⓓ

雪山蛻變　NT$90
牛乳とピーナッツペーストを
混ぜた氷を細く削った雪片
氷。フワフワと軽い口当たり
だが、味はまったり濃厚Ⓕ

芋頭牛奶冰 NT$125
ゴロゴロしたお芋、団子
にピューレと、タロイモ
づくしのかき氷！甘さは
ひかえめℰ

紅豆抹茶雪片　NT $100
抹茶とミルクを混ぜた氷を
細かく削った雪片氷に小豆を
トッピング。フワフワ食感Ⓕ

焼ぎ抹茶 NT$240
高級な抹茶を贅沢に使い、中には
台湾産の大粒小豆がたっぷり入っ
た和と台湾のコラボⓂ

Ⓓ ●康青龍

金鶏母 Jingimoo

ジンジームー
付録 MAP ● P7D3

映える創作かき氷

見た目も味も楽しめるインパクト大
のかき氷が台北っ子の間で大人気。
バーナーを使用したりとほかの店で
は味わえないエンターテインメント
なかき氷体験ができる。

DATA
交Ⓜ淡水信義線・
中和新蘆線東門駅
から徒歩5分 住
麗水街7巷11號
☎02-2393-9990
時12時30分〜20
時30分 休なし
ⒷⒺ

どこか懐かしい造
りの店内でゆっく
り味わえる

Ⓔ ●南京復興駅

春美冰菓室

チュンメイビングオシー
付録 MAP ● P5D4

老若を問わず楽しめる

台湾で昔から食べられているスイー
ツを店内で手作りし、華やかに盛り
付けたかき氷が人気。伝統好きに
はトッピングを自由に選べる黒糖創
冰70元もオススメ。

DATA
交Ⓜ文湖線・松山
新店線南京復興駅
から徒歩5分 住
敦化北路120巷54
號 ☎02-2712-
9186 時12〜21
時 休なし
ⒿⒷⒿⒺ

慶城公園の目の
前。満席のときは
テイクアウトもOK

Ⓕ ●劍潭駅

辛發亭

シンファーティン
付録 MAP ● P3A2

雪のようなかき氷・雪片

士林夜市（→ P28）内の路地にある
台湾風かき氷・雪片の専門店。ミル
クを混ぜた氷の塊を、特殊な機械で
細く削り出していく。繊細な口どけ
は、一度体感するとリピート必至。

DATA
交Ⓜ淡水信義線劍
潭駅から徒歩5分
住安平街1號
☎02-2882-0206
時14〜23時（営業
時間変更あり）休
なし
ⒷⒿⒺ

士林夜市にあり、
歩き疲れたときの
休憩にも便利

ナチュラルな甘みが心に体にやさしい

素朴な味わいに癒やされる ほっこり♥台湾スイーツ

台湾産のフルーツやお芋、お豆をたっぷりトッピングした伝統的スイーツは、手作りならではの素朴な味。個性あふれる台湾スイーツの世界へご案内。

豆花

大豆で作った絹ごし豆腐のようになめらかな豆花は、台湾を代表する伝統スイーツ。トッピングの種類も多いのでいろいろ試してみて!

黒心白玉豆花+紅豆
NT$65
黒ゴマ餡入り白玉のせ豆花＆つぶ餡が、絶妙な組み合わせ Ⓐ

冰豆花
NT$70
スタッフおすすめのトッピングが3種のった豆花 Ⓒ

黒豆花+紫米、燕麥、大薏仁、粉圓
NT$55
黒豆花に4種類のトッピングをプラス。それぞれの食感が楽しめる組み合わせ Ⓑ

白豆花+綜合芋圓、黒糖石花凍、花生 NT$55
黒糖風味と芋団子がマッチ。店長おすすめのセット Ⓑ

粉粿豆花
NT$50
粉粿というでんぷん粉のゼリーがのった豆花。もちもち食感 Ⓐ

Ⓐ ●雙連駅

豆花荘
ドウホアヂュアン
付録 MAP ● P4A4

寧夏路夜市の有名店
屋台が前身の豆花店。手作りにこだわり、トッピングもほぼすべてが自家製。カラメルのような苦みが利いたシロップが特徴だ。寧夏夜市(→P31)に近く、夜は混雑する。

DATA
交Ⓜ淡水信義線雙連駅から徒歩8分
住寧夏路49號
☎02-2550-6898
時10時～翌1時 休なし

豆花は店舗裏の工場で朝3時から作り始める

ⒿⒺ

Ⓑ ●忠孝復興駅
庄頭豆花担
ヂュアンドウドウホアタン
付録 MAP ● P12B1

濃厚な風味の黒豆花を
アンティーク調の家具が配されたレトロな雰囲気が印象的な豆花専門店。大豆で作る豆花のほか、栄養価が高いといわれる黒豆で作る黒豆花が味わえる。

DATA
交Ⓜ文湖線・板南線忠孝復興駅から徒歩8分 住市民大道四段73號
☎02-8771-6301
時12～22時(金・土曜～23時) 休なし

注文時に白豆花(バイトウファ)か黒豆花(ヘイトウホア)を選ぶ

Ⓙ

Ⓒ ●東區
東區粉圓
ドンチュウフェンユエン
付録 MAP ● P13C3

看板メニューは粉圓冰
かき氷とみつ豆を合わせたような粉圓冰が名物。30種類以上から好きなトッピングが選べて、自分好みの一杯が作れる。メニューにはおしるこ、豆花、燒仙草も並ぶ。

DATA
交Ⓜ板南線忠孝敦化駅から徒歩6分
住忠孝東路四段216巷38號
☎02-2777-2057
時11時～23時30分 休なし

昼どきはデザートを注文する人で賑わう

ⒿⒺⒺ

プチ情報 豆花などにトッピングを追加したいときは、ショーケースを指で示して注文すれば、意外と通じる。気兼ねせずにどんどんお願いして、自分好みの一杯を作ろう。

QQ系

モチモチ食感のことを台湾では"QQ"とよぶ。
QQ系メニューの定番はタピオカ。
サツマイモ団子やお餅なども外せない！

綜合粉圓冰　NT$70
黒タピオカ、サツマイモ団子といったカラフルな具材が甘いシロップとマッチ●

焼麻糬　NT$95
低温で15分間揚げて、ピーナッツパウダー、黒ゴマ、砂糖をまぶす。油っこさはなく、お餅もやわらかい●

貨室招牌剉冰　NT$190
自家製ピーナッツバターがかき氷とベストマッチ。アワを使ったポン菓子と一緒に●

花生・芋瑰・湯圓　NT$95
台湾の定番、ピーナッツしるこ。モチモチの白玉入り●

おしるこ

メニュー名に「湯」と付いているのはおしるこのこと。
温かいものが主流だが、店によっては冷たいものも。
定番のピーナッツや小豆のおしるこから味わって！

紅豆芋頭湯　NT$70
タロイモが入った台湾伝統のおしるこ。夏はアイスも●

D ●雙連駅
貨室甜品
フオシーティエンピン
付録 MAP ● P14A1

伝統素材を独自アレンジ

2018年5月にオープンした、おしゃれな台湾伝統スイーツ店。ひとつひとつは素朴な食材を使いながらも、現代的なセンスをプラスし、若者を中心に人気を呼んでいる。

DATA
交M淡水信義線双連駅から徒歩1分
住赤峰街71巷34号
時13時〜21時30分、土・日曜12時〜21時30分（21時LO）
休なし ●●●

家紋のようなロゴがかわいい、こぢんまりとした店内

E ●雙連駅
雙連圓仔湯
シュアンリエンユエンツァイタン
付録 MAP ● P14A1

家族で営む甘味処の老舗

1951年に創業した、一家で毎日手作りする伝統スイーツの店。昔ながらの製法どおりに台湾産食材で作るメニューは、体にもやさしいと地元の客からも人気を集めている。

DATA
交M淡水信義線双連駅から徒歩3分
住民生西路136号
☎02-2559-7595
時10時30分〜21時30分
休月曜
●●●

清潔感がある店内。カウンターにはトッピングがずらり

F ●康青龍
芋頭大王
ウィートウダーワン
付録 MAP ● P19B2

お芋スイーツの隠れ家店

新北市・金山のサツマイモや台中市・大甲のタロイモなど、有名な産地のイモを使ったイモデザート専門店。夏は果物をふんだんに使ったかき氷メニューも登場する。

DATA
交M淡水信義線・中和新蘆線東門駅から徒歩4分
住永康街15-4号
☎02-2321-7649
時11時30分〜23時
休なし
●●

外観は目立たないが30年以上続く人気店

素敵な空間で台湾茶をいただく

心やすらぐ茶藝館で ゆる〜りリラックス

ゆるやかな時間が流れ、上質のお茶を楽しめる茶藝館。ティータイムだけではなく、質のよい食事を提供するお店も。こだわりの空間でほっとする時間を過ごしたい。

公館 / **付録 MAP P20B1** / **紫藤廬**
ズートンルウ

ノスタルジックな空間の名茶館

1920年代の日本家屋を使った郷愁あふれる店。店名は庭先にある藤棚に由来している。レトロな空間のなかで、30種類ほどのオーガニック茶葉を泉水で味わえる。茶葉を使った季節替わりのセットメニューも人気（2023年現在提供中止中）。

DATA
交Ⓜ松山新店線公館駅から徒歩15分 住新生南路三段16巷1號 ☎02-2363-7375 時11時30分〜18時30分（金〜日曜は21時30分） 休火曜
☑日本語スタッフ ☑日本語メニュー
☑英語スタッフ ☑英語メニュー ☑要予約

1. 梨山初曉NT$350。台湾一の海抜の梨山で栽培された高山烏龍茶は、甘みが強く味わい豊か 2. 現代作家や画家たちが集まった風雅な建物が特徴

東門駅 / **付録 MAP P7C3** / **小隠茶庵 東門店**
シャオインチャーアン ドンメンディエン

心をつかむノスタルジックな空間

若者たちに人気を集めるおしゃれな茶藝館。レトロ調のノォトジェニックなインテリアに囲まれて、20種ほど揃う台湾茶やお菓子を気軽に味わえる。公式Webで事前予約が必要。

DATA
交Ⓜ淡水信義線・中和新蘆線東門駅から徒歩4分 住杭州南路一段143巷12-1號 ☎02-2343-5859 時11時30分〜19時 休なし ※サービス料別途10%、ミニマムチャージ1ドリンクまたは1ポット、制限時間90分まで
☐日本語スタッフ ☑日本語メニュー
☑英語スタッフ ☑英語メニュー ☑要予約

1. 白壁と木枠の窓、年代物の家具などレトロなインテリアに心が和む 2. オーナーの陳衣安さんは元インテリアコーディネーター 3. 迷ったら季節の茶菓子3種セット「茶拼食盤」NT$200がおすすめ

プチ情報 茶藝館とは中国茶が楽しめるティーハウスのこと。専用の茶器で、「工夫茶」という手順で台湾茶のお点前が体験できる。一杯目は店のスタッフが淹れてくれるところが多いので、気軽に門をくぐってみよう。

富錦街	付録MAP P22B2

如意坊文藝茶館
ルウイーファンユエンイーチャーグワン

茶葉農家厳選のお茶と料理に舌鼓

住宅街にある古いアパートを改装した茶藝館。緑に囲まれ、都会の喧騒を忘れさせてくれる。茶葉農家出身のオーナーが品質を認めた茶葉しか扱っていない。一般では入手困難なお茶が飲めることも。

DATA
交Ⓜ文湖線松山機場駅から徒歩10分
住富錦街114號 ☎02-2718-7035
時11〜23時 休なし
☑日本語スタッフ ☑日本語メニュー
☑英語スタッフ ☐英語メニュー ☑要予約

3

1.お茶は茶葉NT$200〜＋茶水費NT$150
2.緑が茂る庭から入口へと小道が続く
3.食事も楽しめる。ネギをのせて蒸した午仔魚(和名ナンヨウアゴナシ)の定食NT$320

師大路	付録MAP P20A1

小慢
シャオマン

居心地よい空間でゆっくりとお茶に親しむ

昔ながらの日本家屋にアンティーク家具や雑貨がセンスよく配され、居心地抜群な空間。各種展示会を開催するほか、予約制で茶藝館営業や茶道体験(→P85)も行っている。
営業日はSNSなどで確認。

DATA →P85

1.木の風合いに癒やされるアンティークの家具など、趣あふれる
2.お菓子の前にお茶を味わうのが台湾流。茶葉代NT$250〜500

信義	付録MAP P9D2

三徑就荒
サンジンジウホアン

ナチュラル空間で本格茶藝を体験

著名なインテリアコーディネーターが手がけた空間で、台湾茶が楽しめる。茶葉の種類と濃さを表す数字の説明が付き、初心者でもセレクトしやすい。

DATA
交Ⓜ板南線市政府駅から徒歩10分 住忠孝東路四段553巷46弄15號 ☎02-2746-6929 時12〜20時(土・日曜11時〜) 休なし
☐日本語スタッフ ☑日本語メニュー
☑英語スタッフ ☑英語メニュー ☐要予約

1

2

1.凍頂烏龍茶(青茶)NT$500。気品があって、フルーティな香り高いお茶。スタッフが人数分のお茶を丁寧に淹れてくれる
2.白い壁にウッディな家具を多用

味・雰囲気・ポーションを条件に厳選

ひとり女子旅の味方！
おいしくて入りやすいお店

おひとりさま用に量を調節したメニューや、カウンター席のある店など、
台北にはひとりでもふらりと入りやすい店が集まっている。気分に合わせて活用してみて！

國父紀念館駅 | 付録MAP P10A3

北大行
ベイダーハン

箸が止まらない！素材が光る小籠包

地元の常連客で賑わうローカルムード満点
の店。じっくり熟成させたモチモチの薄皮
の中には、ジューシーな豚肉あんとスープが
たっぷり詰まっている。あふれんばかりのう
ま味スープと相まってしっかりとした味わい
だが、しつこさを感じない。

清潔感があり、ひとりでも入りやすい雰囲気

DATA
🚇Ⓜ板南線國父紀念館駅から徒歩8分　🏠光
復南路427號　☎02-2729-9370　🕐11〜14
時、17時〜20時30分　🈺月曜、火曜不定休
☑日本語スタッフ　☑日本語メニュー
☑英語スタッフ　☑英語メニュー　□要予約

1.小籠包 NT$170（10個）は
上質な豚肉本来の味が楽し
める　2.小籠包のようにジ
ュワッとスープが出てくる
蝦肉蒸餃 NT$210も大人気
3.明るくおしゃれな店内

信義 | 付録MAP P11C1

パラダイス・ダイナスティ 楽天皇朝
PARADISE DYNASTY
ルーティエンホアンチャオ

デパート内で入りやすい！

いろんな味を一度に楽しめる

ラグジュアリーなムードの店で味わえるの
は、色鮮やかな小籠包。あんにはフォアグ
ラや黒トリュフなど高級食材を使用。一度
に8種類の小籠包が楽しめ、たくさん食べ
られないひとり旅にはうれしい。

DATA
🚇Ⓜ板南線市政府駅から徒歩4分
🏠忠孝東路五段68號　微風信義4F　☎02-
2722-6545　🕐11時〜21時30分（木〜土曜
は〜22時）　※各30分前LO　🈺なし　※別途
サービス料10%
□日本語スタッフ　☑日本語メニュー
☑英語スタッフ　☑英語メニュー　□要予約

1.特色皇朝小籠包八色
NT$368（8個）。皮は食材
で着色。フォアグラや黒トリ
ュフなどの贅沢あん入り
2.洗練された内装。優雅
な気分で食事できる
3.一緒に点心も。蘿蔔絲
酥餅 NT$138（3個）

プチ情報　肉料理やエビ料理などの骨や殻、魚の骨、果物の種などはテーブルの上に置いておく。殻の付いたエビやカニの料理は手で持って食べてOK。

and more...

テイクアウトなら こちらもオススメ！

福圓(控肉)便當 NT$100 は
豚バラの角煮と野菜や煮卵

排骨肉と煮卵、台湾風さつまあげ
がのる排骨経典便當 NT$100

台鐵便當本舗 1號店
タイティエビエンタンベンプウ イーハオディエン

台鐵台北駅構内の西三門
近くにある駅弁店。排骨肉
が入ったもの、野菜たっぷり
のものまでずらりと並ぶ。
品揃えは少しずつ変わるの
で、行ってみてのお楽しみ。

DATA 交台鐵台北駅
構内 住北平西路3號
☎02-2361-9309 時9
時30分～19時 休なし

東区

付録
MAP
P12A2

12MINI
シーアルミニ

> 席で
> 煮込まない
> ので夏でも
> 暑くない

新感覚のおしゃれひとり鍋

人気のひとり鍋店が手がける、新発想の
鍋版ファストフード。スープと肉を選べば、
煮込まれた状態の1人用鍋で提供される。
スープはシンプルなオリジナル(原味)をは
じめ、チーズミルク鍋やトマト鍋など多彩。

DATA
交M板南線・文湖線忠孝復興駅から徒歩5分
住忠孝東路四段49巷4弄6號 ☎02-8773-
8912 時11～23時(22時30分LO) 休なし
□日本語スタッフ □日本語メニュー
☑英語スタッフ ☑英語メニュー □要予約

1.功夫沙茶鍋 NT$160。特製の沙茶
醤(サーチャージャン)と干し魚介類で
味を引き締めている。肉は牛、豚、鶏
から選択。セットのご飯や春雨は無料
で、有料でうどん(烏龍麺)やインスタ
ント麺(韓国泡麺)に変更できる
2.温かみのある照明と木目調のイン
テリアがやさしい雰囲気を演出

迪化街

付録
MAP
P18B4

天喜迷你火鍋
ティエンシーミーニーフオグオ

コスパ抜群のひとり鍋の元祖店

創業30年以上を誇る、台湾でひとり用ミ
ニ鍋を広めた先駆け的存在。20種類以
上ある鍋メニューのなかでも、肉と野菜が
たっぷりのヘルシーな石頭火鍋は、訪れる
客のほとんどがオーダーする看板鍋。追加
の単品もNT$40～とお手頃。

DATA
交M松山新店線北門駅から徒歩10分
住南京西路306號 ☎02-2558-6781
時11時～20時30分 休火曜
□日本語スタッフ □日本語メニュー
□英語スタッフ □英語メニュー □要予約

> 安い！
> おいしい！
> ヘルシー！

1.牛のサーロイン肉がた
っぷりの石頭沙朗牛肉鍋
NT$340 2.カウンター
席のみの店内。調味料も無
料で取り放題 3.1981年
開業の人気店

シンプルなのに深い味わい！

クセになるおいしさ
台湾版"丼"ものメニュー

台湾ローカルが愛する丼ものといえば、代表格は魯肉飯や雞肉飯。ひとりごはんにもぴったりで、
しっかりお米を食べられる、お腹がペコペコのときに行きたい店を大調査。

 付録 MAP P4B2 **丸林魯肉飯**
ワンリンルウロウファン

自助餐で食べる絶品・魯肉飯

醤油と砂糖で煮込んだ豚バラ肉のそぼろ
かけご飯、魯肉飯の有名店。自助餐（欄外
参照）で、好きな惣菜と一緒に味わおう。

```
DATA
交Ⓜ淡水信義線圓山駅から徒歩10分
住民族東路32號 ☎02-2597-7971
時10時30分〜21時 休なし ⒿⒺⒿ
```

自助餐は1階。地下
1階と2階では大人
数向けの大皿料理が
食べられる

ご飯×豚肉

こちらも
オススメ！

・魯肉飯(小)NT$37

具材は醤油で煮た豚バラ肉。
カレーと漢方薬が隠し味だが、
刺激はなく口当たりまろやか

トマトと卵を炒めた蕃茄炒蛋
NT$35。少量の砂糖がトマト
の酸味を引き立てる

 付録 MAP P17C1 **鄭記猪脚飯**
ヂョンジーヂュウジャオファン

迫力満点のガッツリ丼

10時間煮込んで脂っぽさを感じさせないプリプリ
の豚足や角煮など、こだわりの台湾グルメが楽しめ
る。無料のスープはツウに大人気。

```
DATA
交Ⓜ松山新店線北門駅から徒歩5分
住延平南路22號 ☎02-2371-1366
時11〜20時 休日曜
```

・東坡肉飯NT$120

とろけるプリプリの
豚の角煮と味付き
煮卵にピリ辛野沢
菜をプラス
北門からすぐ、ローカ
ル感たっぷりの店

 中正
紀念堂駅 付録 MAP P7C4 **金峰魯肉飯**
ジンフォンルウロウファン

一晩寝かせた奥深い味にぞっこん

朝8時から魯肉飯が味わえる食堂。魯肉は一般
的にはバラ肉を使うが、こちらでは豚の首周りの
肉を使用。脂がのり、コラーゲンもたっぷり。

```
DATA
交Ⓜ淡水信義線・松山新店線中正紀念堂駅から徒歩2分
住羅斯福路一段10-1號 ☎02-2396-0808 時11時〜
翌1時 休月曜 ⒿⒷⒿⒺ
```

醤油や椎茸など
が入った甘辛い
タレに、一昼夜
寝かせて完成

・魯肉飯(小)NT$35

小さい店のため、混
雑することもあるが、
待ち時間は短め

  プチ
情報
「自助餐」とは何種類かの惣菜から好きなものを盛ってもらいレジで精算するというスタイルの食事処。ショーケース
に並ぶおかずを指で示しながらお願いすれば取り分けてくれる。ひとり旅でも栄養バランスに気を使った食事がとれる。

and more...

がっつり
食べたいなら
排骨飯！

排骨飯 NT$170
セットの白米には肉そぼろがトッピングされ、付け合わせの野菜もたっぷり。セットは麺を選ぶこともできる

西門町
付録 MAP P17C2

東一排骨
ドンイーパイグー

骨付き豚肉を薄くして揚げた台湾風トンカツ・排骨飯は1日4000食出るというほどの人気。スパイスが後を引く味。

交 M松山新店線・板南線西門駅から徒歩3分　住延平南路61號2階　☎02-2381-1487　時10～20時 (18時50分LO)　休月曜 J B J E

中山
付録 MAP P15C2

鶏家荘
ジージアヂュアン

鶏料理を極めた老舗レストラン

1976年創業の老舗店。華やかな内装だが価格はリーズナブルなのがうれしい。鶏肉料理を軸に家庭料理も展開している。

DATA
交 M淡水信義線・松山新店線中山駅から徒歩15分　住長春路55號　☎02-2581-5954　時11時～21時30分LO　休なし J J E

落ち着きを感じる昔ながらのレストラン

ご飯×鶏肉

こちらもオススメ

・三味鶏 (小) NT$600

ゆでた鶏肉と烏骨鶏、スモークチキンの盛り合わせ。鶏ガラスープとにんにくで炊き込んだ鶏飯 NT$50 とともに

サービスで付くプリン鶏蛋布丁 (テイクアウトは NT$150)

中山
付録 MAP P15D4

梁記嘉義鶏肉飯
リャンジージアイージーロウファン

近隣 OL もお気に入りの有名店

鶏肉飯か魯肉飯をメインに、豊富に揃うおかずと一緒にいただく。全8種類あるスープ NT$50 はだしが利いている。

DATA
交 M中和新蘆線・松山新店線松江南京駅から徒歩6分　住松江路90巷19號　☎02-2563-4671　時10時～14時30分、16時30分～20時　休土・日曜 J B J E

入口横に日本語付きのメニューがあるので見ながら料理を選ぼう。店は時間に関係なく、常に賑わっているので、相席も多い

・鶏肉飯 NT$45

口の中でホロリと崩れる鶏肉がたっぷり。あっさりした特製ダレが味のポイント

67

歩きながらパクッ！

台湾のB級グルメ
オススメ小吃食べ歩き

気軽に食べられる美食メニューが豊富なのも台北の魅力。お腹も心も満足できるうえに
お財布にもやさしい台北B級グルメ「小吃」をずらり紹介。パクパク食べつくしちゃおう！

3大小吃

カリッと
歯ごたえ＆
中はジューシー

刈包 NT$60
やわらかく煮込んだ豚肉やピーナッ
ツ粉、香菜などをやや甘いバンズで挟
んだ台湾風バーガー。割包とも書く❸

胡椒餅 NT$55
秘伝のタレに漬け込んだ豚
ひき肉がベースの豚肉あん
は、こしょうと宜蘭の三星
ネギが肉のうま味を際立た
せている❹

とろける豚肉と
香菜の
ハーモニー

止まらない
フワフワ
モチモチ感

葱抓餅 NT$30
ネギを入れた小麦粉の生地をフワフ
ワ＆サクサクに焼き上げて特製ソー
スで味わう。玉子入りは NT$30 ❹

---

❹ ●西門町
福州世祖胡椒餅
フウヂョウシーズウフウジャオビン
付録 MAP ● P17D2

窯で焼く黄金色の胡椒餅
饒河街觀光夜市（→P30）に本店を
構える屋台の支店。メニューは豚肉
あんを餅で包み、窯に張り付けて焼
く胡椒餅のみ。行列必至の人気店
だけに、早い時間を狙おう！

 DATA
交Ｍ淡水信義線・
板南線台北車站か
ら徒歩2分　住重
慶南路一段13號
☎02-2311-5098　時11時30分～17
時30分　休不定休

---

❸ ●迪化街
萬福號
ワンフウハオ
付録 MAP ● P18B3

80年続く伝統的な小吃
日本統治時代から4代続く老舗。
クレープ状の薄皮にピーナッツ粉と
野菜をたっぷり包んだ潤餅 NT$50
など、台湾家庭の伝統的な小吃が
味わえる。メニューも豊富。

 DATA
交Ｍ淡水信義線・
松山新店線中山駅
から徒歩8分　住
重慶北路二段29號
☎02-2556-1244　時10時～14時30分、
15時30分～19時30分　休月2日不定休

---

❹ ●康青龍
天津葱抓餅
ティエンジンツォンヂュアビン
付録 MAP ● P19A2

連日行列する永康街名物
自家製のとろみ醤油を塗って仕上げる
葱抓餅を目当てに連日行列が絶
えない。葱抓餅は中に空気を入れて、
ふんわり焼くのがポイント。チー
ズやハムなどのトッピングもある。

DATA
交Ｍ淡水信義線・
中和新蘆線東門駅
から徒歩2分　住
永康街6巷1號
☎02-2321-3768　時8～22時
休なし

プチ情報　食べ歩きに便利な小吃だが、タレやスープで服を汚さないように注意。ウェットティッシュを持っていると手や口ま
わりが汚れたときに便利。

こちらもオススメ

スパイシーな
あんがクセに
なりそう

アツアツの
スープが
あふれ出す

肉包 NT$25
豚肉とタマネギに黒こしょうで
味付けをしたあんを、甘みがある
皮で包んだ、いわゆる肉まん D

生煎包 NT$13
蒸し焼きにした小籠包。底はカリカリ、中
にはアツアツのスープがたっぷり入る E

1個で満腹！
昔ながらの味

粽子 NT$60
豚肉、椎茸、干しエビ、栗、
玉子が入ったチマキ。醤
油ベースのシンプルな味
付けが人気の秘密 B

高麗菜 NT$17
フレッシュな台湾産のキャベ
ツがたっぷり入った野菜まん
F

プリプリの食感
とたっぷり肉汁

シャキシャキ食感
が心地よい！

鮮肉包 NT$17
中には豚肉がぎっしり詰まり、
噛めば肉汁があふれ出す F

D ●迪化街
妙口四神湯
ミャオコウスーシェンタン
付録 MAP ● P18A2

毎日1000個出る肉まん

1973年から続く老舗屋台。肉包の
ほか、4種類の漢方と小腸のスープ、
四神湯 NT$65で勝負する。午後の
早い時間に売り切れてしまうの
で開店と同時に行くのが無難。

DATA
交Ⓜ松山新店線北
門駅から徒歩11分
住民生西路388號
☎0970-135-007
時11時30分～17時（売り切れ次第終了）
休月曜

E ●師大路
許記生煎包
シュウジーションジエンバオ
付録 MAP ● P20A1

約30年続く有名屋台

野菜と肉のあんを包んで蒸し焼きに
した小籠包を1日数千個も売り上げ
る。休日や平日18時以降は混雑す
るので、店頭の順番待ちカードを取
って待とう。

DATA
交Ⓜ松山新店線台
電大樓駅から徒歩
10分 住師大路39
巷12號 ☎0910-
083-685 時15～22時 休なし

F ●台北駅
老蔡水煎包
ラオツァイシュェイジエンバオ
付録 MAP ● P17D2

リーズナブルで大人気

名物水煎包は、キャベツ餡、ニラ餡、
肉餡の全部で3種類。早朝から夜
まで営業しており、周辺はホテルも
多く、朝食にするのもおすすめだ。イ
ートインスペースもある。

DATA
交Ⓜ淡水信義線・
板南線台北車站か
ら徒歩7分
住漢口街一段32
號 ☎02-2370-2666 時6時30分～
22時 休なし

安くておいしくて雰囲気もよし！

昔懐かしい雰囲気たっぷり
レトロ食堂で家庭料理を

台北市内には古い建築物をリノベーションしたレトロなレストランや食堂が急増中！
そこで味わえるのは台湾家庭料理の数々。昔懐かしい店の雰囲気と素朴な味に癒やされよう。

客家伝統の花布がインテリアのポイントになっているレトロかわいい店内

 康青龍 ｜ 付録 MAP P19A2

豊盛食堂
フォンションシータン

素朴な台湾農村料理を味わう

台湾の農家で食べられている素朴な「客家(ハッカ)」の家庭料理の店。決まったメニューはなく、その日の食材を使って提供。調味料を最小限に抑えて素材の味を生かす料理に定評があり、"台湾のおふくろの味"として人気を呼んでいる。

```
DATA
交 Ⓜ淡水信義線・中和新蘆線東門駅から徒歩1分
住 麗水街1-3號 ☎02-2396-1133
時 11時30分～14時、17～21時 休なし
☑日本語スタッフ  □日本語メニュー
☑英語スタッフ  □英語メニュー  □要予約
```

1. 店内の壁には写真付きのメニューが貼ってある　2. 遠目にもわかる赤い看板の店

干してうま味たっぷりのカリフラワーと豚の角煮を醤油仕立てにした菜乾肉 NT$250

シャキシャキした歯ごたえの炒水蓮 NT$140

米の生地で肉そぼろなどを巻いた煎粄條 NT$150

 プチ情報　台湾の食堂で頻繁に登場するのがサバヒーという魚の料理。漢字では虱目魚と書き、ミルクフィッシュともよばれる。小骨が多いが、脂があっさりしていて人気。煮付けやつみれにしたり、お粥の具として食べることが多い。

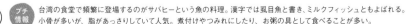

1．滷味（ごった煮）などの料理がずらり　2．香干肉絲（豚肉・小）NT$180

台北 小巨蛋駅	付録 MAP P3B3

陸光小館
ルウグアンシャオグワン

懐かしさ漂う外省人料理を堪能

戦後に中国大陸から台湾へ移住した「外省人」とよばれる人々が暮らした「眷村」で親しまれた料理が自慢。押し豆腐と肉の炒め物の香干肉絲が人気。店内はどこか懐かしい雰囲気。

DATA 交M松山新店線台北小巨蛋駅から徒歩6分
住敦化北路165巷4號 ☎02-8771-8855
時11時30分〜14時、17時30分〜21時 休月曜
□日本語スタッフ ☑日本語メニュー
□英語スタッフ ☑英語メニュー ☑要予約

1．ゆっくりくつろげる空間
2．豚肉やイカ、青ネギを炒めた客家風炒めNT$250

古亭駅	付録 MAP P3A4

晉江茶堂
ジンジャンチャータン

客家料理を現代風にアレンジ

築70年以上の日本家屋をリノベーションしたレストラン。乾物や漬物など保存食を多用した客家料理を食べやすくアレンジ。黒ゴマや白ゴマと緑茶をベースにした擂茶とともに味わえる。

DATA 交M松山新店線・中和新蘆線古亭駅から徒歩3分
住晉江街1號 ☎02-8369-1785 時11〜14時、16時30分〜21時 休なし
□日本語スタッフ ☑日本語メニュー
☑英語スタッフ ☑英語メニュー □要予約

康青龍	付録 MAP P19B3

大隱酒食
ダーインジウシー

お酒も多いアットホームな居酒屋

永康街の裏路地にある古い日本人住宅を改装した居酒屋。主人が毎日3つの市場で吟味してきた食材を使った台湾の家庭料理が味わえる。お酒の種類も台湾ビールから古酒まで幅広い。

DATA 交M淡水信義線・中和新蘆線東門駅から徒歩10分 住永康街65號 ☎02-2343-2275 時17〜23時 休なし
☑日本語スタッフ ☑日本語メニュー
☑英語スタッフ ☑英語メニュー ☑要予約

1．店先の赤ちょうちんが目印
2．ゆで豚に金柑ソースをかけた無油薄片蹄膀
料理写真はイメージ

善導寺駅	付録 MAP P7C3

龍門客棧餃子館
ロンメンクーチャンジャオズグワン

伝統の味を受け継ぐ絶品の水餃子

1968年から続く水餃子が人気の店。1日2000〜3000個作る餃子は、叩いてやわらかくした豚肉と白菜のあんを弾力ある厚めの皮で包む。噛みしめると肉汁があふれ、豚肉のうま味が伝わってくる。

DATA 交M板南線善導寺駅から徒歩9分
住林森南路61巷19號 ☎02-2351-0729
時17〜21時 休月曜
□日本語スタッフ ☑日本語メニュー
□英語スタッフ ☑英語メニュー ☑要予約

1．豚肉の水餃子・招牌豬肉水餃 NT$8（1個）　2．店内は昔の旅館の雰囲気

外せないタピオカや写真映え◎なフルーツドリンク

好みの一杯を見つけよう!
台湾ドリンク チャート

台湾産の旬の果物や、モチモチ食感のタピオカがたっぷり入った台湾ドリンク。
飲みごたえのあるもの、さっぱり飲めるヘルシーなもの。チャート式でご紹介!

草莓優格豆乳
NT$95（S）、
NT$170（L）
ボトル入りで手軽に
飲める豆乳ヨーグル
ト。甘さ控えめ B

弐苺冰茶
NT$69（M）
ブルーベリー＆イチゴと
日月潭紅茶をミックスし
たヘルシードリンク C

珍珠伯爵紅茶拿鉄
NT$60（M）
アールグレーの紅
茶ラテにタピオカ
が ON D

ヘルシー

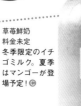

草莓鮮奶
料金未定
冬季限定のイチ
ゴミルク。夏季
はマンゴーが登
場予定! C

多肉水果茶
NT$70（L）
季節のフルーツをふんだ
んに使ったフレッシュな
特製フルーツティー C

翡翠檸檬
NT$65
レモン果汁
とジャスミン
ティーをブレン
ドした香り豊
かなドリンク F

さっぱり

 ●信義
春水堂
チュンシュェイタン
付録 MAP ● P11C2

元祖タピオカミルクティー
1987年にタピオカミルクティーを初
めて発売したという店。キビ砂糖の
自然な甘みが楽しめるタピオカミル
クティーが看板ドリンク。

DATA
交M淡水信義線市
政府駅から徒歩7分
住松壽路9號新光
三越A9館B1F
☎02-2723-9913
時11時～21時30
分（金・土曜は～22
時）休なし

信義店は130席
が用意されており
広々としている

 ●康青龍
二吉軒豆乳
アルジーシュエンドウルウ
付録 MAP ● P19A3

伝統を刷新する豆乳
添加物一切不使用の豆乳製品を販
売。店のインテリアや商品はシンプ
ルかつおしゃれで、2階にはテーブル
席もあり。

DATA
交M淡水信義線・中
和新蘆線東門駅か
ら徒歩10分 住永
康街34-6號 ☎02-
2396-7200 時10
～21時（店内飲食
は～20時）休なし

永康街の南端の金
華街沿いにある

●中山國中駅
デグク果果迪
Degugu グオグオディー
付録 MAP ● P22A2

台湾茶×台湾果物
台湾茶葉と台湾フルーツを合わせた
ドリンクが人気のドリンクスタンド。
オーダー後1杯ずつ作るからいつで
も新鮮な味が楽しめる。

DATA
交M文湖線中山國中
駅から徒歩11分
住民生東路四段
65號 ☎02-2502-
8551 時10時～20
時30分（土・日曜11
時30分～、日曜は～
17時）休なし

民生東路沿いの飲
食店の多いエリア
にある

  プチ
情報 台湾のジューススタンドの商品は日本人からするとかなり甘い。甘さや氷の有無を調節できるお店が多いので、
「半糖」＝「砂糖半分」、「去糖」「不加糖」＝「砂糖抜き」、「去冰」＝「氷抜き」などの表現を覚えておこう。

芋頭鮮奶
NT$70（M）
名産地 "大甲"
のタロイモをふ
んだんに使用 D

濃厚

美容金箔黒糖
珍珠鮮奶
NT$220
豪華に金箔1枚
をまるごとのせ、
見栄え抜群 E

台湾之光
環遊世界黒糖
珍珠鮮奶
NT$120
超濃厚な黒糖タピオカ
と新鮮な牛乳がベスト
マッチ！黒糖パウダーを
振りかけた後、バーナー
で焦がして仕上げ E

珍珠紅豆鮮奶茶
NT$80
タピオカと小豆をトッピ
ングしたミルクティー。
ホットでもおいしい F

ボリューミー

珍珠奶茶
NT$100（小）／
NT$190（大）
無添加タピオカの
プルプル食感がやみつ
きになるタピオカミ
ルクティー A

珍珠緑茶
NT$90（小）／
NT$170（大）
タピオカ入りジャ
スミンティー。爽
やかなのど越し A

鉄観音鮮奶茶
NT$70
上品でなめらかな口当たり
の鉄観音烏龍茶を使用した
タピオカミルクティー F

※ 2022年に使い捨てプラスチックカップの使用が禁止されたため、ドリンクスタンドで
は紙コップで提供されるようになっている。マイボトル持参での割引も実施されている

D ●南京三民駅

迷客夏ミルクショップ

メイクーシア milk shop
付録 MAP ● P9C1

新鮮ミルクが自慢のスタンド

地元のOLや学生に人気のスタンドで
ほかにも支店多数。濃厚なミルクを
ベースに安心安全の素材を使用し
作られたドリンクは絶品。

DATA
交 M松山新店線南京
三民駅から徒歩3分
住南京東路五段68
号 ☎02-2761-
4588 時10〜21
時 休なし
J E J E

デリバリーオーダー
も人気

E ●西門町

幸福堂

シンフウタン
付録 MAP ● P16B3

ご利益ありそうなドリンク

創業から1年で100店舗にまで急
成長。毎日店頭で手作りする黒糖タ
ピオカは新鮮でモッチモチ！炎のよ
うに燃え上がるさまはインパクト大。

DATA
交 M松山新店線・
板南線西門駅から
徒歩3分 住漢中
街101号
☎0978-810-810
時10〜24時 休
なし
J E

店頭で手作りする
様子が見られる

F ●中山

茶湯会

チャータンフェイ

付録 MAP ● P14A3

元祖のティースタンド

タピオカミルクティー発祥店として知
られる春水堂がプロデュース。クオ
リティはそのままに、気軽にテイクア
ウトできる。

DATA
交 M淡水信義線・松
山新店線中山駅か
らすぐ 住南京西
路15号B1F ☎02-
2581-2063 時11
時〜21時30分（金・
土曜は〜22時） 休
なし
J J

フードコートなら
テーブルも利用で
きて便利

サードウェーブ系も続々登場!

雰囲気も味もハイレベル!
居心地◎のくつろぎカフェ

最高の一杯にこだわるサードウェーブ系から、歴史的建物を利用したレトロな純喫茶まで、おしゃれな空間でゆったりくつろげる、今おすすめのカフェがコチラ!

迪化街 | 付録 MAP P18A2

窩窩
ウォーウォー

大稲埕の静かな空間でゆっくりと過ごす

鎮座する古い薬棚に元漢方薬屋さんかと思えば、実は貿易会社だったとか。ノスタルジックなエリアに合わせた内装が素敵。メニューは香港カフェスタイルの飲食が中心。店内には台湾や香港で探し集めたヴィンテージものが並ぶ。

住居兼オフィスビルを改装。土台はそのまま、周辺エリアのレトロムードに合わせたインテリアに

香港スタイルのフレンチトースト西多士NT$180とアイスレモンティー港式檸檬茶NT$180

DATA 交Ｍ松山新店線北門駅から徒歩13分 住民生西路404號 ☎02-2555-2056 時12〜19時 休月・火曜
Ｊ　Ｅ

中山國中駅 | 付録 MAP P5D3

ガビー
GABEE.

No.1バリスタの上質な一杯

台湾No.1バリスタとの呼び声の高い林東源さんがオーナー。豆に応じた最適な焙煎で仕上げる日替わりのスペシャルコーヒーが自慢。サンドイッチやワッフルなどの軽食もあり、台南の有名店NINAOとコラボしたコーヒー味をはじめ各種ジェラートNT$90〜も絶品。

1

2

ラテアートが美しいカプチーノNT$140

DATA 交Ｍ文湖線中山國中駅から徒歩5分 住民生東路三段113巷21號 ☎02-2713-8772 時9〜18時 休なし
Ｇ　Ｅ

1.コーヒー器具の販売も 2.スイートポテトコーヒーNT$180などオリジナルも人気 3.店名は「コーヒー」の意

プチ情報 茶葉が有名な台湾だが、実はコーヒーの栽培も古くから行われている。特に台湾中部の阿里山のコーヒーは深い味わいで世界的な評価も高い。

松江
南京駅

付録
MAP
P8A1

フィカフィカ・カフェ
Fika Fika Cafe

北欧スタイルの癒やしカフェ

コーヒー豆の輸入販売をしていた夫妻が、豆の産地や焙煎方法によって異なる多様な味わいを知ってほしいと始めたカフェ。主人は北欧のコンテストで優勝経験もあるバリスタで、店の内装も無垢材を多用した清潔感のある北欧スタイル。まずはその日のおすすめを記した黒板メニューをチェック。

DATA 交Ⓜ松山新店線・中和新蘆線松江南京駅から徒歩4分 住伊通街33號 ☎02-2507-0633 時8〜21時（月曜10時30分〜） 休なし
🎵ⓊⒿⒼⒺ

1．店名のフィカはスウェーデン語で「コーヒーブレイク」 2．コーヒーは浅煎りが基本。多彩な香りが楽しめる 3．ドリップコーヒー3袋セット耳掛包組NT$169〜。8種あるフレーバーから好みのものを

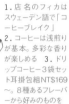

黒糖ラテ
NT$200と
日替わりデザート

迪化街

付録
MAP
P18B4

森高砂咖啡館
大稲埕
センガオシャーカーフェイグワン
ダーダオチョン

上品かつモダンなカフェ

台湾産コーヒーの名を世界に知らしめたコーヒー店。もともとはキャバレーだった建物をリノベーション。赤レンガの壁などは当時の状態のまま残っている。

DATA 交Ⓜ松山新店線北門駅から徒歩9分 住延平北路二段1號 ☎02-2555-8680 時12〜20時 休なし
🎵ⓊⒿⒼⒺ

1．天井が高く落ち着いた空間 2．フルーティな風味が特徴。水出しコーヒーNT$220〜 3．レトロな街並みが続く迪化街エリアにある

やっぱり老舗にはかないません

"ザ・台湾料理"ならコチラ 選りすぐりの名店4軒

新鮮な海や山の幸を使い、あっさりした味付けで日本人の好みにも合う台湾料理。
こだわりの素材と守り抜いた伝統の味を誇る厳選4店をご紹介。

必食　ワタリガニのおこわ紅蟳米糕 4人前 NT$1080〜

必食　エビとイカの団子、芙蓉繍球(1個)NT$180

1. カニみそたっぷりのワタリガニをまるごと使用　2. 欣葉滷肉 330元（大）。トロトロの豚バラ肉の角煮は白飯と相性最高　3. 切り干し大根の玉子焼。正宗菜脯蛋 NT$250

1. エビとイカのすり身を丸めて蒸し上げたもの　2. 鶏肉も入った蟳仔米糕 NT$1380〜　3. フカヒレなどを蒸し煮にした魚翅佛跳牆 1人前 NT$1180

中山國小駅
付録 MAP P4B2

欣葉
シンイエ

創業当時からの伝統と味を受け継ぐ

1977年の創業から、幅広いジャンルの料理店を展開して一大チェーンを築いた「欣葉」の本店。お粥など庶民的な料理から、フカヒレといった豪華料理まで500種類以上ある台湾料理が自慢。台湾産の魚介や野菜など、食材の持ち味を生かしたやさしい味わいで地元のファンも多い。

中山
付録 MAP P15C4

梅子台湾料理餐庁
メイズタイワンリャオリーツァンティン

上品な味付けで楽しむ海鮮料理

1965年創業の老舗で、1階は居酒屋風の台湾家庭料理、2階は海鮮料理とフロアが分かれている。さっぱりとした上品な味付けに定評があり、特にワタリガニのおこわ「蟳仔米糕」が人気。毎日澎湖島から空輸される新鮮な魚介を、自分好みの調理法で食べられるのもうれしい。

DATA
交Ｍ中和新蘆線中山國小駅から徒歩7分　住雙城街34-1号　☎02-2596-3255　時11時〜21時30分LO　休なし
☑日本語スタッフ　☑日本語メニュー
☑英語スタッフ　☑英語メニュー
☑要予約

DATA
交Ｍ淡水信義線・松山新店線中山駅から徒歩8分　住林森北路107巷1号　☎02-2521-3200　時17時30分〜22時、土・日曜は11時30分〜14時もあり　休月曜
☑日本語スタッフ　☑日本語メニュー
☑英語スタッフ　☑英語メニュー　☑要予約

プチ情報　台湾料理は日本統治時代の食文化からも影響を受けていて、現在でも和食の調理スタイルを取り入れている。おでんやさつま揚げ、エビフライや刺身などの日本料理に、台湾独自のアレンジを加えたユニークなメニューも存在する。

台湾料理ってどんなもの？

福建省をはじめ、中国本土のさまざまな地方料理の影響を受けながら独自の発展を遂げた台湾料理。カニやエビなどの豊かな海の幸を中心に、素材の味を生かし、「あっさり、薄味、新鮮、コク」に重点をおいて調理する。中国料理よりも比較的淡白な味付けが魅力。

必食 カニがまるごと1パイのった沙公米糕NT$1098（小）

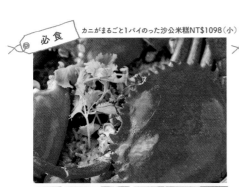

1. 迫力ある一品。具材は別々に調理し、味わいを引き立たせている　2.10種類の具材を煮込んだスープ佛跳牆 NT$728（小）　3. 高品質なカラスミ、烏魚子NT$938（小）

必食 山海豪華拼盤1680元（小）、2380元（大）は看板メニュー6品を一皿に

1. 台湾料理の奥深さを知ることができる　2. 扁魚春捲880元。酒家菜の名店・蓬莱閣のシェフ直伝の春巻　3. 太平町玫瑰蝦680元。エビ、カラスミなど豊富な食材で花を表現

中山　付録MAP P14B4

青葉台灣料理
チンイエタイワンリャオリー

1964年創業の台湾料理の先駆者

伝統的な台湾家庭料理をベースにアレンジを加えた料理を落ち着いた雰囲気が漂う店内で味わえる。料理の数は約200種類と多く迷うほど。ボリュームと値段を抑えた小サイズもあり、いろいろなメニューが楽しめるのもうれしい。

```
DATA
交 M淡水信義線・松山新店線中山駅から徒歩8分
住 中山北路一段105巷10號 ☎02-2571-3859、02-
2551-7957 時11時～14時30分（14時LO）、17時15
分～21時30分（21時LO） 休 月曜
☑日本語スタッフ　☑日本語メニュー
☑英語スタッフ　☑英語メニュー　☑要予約
```

忠孝新生駅　付録MAP P7D3

山海楼
シャンハイロウ

絶品豪華宴会料理を見事に再現

台湾料理といえば、現在は小吃をはじめとする気軽な食べ物のイメージが強いが、洗練された台湾料理のすばらしさを取り戻すべく、1930年代に栄えた高級料亭で出されていた手の込んだ料理を再現。オーナーが暮らしていたという邸宅を改装した豪華な空間で、贅沢な料理が楽しめる。

```
DATA
交 M中和新蘆線・板南線忠孝新生駅から徒歩7分
住 仁愛路二段94號 ☎02-2351-3345 時12時～14
時30分、18～22時 休 なし
☑日本語スタッフ　☑日本語メニュー
☑英語スタッフ　☑英語メニュー　☑要予約
```

日本よりお得だから、贅沢しましょ！

フカヒレ！アワビ！カニ！
お得に召しませ高級食材♪

日本ではなかなか口にできない、高級食材のフカヒレやアワビ、ロブスター、カニなども
台北なら日本よりお得な価格で食べられるんです。感動の味と極上の時間を堪能してみて！

フカヒレ

フカヒレスープ
魚翅
NT$2400（一人分）

ヒレが丸々一枚入った贅
沢なスープ。中サイズは
NT$3800、大サイズだ
とNT$5800

1．大ぶりなアワビがた
くさん入った鮑魚炒飯
NT$1600（小サイズ）
2．大きな窓で開放的な
空間　3．金色のゴー
ジャスな看板が目印。ド
アマンが常駐している

| 忠孝
新生駅 | 付録
MAP
P7D3 | **121好鮑魚燕窩餐廳** |

イーアルイーハオバオユィーヤンウォーツァンティン

ホールスタッフの
周さん

最高の食材と
サービスを
心がけています

肉厚の豪華フカヒレスープ

最高級食材のフカヒレ料理が看板。1週
間かけて下ごしらえする南米産サメの尾ヒ
レと、金華ハムなどを長時間煮込んだ上
湯スープとの相性は抜群。素材の持ち味
を生かす技術は台北一との呼び声も高い。

DATA
交Ｍ中和新蘆線・板南線忠孝新生駅から徒歩
10分　住新生南路一段121號　☎02-2773-
7201　時11時30分〜14時、17〜21時
休なし
☑日本語スタッフ
☑日本語メニュー　☑英語スタッフ
☑英語メニュー　☑要予約

プチ
情報
「欣欣魚翅坊」ではおみやげ用のフカヒレやアワビも販売。スープも付いているので家庭で台湾の味が楽しめる。
発泡スチロール製の真空パックに包装され、検疫も問題なし。フカヒレはNT$1750〜、アワビはNT$450〜。

アヒル

北京ダック
掛爐烤鴨
NT$3800
（お粥 or
米麺付き）

| 南京 復興駅 | 付録 MAP P8A1 | **台北國賓川菜廳** |

タイベイグオビンチュアンツァイティン

四川料理の名店

半世紀以上の歴史をもつ老舗。麻婆豆腐NT$350
など本場四川の味を提供。北京ダックは皮はパリッ、
肉はジューシーに焼き上げられた人気メニュー。

DATA
交M淡水信義線南京復興駅からすぐ　住遼寧街177號
富邦遼寧大樓2F　☎02-2551-1111　時11時30分～
14時、17時30分～21時　休なし
☑日本語スタッフ　☑日本語メニュー
☑英語スタッフ　☑英語メニュー　☑要予約

ロブスター

蒸しロブスター
澳洲大龍蝦
NT$780（250g）

| 中山 | 付録 MAP P15C2 | **欣欣魚翅坊** |

シンシンユィーチーファン

大ぶりの蒸しロブスター

新鮮なロブスターなどを使った高級海鮮料理が名
物。フカヒレ、ロブスターなどがセットになったコー
スの快樂分享餐NT$3780(2人用)が人気。

DATA
交M淡水信義線・松山新店線中山駅から徒歩15分　住
長春路66號　☎02-2537-2778　時11時30分～14時
30分、17時30分～21時30分　休なし
☑日本語スタッフ　☑日本語メニュー
□英語スタッフ　□英語メニュー　□要予約

カニ

カニの豆鼓炒め
避風塘炒蟹
NT$1500（時価）

カニを豆鼓やにんにく、と
うがらしなどと一緒に炒
めた看板料理

香港を思わせる、あでやか
なインテリアの店内

| 松江 南京駅 | 付録 MAP P7D1 | **竹家莊** |

ヂュウジアヂュアン

香港式料理の老舗

1989年から続く、台湾では希少な香港の漁師
料理を心ゆくまで味わえる店。店内の大きな生簀
から水揚げした海の幸を使った料理が食べられ
る。種類豊富な香港式飲茶も評判。

DATA
交M松山新店線・中和新蘆線松江南京駅から徒歩4分
住南京東路二段96號　☎02-2551-1838
時10時～14時30分、17時30分～21時30分
休なし
☑日本語スタッフ　☑日本語メニュー
☑英語スタッフ　☑英語メニュー　□要予約

アワビ

アワビの醤油味姿煮込み
乾焼原汁鮑魚
NT$1900（大）

オーストラリアや南アフリカ
産の大きなアワビを使ってい
て食べごたえ満点

高級感あふれる店内で落
ち着いて料理が楽しめる

| 忠孝 敦化駅 | 付録 MAP P8B1 | **吉品海鮮餐廳** |

ジーピンハイシエンツァンティン

色艶が美しいアワビ料理

アワビやフカヒレを使った正統派の広東料理と、
新鮮な魚介類を使った高級海鮮料理の名店。長
年のキャリアを誇る料理長が作る彩り鮮やかな
料理は、どれも上品な味付け。

DATA
交M板南線忠孝敦化駅から徒歩8分　住敦化南路一段
1號1F　☎02-2752-7788　時11時30分～13時45
分LO、17時30分～20時45分LO　休なし
☑日本語スタッフ　☑日本語メニュー
☑英語スタッフ　☑英語メニュー
☑要予約

野菜不足になりがちな旅行中にピッタリ

ヘルシーな"素食"とお野菜たっぷりゴハン

健康志向の強い台湾の人にブームなのが、"素食"とよばれるベジタリアン料理をはじめとした、野菜メインの料理。無農薬野菜にこだわる店も多く、また見た目を豪華に仕上げるのが台湾流。

精進料理レストランとは思えないモダンな雰囲気

| 善導寺駅 | 付録 MAP P7C2 | **鈺善閣** |
| ユィーシャングー |

イタリアンの手法で作る本格精進料理

お坊さんも来店する本格的な素食レストラン。木目調のスタイリッシュな空間で供される無農薬野菜を使った料理は彩り鮮やか。4種類のコース料理NT$1598を提供していて、精緻套餐コースNT$1598がお手頃。

MENU
蘿蔔糕
大根を蒸して固めた餅。シャキシャキした食感を出すため、わざと大根の繊維を残している

```
DATA  交 M 板南線善導寺駅から徒歩5分
住 北平東路14號  ☎02-2394-5155
時11時30分〜14時、17時30分〜21時  休火・水曜
□日本語スタッフ    □日本語メニュー
☑英語スタッフ     ☑英語メニュー    □要予約
```

食材は植物性タンパク質だから身体にやさしいです

スタッフの王さん

| 忠孝新生駅 | 付録 MAP P7D3 | **東雅小厨** |
| ドンヤーシャオチュウ |

体がホッとする中国料理

新鮮なオーガニック食材を使った中国料理が地元の人に好評。自然医学や栄養学を学んだオーナー自らが生産地で調達する有機栽培野菜中心の料理は、油少なめでどれも体にやさしい味付けだ。

```
DATA  交 M 中和新蘆線・板南線忠孝新生駅から徒歩
10分  住 濟南路三段7-1號  ☎02-2773-6799
時11時30分〜14時、17〜21時  休日・月曜
□日本語スタッフ    □日本語メニュー
☑英語スタッフ     □英語メニュー    ☑要予約
```

胃もたれしないよう油や調理温度に気を配っています

主任の秦さん

店内はいつも地元の人で賑わっている

MENU
菜脯花生芽 NT$380
干し大根とピーナッツもやしを炒めたヘルシーな料理

プチ情報 台湾の素食は単なるベジタリアン料理ではなく、豆腐などの食材を使って肉や魚の食感を表現する本物そっくりな「モドキ」料理が多い。素食専門店は店の看板などに卍マークが表示され、最近はビュッフェ形式の店も増えている。

Topic 3

おかいもの
Shopping

センスのよいショップが急増中の台北。

かわいい茶器やシノワズリ雑貨、

マストバイなアイテム、ぴしっと揃えました。

台湾みやげの大本命！

パイナップルケーキ
本当においしい6軒はここ！

クッキーのような生地でパイナップルの餡を包んだ、台湾代表の銘菓、パイナップルケーキ。
老舗からニューフェイスまで、取材スタッフが実際に試食して厳選した、イチオシ店をご案内。

鳳梨酥 NT$580
（8個入り）

―餡―
台南産パイナップルを使用。パイナップルのみの餡は粘り気があり、ほんのりとした甘さ

8個入りBOX
NT$580

みやげ用に何箱も購入する観光客が多い

―生地―
粉チーズが混ぜ込まれた生地は香りがよく、やや厚め

原味鳳梨酥 NT$304
（8個入り）

―生地―
サクサク感としっとり感が同時に伝わる贅沢な歯ごたえ

―餡―
酸味が強くねっとりしている。果肉が多いのも特徴

8個入りBOX
NT$304

チーズ風味の8個入りNT$304も用意している

コチラも人気！

法式牛軋糖
NT$450（400g）

ナッツがたっぷり入ったミルクヌガー。深いコクがあり、クセになる味わい

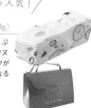

試食memo

乾燥したクランベリー入りの蔓越苺味や香ばしいクルミを混ぜ込んだ核桃土味など4種類の餡が楽しめるのがこの店の特徴です

店内にはさまざまな商品が並ぶ

試食memo

原種に近いパイナップルがぎっしり詰まっていて、ほどよい酸味と食感がクセになります。値段が少々高めでも納得できる味ですよ

忠孝復興駅　付録MAP P12A4

チャ・チャ・テ
CHA CHA THÉ

4種の味の鳳梨酥がラインナップ

台北市内に6店舗を展開。パイナップルケーキをはじめとするお菓子や43種類の茶葉、茶器などを販売している。レストランも併設。

DATA 交M文湖線・板南線忠孝復興駅から徒歩6分
住復興南路一段219巷23號　☎02-8773-1818
時11～22時　休なし 🇪

忠孝敦化駅　付録MAP P12B2

糖村
タンツン/Sugar & Spice

有名パティシエが作り出す個性的な味

台中の有名パティスリーが出店。欧米で腕を磨いたオーナーが作る、彩り鮮やかなケーキが並ぶ。パイナップルケーキは酸味と甘みのバランスが絶妙だ。

DATA 交M板南線忠孝敦化駅から徒歩5分
住敦化南路一段158號　☎02-2752-2188
時9～22時　休なし 🇪

プチ情報　パイナップルケーキの消費期限は常温保存で5～15日間が一般的。密閉包装されているものは製造日から1～3カ月程度日持ちする。食べるときは電子レンジやオーブンで温めると、できたてと同じ食感が味わえる。

キビ糖を加えたジャムを使用。餡はたっぷり

鳳梨酥 NT$450（10個入り）

餡

生地

日本産の小麦粉を使った厚みのあるハードタイプ

10個入りBOX NT$450

15個入りNT$675もある

試食memo

ニュージーランド産バターをたっぷり使った生地と、甘酸っぱい土鳳梨が見事にマッチ。トースターで温めて食べるのがおすすめです

試食も可能。お茶とのセットが無料で楽しめる

 富錦街　付録MAP P22C2

微熱山丘
ウェイルーシャンチウ / SunnyHills

土鳳梨を100％使ったケーキの先駆け

オープンガーデンのようなおしゃれな店。人気商品のパイナップルケーキは台湾産パイナップルを100％使用し、上品な酸味を生み出している。

DATA　交M文湖線松山機場駅から徒歩15分　住民生東路五段36巷4弄1號　☎02-2760-0508　時10〜18時　休なし ⓙ Ⓔ

原味鳳梨酥 NT$34（1個）

生地
薄めの生地はサクサク食感。脂っぽさも少なく軽め

餡
パイナップルに冬瓜を混ぜ、酸味が控えめで食べやすい

 南京三民駅　付録MAP P9D1

佳徳糕餅
ジアドーガオビン

地元でも評判の行列店

地元の人もわざわざ並んで買い求めるパイナップルケーキ。パイナップル以外にも餡のバリエーションが豊富で、自分好みに箱詰めも可能。

DATA　交M松山新店線南京三民駅から徒歩2分　住南京東路五段88號　☎02-8787-8186　時8時30分〜20時30分　休なし ⓙ Ⓔ

中山　付録MAP P14B3

ナイン
The Nine

ホテルメイドの味を

ホテルオークラ・プレステージ内にあるベーカリーで販売。100％パイナップル餡のケーキは、1個ずつ違う柄のパッケージに入っている。

鳳梨酥 NT$550（12個入り）

さっくりしたハード系。隠し味にはチーズが

生地

餡
台湾産パイナップルを100％使用した甘さ控えめの餡

抹茶、ミルクピーナッツ、マカデミアの3つの味のヌガー NT$1080（64個入り）

DATA　交M淡水信義線・松山新店線中山駅から徒歩5分　住Hオークラ・プレステージ（→P136）　☎02-2181-5138　時8時30分〜20時30分　休なし ⓙ Ⓔ

 中山　付録MAP P14B2

郭元益
グオユエンイー

台湾茶とともに味わいたい老舗の味

2013年のパイナップルケーキフェスティバルで金賞を受賞。150年以上の歴史を誇る老舗だから、味はお墨付き。「タイワンオーベア」のクッキーも人気。

生地
チーズ粉が練り込まれ、風味豊か。歯ごたえもサクサク！

甘さ控えめの餡で、台湾茶によく合う味わい

餡

金獎鳳梨酥 NT$350（10個入り）

コチラも人気！

喫熊のクッキー NT$180（12個入り）

台湾観光局とのコラボ商品。24個はNT$350

DATA　交M淡水信義線・松山新店線中山駅から徒歩6分　住中山北路二段34號　☎02-2568-2136　時10時30分〜21時30分　休なし ⓙ Ⓔ

奥深〜い台湾茶の世界へ

上質茶葉が揃う専門店で
香り高き極上品を

台湾特産品の筆頭、茶葉。とはいえ品質はピンキリなのでお気に入りを見つけるなら専門店へ。
併設のサロンで気軽に味見ができたり、台湾式お点前が体験できたりするショップも。

康青龍　付録MAP P19B1

小茶栽堂 永康旗艦店
シャオチャーザイタン ヨンカンチーシエンティエン

モダンに茶葉を楽しむ

厳選した無農薬栽培の茶葉だけを
使用。スタイリッシュなパッケージで、
手軽に飲めるようにティーバッグを
販売している。

DATA
交M淡水信義線・中和新蘆線東門駅から
徒歩1分　住永康街7-1號
☎02-3393-2198　時10時30分〜20時
30分　休なし

高級感のある店内に商品がきれいに並ぶ

軽巧盒 各NT$220（6包入り）

人気の伝統柄パッケージの
ティーバッグセット

馬卡龍牛軋糖
抹茶&ベリーNT$630（6セット入り）
オリジナル&イチゴNT$570（6セット入り）

マカロンでヌガーをサンドした
オリジナルスイーツ。左は抹茶、
右はイチゴ

おしゃれな
パッケージは
おみやげにも
喜ばれるはず！

台湾の主なお茶の種類

凍頂烏龍茶

広範囲で栽培している
台湾烏龍茶の代表品種

東方美人

発酵度が高い烏龍茶で、
香り高く紅茶のよう

文山包種茶

発酵度が低い烏龍茶で、
口当たりすっきり

鐵觀音

焙煎による芳醇な風味と
果実の甘さを感じる

金萱茶

さわやかな味わいと
バニラのような甘い香り

阿里山茶

高地の阿里山一帯で
栽培される高山烏龍茶

日月潭紅茶

日月潭周辺の低地で
栽培される台湾産の紅茶

普洱茶

台湾では生産していないが
ヴィンテージが流通

プチ情報　台湾茶は茶葉の発酵の度合いによって大きく6つに分類される。その多くが青茶で、烏龍茶もこれに含まれる。
また高山茶とは海抜1000m以上の高地で栽培される茶葉のことで、コクのある深い味が特徴。

and more...

体験プランで台湾式お点前を学ぶ！

1. 茶器を湯で温める間に
茶葉の色や香りを確認

2. 茶壺(急須)に茶葉を
入れ湯を注ぎお茶を抽出

3. 茶壺から茶海(ピッチャー)に移し、茶杯に注ぐ

小慢では茶道体験も行っている。堅苦しいものではなく、プロが淹れる姿を目に、お茶が味わえるお得な体験。月4日ほど開催しており、要予約。日程はSNSなどで確認を。NT$1000、所要2時間。

 師大路　付録MAP P20A1

小慢
シャオマン

貴重な茶葉が揃う

アンティークな家具が置かれたギャラリー兼茶藝館で、展示会のほか茶葉や作品を販売している。茶葉はオーナーの小慢さんが厳選した貴重なものばかり。週2日ほど茶藝館営業も行う(要予約)。

DATA
🚇Ⓜ松山新店線台電大樓駅から徒歩5分
🏠泰順街16巷39號　☎02-2365-0017
🕐13～18時　休月・火曜

1. 日本家屋のような建物の中、落ち着ける空間が広がる　2. 手作りスイーツが楽しめる。提供は茶藝館営業日のみ　3. 台湾の自然生態茶など、珍しい茶葉が揃う。説明やおすすめを聞きながら選ぼう

 康青龍　付録MAP P19A3

e2000
イーリャンチエン

コクと奥深さを感じる老茶の世界

古い家具に囲まれた趣のある店内で楽しめるのは、年月を経て風味が変化した貴重な老茶。希少な90年以上前のお茶も取り扱っている。

夏著艇烏龍
NT$1700/150g

蜜のような香りのする
著艇茶

DATA
🚇Ⓜ淡水信義線・中和新蘆線東門駅から徒歩10分　🏠永康街54號
☎02-2397-9918
🕐15～19時　休日曜

柱時計が時を刻む音が
響く静かなお店

 康青龍　付録MAP P19A1

興華名茶
シンホアミンチャー

自社焙煎の台湾産茶葉

現在、四代目が切り盛りしている台湾産の茶葉にこだわる老舗。店舗に併設している自社工場で焙煎した無添加・無農薬の茶葉を販売している。

珠露
阿里山茶
NT$900/150g

マイルドな口当たりで、甘みがあり飲みやすい

DATA
🚇Ⓜ淡水信義線・中和新蘆線東門駅から徒歩1分　🏠信義路二段150號
☎02-2394-7701
🕐9時30分～20時30分
休なし

台湾各地の茶葉販売店も仕入れに訪れる

 迪化街　付録MAP P18B1

林茂森茶行
リンマオセンチャーハン

製茶の達人がオーナー

1883年創業の老舗の分家。品質を重視し、店内の茶葉はすべて台湾産、無農薬、無添加のもののみを扱う。

高級茶葉からリーズナブルな茶葉まで品揃えが豊富

香片NT$1000/600g
レトロなパッケージも人気のジャスミン茶

DATA
🚇Ⓜ中和新蘆線大橋頭駅から徒歩3分　🏠重慶北路2段195-3號
☎02-2557-9887　🕐8時30分～21時　休なし

運命的な出合いに期待♡

ティータイムを盛り上げる
一生愛せる茶器探し

本格的な道具をすべて揃えるのは大変だけど、ステキな茶壺と杯さえあれば茶藝館での
優雅なティータイムを自宅でも再現できちゃう。お気に入りを見つけに行こう♪

NT$2800

汝窯の茶杯は凛とした
たたずまい **D**

茶杯

NT$2800

紫や赤の鮮やか
な色合いが特徴
の鈞窯の茶杯 **D**

NT$2800

A

NT$4200

A

伝統的な手毬の柄
を手描きした白磁
の茶杯と茶托

NT$3000

白地に青花が施された
トラディショナルな器

鈞窯の茶杯。縁起
のよい色とされる
「銅紅」 **D**

A | 付録 MAP P5D4 | ●南京復興駅
吉軒茶語
ジーシュエンチャーユィー

女性好みのモダンなセレクト

約20種類の茶葉とお茶請け、
上品な茶器が集められた店。
幼少期から利き茶の訓練を受
けた女性オーナーが選んだ、
上質な商品と出合える。

茶葉と茶器がきちんと陳列された、ほどよい広さの店内

DATA 交Ｍ文湖線・松山新店線南京復興駅から徒歩5分
住長春路472號 ☎02-2717-0202 時10～21時
休なし ☑日本語スタッフ ☑英語スタッフ

B | 付録 MAP P18A3 | ●迪化街
陶一二
タオイーアル

台湾作家のレトロモダンな茶器

日本の大正時代の民芸運動の
影響を受けて作られた台湾産
の陶磁器を取り扱う。柳宗理氏
の作品のほか、台湾の作家もの
のスタイリッシュな茶器が中心。

実用的なデザインのオリジナル陶器ブランド「台客藍」も販売

DATA 交Ｍ松山新店線北門駅から徒歩10分
住迪化街一段67號 ☎02-2552-1367 時10～19時
休なし ☑日本語スタッフ ☑英語スタッフ

プチ情報 茶道具を購入するときには、いくつかのポイントがある。茶壺は実際に水を入れてみて、注ぎ具合を確かめよう。
また、お茶の香りを吸収しやすい陶器よりも磁器のほうが、初心者には扱いやすいはず。

茶道具あれこれ
1. 茶海…お茶の濃さを均一にするための器
2. 茶壺…急須のこと。陶器製と磁器製がある
3. 茶荷…必要な量の茶葉を準備しておく器
4. 茶杯…香りを楽しむための聞香杯と、実際に
   飲むための茶碗である飲杯がある
5. 茶匙…茶葉を茶壺に入れるときなどに使用

茶壺

NT$1万2000
D 洋梨の形をした鮮やかな色合いの茶壺

NT$2800
A

丸い形と素朴な黄土色が愛らしい印象
C

NT$2000

縁起の良い桃の柄を手描きした白磁の茶壺

NT$1万6000

NT$1万6000
汝窯の技法を使って作られた淡い色合いの茶壺 D

B
囍の文字が入った縁起のよい茶器 急須NT$1800、カップ2つNT$1200、コーヒーカップNT$680

C 付録 MAP P12A4 ●忠孝復興駅
奇古堂
チーグウタン

エコ茶提唱者がすすめる実用的な茶器

少量でも何杯もお茶が楽しめる上質な茶葉「エコ茶」を扱う。オリジナルの茶器も実用性にこだわっていて、使い勝手のよいものばかり。

ショップはホテル内にあり、立ち寄りやすい

DATA 交Ｍ文湖線・板南線忠孝復興駅から徒歩8分
住Ｈハワード・プラザ(→P139)B1F-T4 ☎02-2706-6247
時8〜22時 休なし ☑日本語スタッフ ☑英語スタッフ

D 付録 MAP P19A1 ●康青龍
醇品雅集
チュンピンヤージー

名産地・鶯歌で作ったオリジナル茶器

陶芸の街・鶯歌にある工房で、オーナー夫妻が手作りした磁器が並ぶ。筆で描いた繊細な図柄の茶器は、台北市内の茶藝館でも使用されている。

マンションの一室。訪問時にはチャイムを鳴らそう ※要予約

DATA 交Ｍ淡水信義線・中和新蘆線東門駅から徒歩5分
住信義路二段114巷1-1號1F ☎02-2392-6858 時13
〜20時 休水曜 □日本語スタッフ ☑英語スタッフ

自分へのご褒美に！

「ちょいレトロ」がかわいい
シノワ雑貨に胸キュン♡

台北には色鮮やかな刺繍や花柄をあしらったものや、花布で作ったシノワズリ雑貨の店が多い。
なかでも厳選の4店舗をご紹介。運命を感じたら、迷わず自分みやげにしちゃいましょう。

1. 小花など鮮やかな花柄をあしらった、がま口財布 各 NT$980　2. 花柄がかわいいブックカバー 各 NT$490　3. リバーシブルで使えるバッグ 各 NT$680　4. おみやげにぴったりの花型のコースター5枚セット NT$580

1. 足にフィットして歩きやすいフラットなパンプス 各 NT$1090　2. 室内履きとしても役立つチャイナテイストの刺繍靴（スリッパタイプ）各 NT$1090　3. 柄も形も幅広く揃えられたラインナップから自分に合ったものを探そう

康青龍 | 付録MAP P19B3 | # 布調
ブウディアオ

一点ものの鮮やかな花布グッズ

台湾の伝統芸能「布袋劇」の魅力を伝えようとオープンした雑貨店。店内には劇に登場する人形の材料の布を使った一点ものの雑貨がずらり。劇について学ぶこともできる。

> DATA　交 M 淡水信義線・中和新蘆線東門駅から徒歩7分　住 永康街47巷27號　電 02-3393-7330　時 11～19時　休 月曜　☑日本語スタッフ　☑英語スタッフ

迪化街 | 付録MAP P18A4 | # 小花園
シャオホワユエン

職人技が光る手作りシューズ

ベテラン靴職人・陳弘宜氏のチャイナシューズ専門店。靴はもちろん手作りで、毎年デザインの変更もしている。ビーズや天然石を使ったポーチやバッグなどの小物も人気がある。

※写真は移転前のもの

> DATA　交 M 松山新店線北門駅から徒歩9分　住 南京西路237號1F　電 02-2555-8468　時 9時30分～19時　休 なし　□日本語スタッフ　□英語スタッフ

プチ情報 シノワズリ雑貨は中国本土から買い付けている商品も多い。メイド・イン台湾のものを購入したい人は、作家のオリジナル作品を置いているショップに行こう。

ラッキーモチーフを
チェック♡

古来から縁起がよいとされるモチーフを使った
ユニークな雑貨を手に入れて、運気をUP！

台湾花布
嫁入り道具に使われて
いた花布は、めでたい
色とされる赤がよく使
われる。ファブリックパ
ネルNT$980〜（布調）

小さな靴
持ち歩くと一生
平安になれると
いうお守り各NT
$150（バオ ギフ
ト タイペイ）

中国結び
「縁を結ぶ」とか
けて縁起がよい
とされる。スト
ラップ NT$50
（小花園）

1.お守りの小さな靴は3個セットだとNT$400　2.ミニポー
チ NT$180。丁寧な花柄刺繍がかわいい。カラーバリエーショ
ンもある　3.陶器素材のコースター NT$230

1.鮮やかな色彩の花布を使ったグッズが豊富に揃う　2.普
段使いしやすいサイズの手提げバッグ NT$499 3.パー
ティーバッグにもOKながま口ポーチ各 NT$280

康青龍 | 付録MAP P19A2

バオ ギフト タイペイ
BAO GIFT TAIPEI

女子心をくすぐるカラフルな雑貨が豊富！

実用性の高いシノワズリ雑貨が揃う
店。文房具からカバンなどのファッ
ションアイテムまで豊富。バラマキみや
げ用のミニ雑貨から、自分用のご褒
美アイテムまでじっくり選びたくなる。

DATA　交M淡水信義線・中和新蘆線東門駅から徒歩2分
住 永康街6巷3號　☎02-2397-5689　時10時〜21
時30分　休なし　☑日本語スタッフ　☑英語スタッフ

台北駅 | 付録MAP P6B1

李氏手工房
リーシーショウゴンファン

バラマキみやげにもOKな花布グッズ

花布をはじめ、伝統柄を使ったアイテ
ムが多彩に揃う。自社デザイン・生産
で中間コストをカットし、高品質な商
品をリーズナブルに販売する。

DATA　交M淡水信義線・板南線台北車站から徒歩
4分　住市民大道一段100號 台北地下街Y区84B
☎02-2555-8348　時12〜21時
休なし　☑日本語スタッフ　☑英語スタッフ

お気に入りを探しに出かけよう!

心が躍る女子アイテム
デザイン雑貨ハンティングへ

台湾のデザイナーが作った個性的なグッズから味のあるデザインのアイテムまで、
ひとひねりある雑貨店がいっぱい。自分みやげにする? それとも友達へのギフトにする?

↙↓ レトロな台湾製の小型ガラスコップ各NT$290～790

→ 老舗の生地屋さんが作ったカラスミ柄のバッグ NT$580

← 小籠包のプリントや刺繍柄などデザイン豊富な台湾モチーフ靴下各NT$200～

↑ 台湾の古い窓ガラスでよく見られるペゴニア柄をモチーフにした布バッグ NT$590

お手頃価格でバラマキにも◎

↑ パイナップルやナイロンバッグなど、台湾らしいモチーフのマスキングテープ。各NT$35

→ 台湾の形に台湾らしいものをいっぱい詰め込んだシール。各NT$80

← 台湾の小吃が描かれたランチョンマット。箸とスプーン付き、NT$440

← ペン全体がパイナップルデザインのボールペンNT$29。インクの色は黒

A ●迪化街

印花作夥
インホアズオフォ
付録 MAP ● P18A1

台湾モチーフのテキスタイルや、それを使ったグッズが人気。好きな布でオーダーメイド雑貨の注文もできる(布代350元～+作業代120元～)。

DATA
交M中和新蘆線大橋頭駅から徒歩10分
住迪化街一段248號
☎02-2557-0506
時10～18時
休最終火曜

B ●迪化街
梁山泊壹零捌
リャンシャンボーイーリンバー
付録 MAP ● P18A3

台湾人デザイナーの作る雑貨を集めたセレクト·ショップ。台湾モチーフのレトロかわいい小物やアクセサリーなど多彩なブランドが揃う。

DATA
交M中和新蘆線大橋頭駅から徒歩13分
住迪化街一段108號
☎02-2556-1415
時10～19時 休なし

C ●台北小巨蛋駅
10平方文具概念館
シーピンファンウェンジーガイニエングワン
付録 MAP ● P9C1

1～3階の店内には文房具＆雑貨がぎっしり。はとんどの商品は定価からディスカウントされお手頃。かわいい靴下やマスクはおみやげに。

DATA
交M松山新店線台北小巨蛋駅から徒歩3分 住南京東路四段70號 ☎02-2577-8386 時10時～21時30分 休なし

プチ情報　台湾の雑貨シーンで注目されているのが MIT 製品。「Made in Taiwan」の頭文字を取ったもの。デザイン性と機能性の高さで人気を集めている。

and more

かわいい♡と話題の金魚が泳ぎだす!? ティーバッグ

子村 ツーツン／CHARM VILLA

●中山 付録 MAP ● P15C3

お湯を注ぐと泳ぎ出す愛らしい金魚型ティーバッグがネットやSNSで話題。お茶は4種類でNT$1380（12袋入り）。

ひとつひとつ手作業なので、金魚の表情もすべて異なる

DATA 交Ⓜ淡水信義線・松山新店線中山駅から徒歩5分 住中山北路二段39巷3號 Ⓗリージェント（→P136）地下2階 ☎02-2542-0303 時10〜21時 休なし ⒿⒺ

B

↑ 外歩きにちょうどよいサイズの帆布のショルダーバッグ「盈月」NT$1480

F

→ ハエたたきやカラスミなど台湾の身近なものをあしらったコースター各NT$200

D

← 台湾の伝統的なレトロかわいいタイルの柄をコースターに。NT$180〜200。※取り扱いのデザインは変動あり

↓ 台湾全土の名物や台北の名所がわかるポストカード各NT$80

F

E

↑ 胸元のボポモフォがさりげない台湾アピールに。TシャツNT$800

F

↑ ユーズド風の色合いがおしゃれな帆布バッグ「小cam」NT$1180

D ●忠孝新生駅

光點生活

グアンディエンションフオ

付録 MAP ● P7D2

台湾映画やライフスタイルに関連するグッズや書籍、ＣＤを中心に扱う。カフェ併設だが、隣のミニシアターの上映後は混み合うので注意。

DATA
交Ⓜ中和新蘆線・板南線忠孝新生から徒歩5分 住華山1914文化創意産業園區（→P41）内 ☎02-2394-0680 時11時30分〜19時 休なし Ⓔ

E ●中山

’0416 × 1024

リンスーイーリウイーリンアルスー

付録 MAP ● P14A3

男性2人組のアーティストが作る、家や愛をモチーフにしたポップな雑貨。グッズには個性的なキャラクターが描かれ、不思議と愛着が。

DATA
交Ⓜ淡水信義線・松山新店線中山駅から徒歩2分 住中山北路二段20巷18號 ☎02-2521-4867 時13〜22時 休なし ⒿⒺ

F ●赤峰街

然後 furthermore

ランホウ ファーザーモア

付録 MAP ● P14A2

デザイン集団「蘑菇」が手がけるシンプルで愛らしいデザインが人気の店。メインは帆布バッグやＴシャツだが、ステーショナリーも販売。

DATA
交Ⓜ淡水信義線・松山新店線中山駅から徒歩5分 住南京西路25巷18號 ☎02-2556-1656 時13〜20時 休なし ⒿⒺ

オシャレ女子の注目ブランド教えます

ファッショニスタが注目！
台湾デザイナーズブランド

ファッション好きなら台湾デザイナーのブランドは要チェック。トレンドを押さえたリアルクローズが
手頃な価格で揃うのがうれしいところ。日本上陸前に先取りチェックしよう！

→*バティック染めの
技法で色染めしたブ
ラウスNT$3000〜

↓やわらかな肌ざわり
と軽さにこだわった
ストールNT$4280

↓定番の色鮮や
かなブラウス

↑アースカラーの
アイテムが中心

永く愛せる
上質な服が
揃います

スタッフの
蒋さん

↑バッグなどファッ
ション小物も充実

↑この店は
高級ラインも並ぶ

手染めの風合い
が魅力です

スタッフの李さん

ジャメイ・チェン
另空間

芝山駅 ／ 付録 MAP P3A1

JAMEI CHEN リンコンジエン

シンプル＆上質服の大人コーデ

台湾を代表する女性デザイナ
ー、陳季敏氏の最新アイテム
や、多国籍な雑貨が揃うライフ
スタイルショップ。

DATA　交M淡水信義線芝山駅から徒歩10分　住中
山北路六段201號　☎02-2836-6000#201　時11〜
19時　休なし
□日本語スタッフ　☑英語スタッフ

アイ・プリファー

台電 大樓駅 ／ 付録 MAP P20B3

i prefer

台湾素材の自然な風合いがすてき

オーナーデザイナーである張亜琪氏が手がけるブラ
ンド。染物や織物など、台湾で作られた素材を使
った洋服は、多彩なスタイルでモダンななかにぬく
もりを感じる。

DATA　交M松山新店線台電大樓駅または公館駅から
徒歩6分　住溫州街82號　☎02-2797-9598　時12〜
21時　休なし
☑日本語スタッフ　☑英語スタッフ

プチ
情報

台湾では、洋服のサイズ表記が統一されていない。日本のようなS・M・L式もあれば、36、38、40…といった
欧米式、身長を基準にした表記などが混在している。購入前には必ず試着をしよう。

善導寺駅　付録MAP P7C2

オリ 奥立設計師商店

OLI アオリーショージーシーシャンディエン

ユニークなMIT雑貨の宝庫

住宅インテリアなどを扱うデザイン会社によるセレクトショップ。店内には世界中から厳選した、約800点の雑貨やアクセサリーが揃う。

DATA　交Ⓜ板南線善導寺駅から徒歩2分　住紹興北街31巷3號1F　☎02-2396-8255　時14〜20時　休月〜木曜

↑漫画の世界から抜け出したようなバッグが人気の台湾ブランド『JumpFromPaper』のバッグNT$780。パッケージもコマ割りになっており、遊び心あふれる

→高級キャンドルも並ぶ

↓ウェアの他に靴も充実

←ヴィヴィッドな色使いのベルベット素材のフラットシューズ

↑看板犬を刺繍したニットと格子柄のスカート

↑3姉妹のデザイナーによるブランド。赤峰街でも目を引く素敵な店構え

→ワンピースはNT$2780〜2980

↑ワンピースに合わせたいアクセ類も揃える

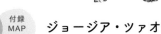

東區　付録MAP P13C2

クロエチェン

CHLOECHEN

業界人注目のショップ

セレクトショップとしてお店を立ち上げた後、オーナーのクロエ・チェン氏自らがデザイナーとなりコレクションを発表。ファッション業界人にも人気。

DATA　交Ⓜ板南線忠孝敦化駅から徒歩4分　住敦化南路一段161巷54號　☎02-2711-0759　時11〜22時　休なし　□日本語スタッフ　□英語スタッフ

中山　付録MAP P14A3

ジョージア・ツァオ

GEORGIA TSAO

レトロな柄ワンピならココ

もともとオンラインショップとして始まったブランド。口コミで評判が広がり、リアルショップをオープン。レトロなテキスタイルのワンピースやアクセサリーがリーズナブルに手に入る。

DATA　交Ⓜ淡水信義線・松山新店線中山駅から徒歩2分　住赤峰街3巷5號　☎02-2552-5808　時13時30分〜21時　休なし　□日本語スタッフ　☑英語スタッフ

贈る相手別でチェック！

好感度UP間違いなしの
おみやげコレクション

贈る相手を思い浮かべなからのおみやげ探しは旅の楽しみの一つ。
定番はもちろん、通好みの隠れた名品まで、もらってうれしい失敗なしのおみやげをセレクトしました。

甘いものに目がない女友達に

ドライマンゴー
NT$139
完熟した台湾産愛
文マンゴーをドライ
フルーツに Ｂ

ライチケーキ
NT$490
（10個入り）
さっくり生地とほどよい
甘さのモチっとしたライ
チの餡がベストマッチ Ａ

マンゴージャム
NT$300
新鮮なマンゴーと
砂糖だけで作られ
る手作りジャム Ｅ

ドラゴンフルーツジャム
NT$250（左）
バナナジャム
NT$250（右）
店内奥で手作りして
いるジャムはお試しサ
イズもあるのでいろ
いろ楽しめる Ｅ

ドライマンゴー
NT$150
愛文マンゴーを贅沢に
使用した大ヒット商品
Ｅ

ハチミツ NT$330
ライチの花から集めた
ハチミツ。フルーティ
でなめらか Ａ

Ａ ●信義安和駅
ペコエ食品雑貨舖

Pekoeシーピンザーフオブウ
付録 MAP ● P8B3

美食文筆家のオーナー葉怡蘭氏がセレク
トした食材とオリジナル商品が600種類
以上並ぶ。個性的な品揃えが評判。オリ
ジナル商品のパッケージが素敵。

DATA 交M淡水信義線信義安和駅から徒歩7分
住敦化南路一段295巷7號 ☎02-2700-2602 時11時～
19時30分 休第2月曜 JＥ
※2023年末に移転の予定あり

Ｂ ●圓山駅
神農市場

シェンノンシーチャン MAJI FOOD&Deli
付録 MAP ● P4A2

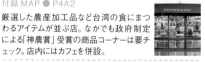

厳選した農産加工品など台湾の食にまつ
わるアイテムが並ぶ店。なかでも政府制定
による「神農賞」受賞の商品コーナーは要チ
ェック。店内にはカフェを併設。

DATA 交M淡水信義線圓山駅から徒歩3分
住玉門街1號 圓山花博公園内 ☎02-2597-7126#203
時11時30分～19時（土・日曜、祝日は～20時） 休なし
JＥ

プチ情報 台湾の人へおみやげを持参するときは、縁起が悪いとされているものを贈ってしまわないように注意。例えば、「時計を送る」を意味する「送鐘」は「臨終に立ち会う」を意味する「送終」と発音が似ているため、避けたほうがよい。ハンカチや扇子、傘もNGとされる。

違いのわかる上司や先輩に

三色薯條
NT$109
台湾産サツマイモ、紫芋、タロイモのドライスナック D

食品や生活雑貨が並ぶ「好、丘」。カフェも併設

紅茶 NT$465（右）
凍頂紅水烏龍茶 NT$945（左）
阿里山の紅茶（30g入り）と鹿谷産の有名な烏龍茶（100g入り）A

ハーブティー
NT$120
無農薬栽培の杭菊を使った香り高いお茶。ティータイムにぴったり B

ドライフルーツとティーバッグのセット
NT$170
ドライマンゴーには阿里山紅茶を合わせている F

ガチョウオイル
NT$260
人気のビストロ、LE PONTオリジナルのガチョウオイル。エシャロットの香りが食欲をそそる E

お酒好きな彼や男友達に

ドライスターフルーツ
NT$160
複雑な甘みとシャリッとした食感が楽しいドライフルーツ。ワインのお供に A

カラスミ150g（小）
NT$650〜
上質な天然もの。常温で1週間、冷凍すれば1年間は保存可能 C

汁なしまぜそば
NT$49
もちもちとした食感の本格的な麺。ゴマ味とにんにくスパイス味がある B

烏魚子醤
NT$390
カラスミをほぐしたペースト。そのままご飯のお供に、ちょっとしたおつまみに、使い勝手◎ D

C ●迪化街
永久号
ヨンジゥハオ
付録 MAP ● P18A3

創業1915年のカラスミ専門店。漁業関係者から直接仕入れるため天然ものが他店よりリーズナブル。

DATA 交M松山新店線北門駅から徒歩10分 住延平北路二段36巷10號 ☎02-2555-7581 時9〜18時（日曜は〜12時）休不定休 J E

D ●中山
神農生活×食習
シェンノンションフォ シーシー
台湾各地の産品が揃う。中山駅からすぐの誠品生活南西内にあり、アクセスしやすい。
付録 MAP ● P14A3 DATA→P18

E ●忠孝敦化駅
陳記百果園
チェンジーバイグオユエン
パーラー併設の高級フルーツ専門店。無添加ジャムやドライフルーツなど、加工品が充実。
付録 MAP ● P8B2 DATA→P58

F ●信義
好、丘
ハオ、チウ
眷村時代の建物を利用したショップ。台湾の伝統を取り入れた雑貨や食品なども取り扱う。
付録 MAP ● P10B4 DATA→P41

スーパーや食材専門店で
バラマキにもオススメの
安くておいしい食材みやげ

地元の人も利用するスーパーや食材専門店は、手頃な価格の食材の宝庫。
台北旅行のおいしい思い出をお持ち帰り&おすそ分けするのにピッタリです！

調味料&食材系

ラー油漬けメンマ
NT$69
ごま油とラー油で和えた穂先タケノコ

杏仁の粉末
NT$139
お湯に溶かして杏仁茶でも楽しめる

鍋用付けダレ
NT$60
沙茶醤は干し魚やにんにく入りの濃縮ペースト。鍋料理や炒めものに

おろしにんにくソース
NT$40
蒜蓉醤はにんにくたっぷりの甘辛ソース。餃子や野菜に合う

カラスミ粉
NT$500
カラスミを削った粉末。パスタなどにかけて

乾燥タピオカ
NT$100
(600g)
水で戻して使うブラックタピオカ

●中山
ミア・セボン
Mia C'bon
付録 MAP ● P15C3

おみやげから調味料まで
高級ホテルなどが立ち並ぶ中山エリアの「欣欣デパート」の地下1階にあるスーパー。カラスミ、パイナップルケーキなども品揃え豊富。ほかにも台北101内など支店多数。

DATA 交 M淡水信義線・松山新店線中山駅から徒歩10分 住 林森北路247號 所所百貨B1F ☎02-2563-7965 時9〜22時 休なし ⓙ ⓔ

●西門町
伍宗行
ウーゾンハン
付録 MAP ● P17D3

地元の人も納得の品揃えと価格
1945年創業の老舗食材店。調味料や乾物類、瓶詰め、缶詰などが店内に所狭しと並ぶ。高級食材も充実し、台湾産の天然もののカラスミがお値打ちで評判が高い。

DATA 交 M淡水信義線台大醫院駅から徒歩8分 住 衡陽路56號 ☎02-2311-3772 時8時30分〜19時 休なし ⓙ ⓔ

プチ情報 台湾の食品の賞味期限は西暦表記ではなく、台湾の年号「民國」で記載されていることがあるので注意。西暦から1911を引いた数が表記されている。2024年5月5日の場合、「民國113年」で「113.5.5」という表示となる。

キッチュでチープな雑貨も見逃せません！

日本同様、スーパーには日用品や雑貨なども売っていることが多い。カワイイ掘り出し物があるのでチェックしてみよう。

ノート　NT$10〜
小学生用ノートだが、メモ帳に©

小物入れ　NT$270
人気の大同電鍋をモチーフにした小物入れ©

買い物用バッグ　NT$65〜
定番のナイロンバッグ。観光客に人気©

レンゲ　NT$25〜
レトロなバラ柄のキュートなレンゲ©

麺＆スープ系

Ⓐ
玉子麺
NT$60〜
台湾版インスタントラーメン

Ⓐ
酸辣湯の素
NT$82(2袋入り)
お湯と溶き卵を加えるだけで完成

Ⓐ
刀削麺　NT$69
2日間天日干ししたコシの強い幅広の乾麺

Ⓑ
ドライパイナップル
NT$80
濃厚な香りと甘みが際立つ栄養たっぷりのドライフルーツ

Ⓐ
のど飴
NT$55
ビワシロップが入ったやわらかいのど飴

おやつ系

Ⓑ
黒ゴマの伝統菓子
NT$120
黒芝麻糖という中国菓子。黒ゴマの香ばしい風味がお茶のお供に◎

Ⓐ
クッキー
NT$99
昔ながらのクッキー。サクサク食感がお茶やコーヒーに合う

Ⓓ
スナック菓子
NT$25
ココナッツ風味の人気スナック菓子

Ⓐ
スナック菓子
NT$25
えんどう豆＆にんにく味のスナック

●中山
勝立生活百貨
ションリーションフオバイフオ
付録 MAP ● P15D1

おみやげにぴったりの食品＆雑貨がずらり
生活雑貨から食品、衣類などがお手頃価格で揃う日用品ストア。台湾らしい雑貨や茶器など、プチプラ商品も並ぶ。レトロなパッケージのお宝が見つかるかも。

DATA
交Ⓜ中和新蘆線行天宮駅から徒歩6分　住吉林路133號
☎02-2511-2803　時9時〜翌0時30分　休なし Ⓙ Ⓔ

●行天宮駅
全聯 中山松江店
チュアンリエン ヂョンシャンソンジャンディエン
付録 MAP ● P21B2

地元密着型のスーパー
台湾全土に1000店舗以上を展開するスーパーマーケットの最大チェーン。中山松江店はMRT駅直結ビルの1階にあり雨の日も安心。

DATA
交Ⓜ中和新蘆線行天宮駅からすぐ　住松江路318號　☎02-2567-1681　時7〜23時　休なし Ⓙ Ⓔ

便利♪なデパートを活用

充実したおみやげや飲食店など、なにかと便利なのがデパート。
日本のデパートも進出していて、日本語でのサービスも受けられる。

信義 ／ 付録 MAP P11C1

統一時代百貨
トンイーシーダイバイフォ

おしゃれOL御用達 最先端デパート

台北のファッショニスタが多く集まるエリアに位置。地下2階〜地上7階までで構成されている。ユニクロ、無印良品もある。

POINT
★2階のスターバックスコーヒーは7時開店
★お湯やオムツ替えシート、授乳スペースが用意された育児室がある

DATA 交Ⓜ板南線市政府駅からすぐ 住忠孝東路五段8号 ☎02-2729-9699 時11時〜21時30分（金・土曜、休前日は〜22時）休なし ⒿⒺ

↑ユニクロの台湾1号店
→上階はスタイリッシュなホテル、ダブリュー（→P136）

信義 ／ 付録 MAP P11C1-2

POINT
★1店舗1回 NT$2000以上購入の場合は免税手続き可能
★1階サービスセンターで「遊客貴賓卡」を申し込むと200軒以上の対象店舗で5〜10%割引に

新光三越 台北信義新天地
シングァンサンユエ タイベイ シンイーシンティエンディー

台北最大規模の売り場で買い物三昧

A4館、A8館、A9館、A11館からなる広大な店舗。館ごとに特色があり、A8館の4・5階はキッズ用ショップが集合したフロアで、子供用のみやげ探しに使える。

DATA 交Ⓜ板南線市政府駅から徒歩7分 住松壽路11号 02-8780-1000（A11館）時11時〜21時30分（金・土曜、休前日は店舗により異なる）休なし ⒿⒺ ［主な支店］台北駅前店（付録MAP/P6B2）時11時〜21時30分（日曜、休前日は異なる）、台北南西店（付録MAP/P14A3）時11時〜21時30分（日曜、休前日は異なる）

4館はすべて2階部分で連結している

忠孝 復興駅 ／ 付録 MAP P12A2

遠東SOGO 忠孝館
ユエンドンソゴウチョンシャオグワン

幅広い品揃えが自慢

ファッションや化粧品のみならず、家電、寝具までもが揃う日系デパートの老舗。11階のレストラン街など食事処も充実している。

POINT
★11階は各国料理店が揃うレストラン街
★地下1階にはフードコート

DATA 交Ⓜ文湖線・板南線忠孝復興駅からすぐ 住忠孝東路四段45号 ☎02-2776-5555 時11時〜21時30分（金・土曜、休前日は〜22時。B2F9時〜）休なし ⒿⒺ
［主な支店］復興館（付録MAP/P12A3）時11時〜21時30分（祝日、休前日は異なる）、敦化館（付録MAP/P12B3）時11時〜21時30分（祝日、休前日は異なる）

全14フロアの巨大な建物。地下1階でMRTに直結していて便利

信義 ／ 付録 MAP P11C3

微風南山
ウェイフォンナンシャン

POINT
★JR東日本の「アトレ」の海外初進出店
★1階の天井にある花がびっしり飾られた「花饗」は写真映えスポット

買×食×遊の複合型モール

台湾で注目のショップのほか、日本からは「アトレ」が出店。ブランド品、グルメが楽しめるほか、地下1階にはアジア最大規模の2222坪のブリーズスーパーがある。

DATA 交Ⓜ淡水信義線台北101/世貿駅から徒歩5分 住松智路17号 ☎02-6638-9999 時11時〜21時30分（木〜土曜、祝前日は〜22時、スーパーは月〜金曜10時〜、土・日曜9時〜）休なし Ⓔ

→アートと融合した館内には日本の彫刻家・山田朝彦氏のキューピッド像が置かれている
↑2階の一部と3〜4階を占める「アトレ」はローカルに人気

Lala Citta Taipei

Topic*4*

きれい
Beauty

本場の足裏マッサージから高級エステ、

食べてきれいになる美の食材まで。

内からも外からも輝くための特上プランを。

Lala Citta Taipei | Beauty |

新たな自分の魅力を発見！？

豪華なドレス&メイク
変身写真館でモデル気分♪

変身写真館が多くある台北。せっかくだから旅の記念に一枚撮ってみてはいかが？
遊びの域を超えた本格的な仕上がりで、自分の美しさにビックリすること間違いなし！

変身写真館って？ 台湾の人は記念写真が大好き。単なる写真じゃ飽きたらず、スタジオで豪華な衣装を身にまとい、プロのヘアメイクやカメラマンに囲まれて、プロモデルのように撮影する。これを観光客向けにアレンジしたのが変身写真館。

北門駅 付録MAP P6B1

マジックス 変身写真館
Magic.s ビエンシエンシエヂェングワン

ポージングを決めてなりきっちゃおう

プロの手で華麗に変身させてくれる

カメラマン、ヘアメイクともに十数年の経験をもつベテランで、日本語通訳も常駐。日本人観光客から絶大な人気を誇る。衣装や小物、セットもこだわりのラインナップ。夢のようなひと時が過ごせる。

DATA　交Ⓜ松山新店線北門駅から徒歩5分
住延平北路一段77號3F-1
☎02-2568-3132
時9〜18時（予約制）　休火曜
☑日本語スタッフ　☑日本語メニュー
☐英語スタッフ　☐英語メニュー　☑要予約

MENU
○コース1 NT$1万8800
　衣装3着、写真15枚
○コース2 NT$1万3800
　衣装2着、写真10枚

How to 変身写真

撮影当日の流れを把握しよう。内容により異なるが基本は3時間ほどで終了する。

① 受付&コース設定

事前予約は必須。まずは受付でコースの内容を再確認しよう。衣装の数やカット数、仕上がりのイメージ、完成した写真の受け取り方、料金などを細かく確認。

② 衣装選び

衣装のテイストは店により異なるので、事前に店のサイトなどで調べておきたい。衣装を替えながら撮影する場合は、色や雰囲気が違うものを選ぶとよい。

③ 試着&サイズ調整

特にドレスはサイズ感が大事。気になったら遠慮せずに相談を。

プチ情報　完成には1カ月程度かかるため、写真類は後日の受け取りとなる。アルバムの場合は送料がNT$1000程度必要。オンラインで写真データのみの受け取りことも。事前に確認しておこう。

and more

台湾で日本の浴衣!?

榕錦時光生活園區
ロンジーシーグアンションフオユエンチュウ

●康青龍　付録MAP　●P7C4

2022年9月に永康街近くにオープンしたスポットで、日本統治時代の刑務官の宿舎がリノベーション。日本のような街並の中、日本の浴衣をレンタルして散策する人が多数。

日本風のお店のほか、おしゃれなカフェや雑貨店も多数。浴衣レンタルは事前予約が必要

DATA　交Ⓜ淡水信義線・中和新蘆線東門駅から徒歩10分　住金華街167號　☎02-2321-8896　時11〜20時（店舗により異なる）　休なし

中山　付録MAP P15C4

Gooday101 好日写真
グッデイハオリーシエヂェン

スタッフは日本人の好みを熟知

衣装はシノワ風をはじめ、欧風、和風、民族風まで幅広く揃える。スタイリスト、ヘアメイク、カメラマンなどスタッフは全員女性で、日本人を数多く手がけた経験あり。安心して体験できる。

DATA　交Ⓜ淡水信義線・松山新店線中山駅から徒歩8分
住林森北路101號3F　☎02-2521-1016　時予約制　休なし　☑日本語スタッフ　☑日本語メニュー
□英語スタッフ　□英語メニュー　☑要予約

MENU
○体験コース NT$5500
衣装1着、写真5枚
○ご夫婦・恋人Aコース
NT$9800
衣装各1着、写真6枚

1. 人生で一番美しい自分に出会おう
2. カップルや家族の記念写真も撮れる!

1

---

④ ヘア＆メイク

ドレスに着替えてからメイク開始。服と化粧に合わせてヘアセット。ときにはウィッグを使うことも。ネイルとアクセサリーを付けたら完成！ 靴を履いて、いよいよ撮影開始。

⑤ スタジオで撮影

カメラマンが立ち位置やポーズ、表情などを細かく指示してくれる。「カワイイ」という声援は素直に受け取ろう。自分の魅力を信じて堂々とポージングしたほうが、満足のいく仕上がりに。

⑥ 完成

アルバム完成までは約1カ月。画像の修正までしてくれる。

スタッフさんへのQ&A

予約は必要？
長時間かかるものなので事前予約が必要です。

言葉は通じる？
日本人観光客が多い店なら基本的な会話はできるので心配無用です。

撮影日の注意点は？
薄化粧で整髪剤を付けずに来てください。ブラはストラップレスがベストです。

リピーター急増中！台北女子も大好き♪

フシギな台湾式シャンプー
&夢見心地のヘッドスパ

椅子に座った状態で力強くガシガシ洗う台湾式シャンプー。お手頃価格で頭皮マッサージに
ヘアセットまで付いてかなりお得。リフレッシュできるので気軽に立ち寄ってみよう。

中山
國小駅

付録
MAP
P4B3

アンスリープ
ansleep

マッサージと頭皮洗浄付きでスッキリ
本店が日本にあるため、ほとんどのスタッフが日本
での研修経験者。台湾式シャンプーは首上のマッサ
ージ付き。シャンプー中も地肌への指圧を織り交ぜ
て行うため、コリも汚れもスッキリ取れる。

MENU
○台湾式シャンプー
　30分NT$799
○ヘアカット
　NT$1000〜
　（美容師により異なる）

DATA 交Ｍ中和新蘆線中山國小駅から徒歩5分 住雙城街
13巷16-3號 ☎02-2592-5567 時10〜19時（日曜9〜20
時、最終入店は1時間前）休木曜（ほか変動で休みあり）
☑日本語スタッフ　☑日本語メニュー
□英語スタッフ　　□英語メニュー　☑要予約

シャンプーの香り
が選べるサービ
スも好評です。
お待ちしてます！

1.ヴィヴィッドな赤がアクセントの内装 2.ガラス越しに店内の
様子が見えるので初めてでも入店しやすい 3.美容師の林さん

How to 台湾式シャンプー

毎日通う人もいるほどの
気持ちよさを体感！

① 首上マッサー
ジの後、髪を
濡らさずにシ
ャンプー液を
かける

② 泡立てなが
ら、同時に
頭皮のマッ
サージも

③ 泡で髪を持ち上げ、泡を取る

④ 洗面台で洗い流した後、軽く
マッサージ

髪が傷むか心配
だったけど、ブロ
ー後はツヤ感が
UPしてました！

⑤ ブローでスタイリ
ングして終了

約30分で
フィニッシュ!!

プチ
情報
最近は日本式にシャンプー台で行う店が増加傾向にある。どこの美容院でも台湾式シャンプーが体験できるわけで
はないので事前に確認が必要。看板に「台湾式」や「台式洗髪」などと書かれている店が台湾式シャンプーの店。

中山 付録MAP P14B3

プロ・カッティ
PRO CUTTI

自由自在に髪を操る

並木道が美しい中山北路沿いにあるヘアサロン。台湾シャンプーをオーダーすると、泡でいろいろな髪型にしてもらえ、記念撮影も楽しい。シャンプーで気分スッキリ、癒やされよう。

DATA 交M淡水信義線・松山新店線中山駅から徒歩3分 住中山北路二段10號2F ☎02-2562-2796 時11時〜20時30分 休なし
☑日本語スタッフ ☐日本語メニュー
☑英語スタッフ ☐英語メニュー ☑要予約

1. スタッフがいろんなキメ技をやってくれる 2. 白を基調とした広々とした店内 3. ヘッドスパでは、頭皮に角質取りクリームを少しずつ塗り、両手でもみほぐしながらクリームをなじませる

MENU
○Cコース〔マッサージ＋ヘッドスパ＋シャンプー＋リンス＋ブロー etc.〕
(45〜50分) NT$1250
○Dコース〔マッサージ＋シャンプー＋リンス＋ブロー〕(35〜40分) NT$750

MENU
○台湾式シャンプー
NT$200
○頭部マッサージ
NT$199
○角質取り
NT$499
○肩＆首マッサージ
NT$499

行天宮駅 付録MAP P21B1

采悦
ツァイユエ

格安で親切、地元で愛される美容室

地元の人の日常に触れたなら、采悦で台湾式シャンプーにトライしてみて。入店すると元気な挨拶。パワフルなスタッフから元気をもらえそう。

DATA 交M中和新蘆線行天宮駅から徒歩6分 住民権東路二段71巷20號 ☎02-2596-7318 時9〜20時(日曜は〜19時、最終入店は1時間前) 休土曜
☑日本語スタッフ ☑日本語メニュー
☐英語スタッフ ☐英語メニュー ☑要予約

1. 頭皮の角質取りもある 2. いつも地元の人で混み合う店内 3. 店長の蔡さん(左から2番目)と美容師さんたち

マッサージとシャンプーのセットがおすすめです

血行アップ！ 老廃物排出！ 全身スッキリ！

お手軽・足裏マッサージで 体の芯からデトックス

台北では健康法として一般的な足裏マッサージ。街なかにお店も多く、料金も手頃なので、観光やショッピングで歩き疲れたときは迷わずチャレンジしてみて。

中山
國小駅　付録 MAP P4B2

山桜恋男女 養生屋
シャンインリエンナンヌウヤンションウー

故郷に帰ったような安らぎ

訓練を積んだ専業のマッサージ師が、押す、引く、捏ねる、揉むなど伝統的なテクニックを用いて、的確にツボを刺激して体を快適にもみほぐしてくれる。

1. 店内は桜に囲まれたムード　2. 静かな空間で疲れた体を癒やしてくれる　3. ホテルが多いエリアで、雙城街夜市も近く便利な立地

DATA 交M中和新蘆線中山國小駅から徒歩7分 住林森北路661號 ☎02-2599-1855 時9時〜翌1時 休なし
☑日本語スタッフ ☑日本語メニュー
☑英語スタッフ ☑英語メニュー ☑要予約

MENU
○足裏マッサージ＋足湯
　NT$500元／計40分
○上半身マッサージ
　NT$500元／計30分
○足裏の角質取り
　1回500元
○足爪切り
　1回500元

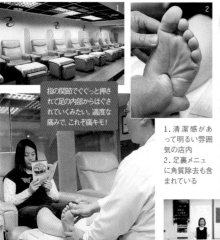

指の関節でぐっと押されて足の内部からほぐれていくみたい。適度な痛みで、これぞ痛キモ！

1. 清潔感があって明るい雰囲気の店内
2. 足裏メニューに角質除去も含まれている

松江
南京駅　付録 MAP P7D1

滋和堂
ツーフータン

関節で攻める、漢方院併設店

台湾当局認可の漢方診療所を併設している有名店。指の腹ではなく関節で刺激を与えるのが特徴。押したり力を抜いたりをリズミカルに繰り返すうちに血行が促進されて足がポカポカしてくる。

DATA 交M松山新店線・中和新蘆線松江南京駅から徒歩6分 住新生北路一段59號 ☎02-2523-3376 時9〜23時 休なし ☑日本語スタッフ ☑日本語メニュー
□英語スタッフ ☑英語メニュー ☑要予約

女性や日本語OKのスタッフも多く、気さくにツボを解説してくれる

MENU
○足裏マッサージ　NT$700/30分
○足裏＋首＋肩のマッサージセット
　NT$900/40分
○足裏＋全身のマッサージセット
　NT$1400/60分

 足裏マッサージ店では、ひざから下を出して施術することが多い。店によっては着替えを用意してくれているが、ミニ丈のスカートやスキニーパンツは避けたほうが無難。ひざ上まで裾をまくりやすいボトムパンツがおすすめ。

マッサージの心得

1. 血液の流れがよくなるため、
   施術前後の飲酒は控えること。
2. 生理期間中の場合は、まれに具合が
   悪くなることもあるので注意。
3. 食後最低1時間くらい経ってから。
4. マッサージ後は水分をたっぷりとること。

足ツボ早わかり

第二の心臓とよばれる足裏には臓器や部位のツボが集中している。ツボを押されて痛い箇所から体の不調な部分がわかるといわれている。

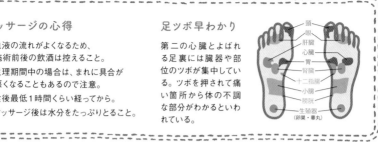

頭
眼
肝臓
心臓
胃
腎臓
十二指腸
小腸
膀胱
生殖器
（卵巣・睾丸）

松江
南京駅

付録
MAP
P15D2

千里行足體養生會館

チエンリーシンズウティーヤンションフェイグワン

追加料金なしで個室が選べるサロン

3フロアの広々とした店内。ほとんどのスタッフが10年以上の経験をもち、腕のよさに定評がある。和や洋をテーマにした足ツボオープンスペースのほか個室があるが、いずれも追加料金不要。

座り心地が快適な自動リクライニングの足マッサージチェア

DATA 交Ⓜ松山新店線・中和新蘆線松江南京駅から徒歩2分 住南京東路二段62號1-3F ☎02-2531-5880 時24時間 休なし
☑日本語スタッフ ☑日本語メニュー
☑英語スタッフ □英語メニュー □要予約

MENU
○足裏マッサージ＋足湯
NT$750／計43分

南京
復興駅

付録
MAP
P8B2

金樂足體養生會館

ジンルーズウティーヤンションフェイグワン

優雅に受けたい派に

4階建ての広々とした店。1～2階は足裏マッサージ、3階は全身、4階はVIPルーム。スタッフ50人中、女性は15～20人。14～17時、20～23時が混みやすい。

1. 高級レザーのソファに座りながら受けられる　2. 1階の壁には水が流れ、見ているだけでリラックス

MENU
○足裏マッサージ
NT$660／40分
○全身マッサージ
NT$1100／60分
○オイル全身マッサージ
NT$1300／60分

DATA 交Ⓜ文湖線・松山新店線南京復興駅から徒歩6分 住八德路二段324號 ☎02-2777-1222 時10時～翌2時 休なし
☑日本語スタッフ ☑日本語メニュー ☑英語スタッフ
☑英語メニュー □要予約

西門町

付録
MAP
P16B2

足満足養生會館

ズウマンズウヤンションフェイグワン

女性にうれしいメニューが揃う

足裏をはじめ角質取りやアロママッサージ、スリミングマッサージなど女性に好評のメニューが豊富に揃う。さわっただけで悪いところがわかるという評判も！ 店内は清潔なムード。

施術は一人ひとりの症状に合わせた内容にしてくれる

MENU
○足裏マッサージ＋足湯
NT$400／計35分
○全身マッサージ＋足湯
NT$899／計60分

DATA 交Ⓜ松山新店線・板南線西門駅から徒歩10分 住西寧南路79號 ☎02-2361-6167 時9時～翌2時 休なし
☑日本語スタッフ ☑日本語メニュー □英語スタッフ
□英語メニュー □要予約

リーズナブルに癒やし体験

ご褒美系？伝統系？
台湾で美サロンデビュー♪

台湾ならではの伝統マッサージや、日本よりお得に体験できるゴージャス系のスパなど
ビューティ系サロンが充実している台北。この機会にトライしてみては？

ご褒美スパ
ラグジュアリーな空間のなか、ホスピタリティあふれる極上の施術が受けられる

小南門駅 | 付録 MAP P6A3

ガーデン・スパ
GARDEN SPA

竹マッサージで目指せアジア美人

ガーデンホテルの16階にあるスパ。アロマが漂うバリ島をイメージした空間で、コース設定のカウンセリングの後、施術を受ける。

1. 施術室は4つ。台北101など市内の名所が見渡せる部屋も　2. 2人部屋ではカップルや友人と同室の施術も可能

DATA 交Ⓜ松山新店線小南門駅から徒歩5分 住HガーデンN（→P139）16F ☎02-2314-3300#1600 時10時30分〜20時 休なし
□日本語スタッフ ☑日本語メニュー
☑英語スタッフ ☑英語メニュー □要予約

MENU
○班竹開運護理（ボディトリートメント）　NT$4200／90分
○鹽晶諧和護理（ボディトリートメント）　NT$5000／90分

施術内容をチェック！

施術開始。竹の棒を使い、経絡に沿い軽く叩く

竹の棒を使って刺激を与えるマッサージ

経絡を専用の石を使って刺激していく

施術終了後はハーブティーと甘味などでひと休み

プチ情報 日本でも話題になった、中国大陸に伝わる民間療法の「かっさマッサージ」を台湾ではグワサーとよぶ。皮膚をこすることで経絡に刺激を与えて、血液の中に滞っている毒素を流し出すことが狙い。

沐蘭スパ

ムーランスパ

台湾産玉石で女に磨きをかける

名門スパで修業したセラピストによる翡翠のマッサージなど、東洋の技術を織り込んだコースなどが人気。

DATA 交M淡水信義線・松山新店線中山駅から徒歩5分 住Hリージェント（→P136）20F ☎02-2522-8279 時10〜24時 休なし ☑日本語スタッフ ☑日本語メニュー ☑英語スタッフ ☑英語メニュー ☑要予約

MENU
○旅人のやすらぎ（全身）
　NT$4500／90分
○コーヒー・スクラブ（全身）
　NT$3800／90分

1.自然光が心地よい施術室。存分に美しく、やさしく癒やしてもらおう 2.温めた石で体の芯まで刺激を与える 3.シンガポールの有名デザイナーが手がけた内装

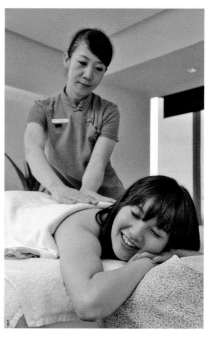

MENU
○チャクラトリートメント
　NT$6300／150分
○排毒養顔
　NT$4500／110分

1.全室個室で1人用1室、2人用3室の計4つのトリートメントルームがある　2.全室にスチームサウナを完備

スパークル

sparkle

美しい眺望と豊富なメソッド

東洋と西洋の施術を融合したアロマオイルで体を解きほぐしながら、ツボを刺激する経絡マッサージを体験。

DATA 交M淡水信義線台北101／世貿駅から徒歩5分 住信義路四段458號17F ☎02-2720-0796 時12〜22時（予約受付〜19時30分） 休なし ☑日本語スタッフ ☑日本語メニュー ☑英語スタッフ ☑英語メニュー ☑要予約

伝統マッサージ

大陸から伝わった民間療法や東洋医学に基づくマッサージで心身ともに健康に

MENU
○へそお灸　NT$6000〜／90分
○足蒸し　NT$600／40分

へそお灸

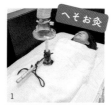

1.経絡を叩き気の流れをよくしてから仰向けに 2.ビルの階段の上が入口

川堂養生館

チュワンタンヤンショングワン

へそお灸で体を温めて健康＆若返り！

東洋医学で重要なツボの一つとされるへそ（神闕）に灸を据えるメニュー。へそを温めながら漢方を体内へ浸透させ、ホルモン分泌などを整える。

DATA 交M淡水信義線・板南線台北車站から徒歩15分 住太原路9-3號2F ☎02-2721-8126 時9〜18時（7時〜、〜23時も相談可） 休日曜 ☑日本語スタッフ ☑日本語メニュー □英語スタッフ □英語メニュー ☑要予約

こだわり素材でセレクト！

台湾美人に支持される 自然派コスメで美肌Get

すっぴん美人が多い台湾。美肌の秘密は、自然の恵みを生かしたコスメにあり。
人気の7ブランドから、素材別にご紹介。お気に入りのアイテムを探してみよう！

しょうが

甜薑丹橘 薑芬精油滾珠瓶
10㎖ NT$399
ロールオンタイプの
オイル。柑橘系の香
りが爽やか Ⓐ

薑芬洗髮精
360㎖ NT$480
しょうがエキスが毛
根を元気にして抜
け毛に効果を発揮
Ⓐ

**甜薑丹橘薑芬皂（上）
薫衣草薑芬皂（下）**
各NT$199
しょうがとオレンジ（上）、しょ
うがとラベンダー（下）。どちら
のソープも手作り Ⓐ

薑暖護手霜
50㎖ 各NT$430
保温効果の高いしょうがエキス
に植物オイルを配合。全11種 Ⓐ

東方美人茶 平衡精華液
30㎖ NT$780
殺菌効果が期待でき、毛穴の引き締
めも促す化粧水 Ⓔ

お茶

**東方美人茶
平衡洗顔霜**
100㎖
NT$550
化粧汚れや毛穴の
詰まりをやさしく
洗い流す洗顔料
Ⓔ

Ⓐ ●康青龍
薑心比心
ジャンシンビーシン
付録 MAP ● P19A3

しょうが好き必見のコスメ
調理人の経歴をもつ女性オーナー
が、しょうがの発汗作用に注目して
立ち上げたブランド。

DATA 交Ⓜ淡水信義線・
中和新蘆線東門駅から
徒歩8分 住永康街28
號 ☎02-2351-4778
時12～20時 休なし
Ⓙ Ⓔ

Ⓑ ●富錦街
泉發蜂蜜
チュエンファーフォンミー
付録 MAP ● P22B2

ハチミツ効果で美しく！
ハチミツ専門店。台湾産ハチミツを
使ったコスメやアロマオイルなどの美
容グッズと健康アイテムを販売。

DATA 交Ⓜ松山新
店線台北小巨蛋駅か
ら徒歩15分 住民
生東路四段104號
☎02-2719-9769
時11～22時 休なし
Ⓔ

Ⓒ ●信義
レルボフロール
L'HERBOFLORE/蕾舒翠（レイシューツェイ）
付録 MAP ● P11C3

プチプラを大人買い
台湾産のフルーツエキスや漢方など
を配合したシートパックのショップ。パッ
ケージもキュートで値段も手頃。

DATA 交Ⓜ淡水信義
線台北101/世貿駅からす
ぐ 住台北101（→P46）
B1F ☎02-8101-8295
時11時～21時30分（金・
土曜は～22時） 休なし

プチ
情報
プチプラコスメをまとめ買いしたい！という人には台湾各地にチェーン展開しているドラッグストア「コスメッド」（付
録 MAP/P15C2）が便利。24時間営業で薬やお菓子、コスメが手頃な価格で手に入る。

ハーブ

艋舺肥皂
各NT$250

上からトウキ入りの「循環」と、セージやツルドクダミ配合でヘアケア用の「髪」G

肥皂
各NT$330〜

無農薬ハーブを使用した石鹸。上から月桃、艾草(ヨモギ)、緑豆と薏仁(ハトムギ)F

水芙蓉嫩白沐浴露
330㎖ NT$660

ボタンウキクサ配合。みずみずしい美白肌に導く。乾燥肌の人に◎ D

蜂王乳玫瑰活顔滋養精華液
30㎖ NT$1280

芸能人の愛用者も多いという美容エキス。のびがよく明るい肌に B

ハチミツ

艾草菁華霜
50g NT$2980

ヨモギエキスがベースのレストラ用保湿クリーム F

月桃護手霜
75㎖ NT$880

保湿用のハンドクリーム F

橙花蜂王乳極浄嫩白卸妆油
100㎖ NT$880

肌を明るく保ち、艶をよくするメイク落としオイル B

米

米粹舒緩羽透氧面膜
NT$420(5枚入)

米エキスとヒアルロン酸の3Dフェイシャルパック E

茉莉逆時全效無痕菁萃霜
60㎖ NT$1580

ローヤルゼリーやヒアルロン酸を配合したクリーム。シワ対策に B

フルーツ

面膜
NT$60〜250

ライチエキスは保湿効果が、カカオエキスはひきしめ効果が期待できるシートパック C

●國父紀念館駅
茶籽堂
チャーズータン
付録 MAP ● P9C2
椿で作る天然コスメ

栄養価の高いカメリアオイルを使った天然コスメが若者に人気。抗酸化作用があり肌を守る効果も！台湾島内の提携農園で栽培される椿から抽出される。

DATA 交M板南線國父紀念館駅から徒歩7分 住荔巖路88號2F(誠品生活松菸店)☎02-6636-5888 #1625 営11〜21時 休なし E

●信義ほか
北緯23.5
ベイウェイアルシーサンディエンウー
食べ物でスキンケア

台湾産のお茶やお米、真竹といった食べ物や植物成分を用いたスキンケアグッズを展開する。添加物は不使用。ウェブショップを中心に誠品書店や好、丘で販売されている。

〈ココで購入できます〉
誠品生活 松菸店(→P40)、誠品生活南西(→P18)、Qスクエア京站時尚広場(→P122)

●國父紀念館駅
阿原
アーユエン
ハーブに癒やされる

化学成分を一切使用しないハーバルケアブランド。台湾北部の陽明山で育ったハーブを使用したエッセンシャルオイルは素材本来の香りで心と体のバランスを整えてくれると評判。

〈ココで購入できます〉
誠品生活 松菸店(→P40)

●忠孝新生駅ほか
艋舺肥皂
モンジアフェイザオ/モンガ石鹸
植物由来の石鹸

台湾産の天然植物を使い、伝統的な手法で手作りされた石鹸の専門店。植物の選定から製法、熟成の工程まですべてにこだわり、使うごとに肌本来の力を取り戻せる。

〈ココで購入できます〉
華山1914文化創意産業園区(→P41)、好、丘(→P41)など

美容にきくスイーツ大集合！

台湾には美容のためのメニューが豊富にある。漢方食材を取り入れたスイーツも充実していて、無理なく体質改善に取り組める。お腹いっぱい食べても罪悪感ゼロ!?

＼ ビタミン豊富 ／

＼ ぷるぷる美肌に ／

精力湯 NT$140 **A**

有機野菜や果物、ナッツ類が入った栄養満点の食べるドリンク。緑色の酵素精力湯や赤紫色の舐菜根精力湯など全5種類

芋泥嫩仙草盛盤

NT$89 **B**

マッシュタロイモをトッピングした仙草ゼリー。やわらかい食感が独特

抹茶嫩仙草雪花盛盤

NT$149 **B**

ふわっふわの雪花冰を仙草ゼリーにのせる。トッピング類もすべて天然素材を使用

 燒仙草4號 NT$80 **C**

温かい仙草スープに伝統的な製法で手作りしたタピオカや芋圓をトッピング。もっちりとしたタピオカの食感がアクセント ※11〜4月限定

NT$80 **C**

仙草ゼリーの上にタピオカ、ハト麦、サツマイモがON

 仙草2號

A ●善導寺駅

天和鮮物

ティエンフーシエンウー

付録 MAP ● P7D2

キレイの源を食べる精力湯

高級オーガニックフードの有名スーパー。幅広い品揃えが人気。

DATA

交Ⓜ板南線善導寺駅から徒歩1分 住北平東路30號 ☎02-2351-6268 時10〜21時 休なし ⒿⒺ

B ●中山

八時神仙草

バーシーシェンシエンツァオ

付録 MAP ● P14B4

伝統スイーツをおしゃれに

スタイリッシュな仙草専門店。ジュレのようなとろける食感で、苦みを抑えたさわやかな風味と香りが魅力。

DATA

交Ⓜ淡水信義線・松山新店線中山駅から徒歩3分 住中山北路一段135巷5號 ☎非公開 時12時30分〜21時(20時30分以降はテイクアウトのみ) 休なし ⒿⓄⒺⒺ

C ●中山

鮮芋仙

シエンユーシエン

付録 MAP ● P14A3

世界中に展開する人気店

体にやさしい無添加台湾スイーツ店で体をケア。トッピングも豊富。

DATA

交Ⓜ淡水信義線・松山新店線中山駅から徒歩2分 住南京西路18巷6弄1-1號 ☎02-2550-8990 時12〜22時 休なし ⒷⒿⒺ

プチ情報　ここで紹介した以外でも体が温まるしょうがや、バストアップ作用があると信じられている酒醸を使ったメニューなど、台湾スイーツには「美」に効くおやつがたくさん。おなじみの小豆にも実はデトックス作用があるとか。

街さんぽ
Go for a Walk

オシャレなファッションショップが密集する通り、
レトロな問屋街、夜遅くまで賑わう学生街…。
台北には個性的なタウンがたくさん。

シンボルタワーの下は楽しみいっぱい!

発展し続ける
ランドマーク周辺「信義」

市内の遠くからでも見えるタワー、台北101。そのお膝元である信義エリアは有名百貨店や
文化遺産保全地区があり、MRT淡水信義線開通を経てますます注目を集めている。

デパート **付録 MAP P11C1**

統一時代百貨
トンイーシーダイバイフオ
→P98

＼ここをCheck!／
・トレンド最先端のレディスフロア（2〜3階）
・タイのスイーツが楽しめるカフェ Lady nara（3階）

1.パンケーキメニューが豊富な杏桃髭餅屋　2.日本からの出店ブランドも多い

デパート **付録 MAP P11C1~2**

新光三越
台北信義新天地
シングアンサンユエ タイベイシンイーシンティエンディー
→P98

＼ここをCheck!／
・A4館に世界のハイブランドが集結
・人気チェーンの春水堂（A9館B1階）

1.ディオールやシャネルなど有名ブランドが集結　2.春水堂の信義店は最も人気の支店。鼎泰豐の支店もあり、比較的混雑しにくいので穴場　3.珍珠奶茶NT$95（小）、NT$180（大）

複合施設 **付録 MAP P11C3**

微風南山
ウェイフォンナンシャン
→P98

＼ここをCheck!／
・アジア最大級のスーパーマーケットが入る
・JR東日本のアトレが2〜4階に

1.地下1階にはスーパー「微風超市 Breeze Super」が入っている
2.人気モール微風と日本のアトレのコラボが話題に

プチ情報 誠品 信義店は2023年12月で営業終了。誠品1号店の敦南店の名物だった24時間営業を引き継いでいたが、誠品生活 松菸店（P40）が改修後に24時間営業を行う予定となっている。

大型のデパートや映画館
などが軒を連ねる

🐾 街あるきポイント

「台湾のマンハッタン」という呼び名ももつエリア。台北101
の最寄り駅は淡水信義線の台北101/世貿駅。デパートエリ
アを先にまわる場合は、板南線市政府駅からが便利。デパ
ートエリアから台北101までは連絡通路でつながっており、
徒歩15分程度。

⬆湖畔をイメージした広々と開放的な空間

複合施設 **付録 MAP P11C3** ## ATTフォー・ファン
ATT4FUN

若者に人気のエンタメスポット

ファッション、グルメ、アート、ナイトライフの4つ
が集う、楽しさ（FUN）を体感する一大拠点。台
湾初上陸の店のほか、クラブも5軒ある。

> DATA 交Ⓜ淡水信義線台北101/世貿駅から徒歩3
> 分 住松壽路12號 ☎02-7737-5888#7220 時11
> ～22時（1Fの一部店舗10時～、金・土曜、祝前日は～
> 23時）ナイトスポットは店舗により営業時間が異なる
> 休なし Ⓙ Ⓔ

⬆若者が集うナイトスポットとして人気

バー **付録 MAP P11C1** ## ウーバー
WOOBAR

特別な一杯をラグジュアリーに

オシャレホテル「ダブリュー」内にあるバー。「自然×
光」をコンセプトにリュクスな都会でのキャンピング
気分が味わえる。台湾を意識したインテリアやメニ
ューも必見。

> DATA 交Ⓜ板南線市政府駅からすぐ 住忠孝東路五段
> 10號 Ⓗダブリュー（→P136）10F ☎02-7703-8887
> 時10～24時（金・土曜は～翌1時） 休なし Ⓔ

ひと休みマッサージ

駅からのアクセスが良好な
ので気軽に利用できる

付録 MAP P11D1 ## 太極堂
タイジータン

高レベルの施術が受けられる。
足裏以外にも身体指圧マッサー
ジNT$1000（60分）など各メ
ニューを組み合わせたコースも。

> DATA 交Ⓜ板南線市政府駅から徒歩3分 住忠孝東路五
> 段153號2F ☎02-2763-3233 時10時30分～22時30
> 分 休なし

個性的なショップやカフェがあちこちに

オシャレさんが集まる
トレンド発信源「東區」

大通り沿いにはデパート、裏通りには若者向けのハイセンスなショップやカフェが点在する。
台北の最旬トレンドをチェックするなら迷わずGO！

街あるきポイント

忠孝敦化駅の北側に広がるエリア。マス目状に道が通っているので、迷うことはないが、店の規模が比較的小さいので入口を見逃さないよう。また、オープン時間が14～15時ごろからの店も多いので注意。

マンションのような建物の2階にある、隠れ家的ショップ。明るくディスプレイも見やすい

1. 広々として商品が見やすい店内
2. たくさんのアイテムからお気に入りを見つけて！

ナチュラル、スポーティ、スイートなど、今が旬な各種スタイルを揃えています

【ファッション】 付録MAP P12B2 **ア・ルーム・モデル**
A room model

ヴィンテージアイテムと運命の出合い

レトロスタイルや古着好きにおすすめのショップ。品揃えは新品3割、古着が7割ほど。状態のよいハイブランドのヴィンテージ品も豊富。

DATA　交Ⓜ板南線忠孝敦化駅から徒歩5分　住敦化南路1段161巷6號3F　☎02-2751-6006　時15～22時　休なし Ⓔ

【ファッション】 付録MAP P13C2 **クイーン・ショップ**
敦南門市
QUEEN SHOP ドゥンナンメンシー

流行スタイルをプチプラで

若者の間で人気の台湾のファストファッションブランド。商品はどれも愛らしいデザインで、お手頃価格。最先端ウェアを、おみやげに選ぶのも◎！

DATA　交Ⓜ板南線忠孝敦化駅から徒歩4分　住敦化南路一段161巷24號　☎02-2771-9922　時14～22時（金・土曜は～22時30分）　休なし Ⓔ

プチ情報　明曜百貨店内のユニクロが、2021年にグローバル旗艦店としてリニューアル。東區粉圓などをあしらったTシャツが販売され話題となった。台湾企業とのコラボグッズはおみやげにもぴったり。

スイーツ 付録MAP P10A1

シュガー・ミス
Sugar Miss

おいしく食べられる大理石?!

台湾の観光名所「豆腐岩」という川辺の岩を見て思いついたという大理石模様のシフォンケーキが名物。驚くほど軽い食感で、中からソースがあふれ出る仕掛けも。

1. 豆腐岩 黒糖珍珠阿薩姆奶茶 NT$380。ミルクティーソース入りシフォンケーキ。マーブル模様は竹炭 2. フランボワーズやライチ果汁を使用した甘酸っぱいチーズケーキ、玫瑰大理石乳酪蛋糕 NT$230(1ピース) 3. 真っ白な建物から雰囲気たっぷり

DATA 交M板南線國父紀念館駅から徒歩3分 住光復南路290巷4號 ☎02-2771-5320 時12時~20時15分 休なし 🅖🅔

ドリンク 付録MAP P12B2

麥吉 machi machi
マイチーマチ マチ

チーズとお茶がマッチ

台湾茶にチーズフォームをかけたチーズティーが話題になり、世界各国へ進出しているドリンクスタンド。フルーツをベースにしたものや、ボトルドリンクも提供している。

DATA 交M文湖線・板南線忠孝復興駅から徒歩7分 住大安路一段51巷16號 ☎02-2752-5069 時12~21時 休なし 🅖🅔

芝士日月潭紅茶 NT$70。香り高い紅茶にチーズが絶妙に混じり合う

芝士草苺NT$105。塩味のチーズと甘酸っぱいイチゴの味に感動

1. 粉圓 NT$70。ほのかな甘みの黒タピオカがたっぷり。店の看板商品 2. 行列になることも多いが回転が速くすぐに進む

スイーツ 付録MAP P13C3

東區粉圓
ドンチュウフェンユエン

トッピング選びが楽しい

おしゃれな街にありながら、昔ながらの趣を残した老舗スイーツショップ。丁寧な手作りの品が人気。粉圓(タピオカ)や豆花などのメイン1種に、トッピング約30種から3種選ぶ。

DATA → P60

台北ティーンのパワーを感じる街！

安カワ＆安ウマが集合
パワフルエリア「西門町」シーメンディン

ティーンエイジャーが目指す街・西門。流行の服がお手頃価格で手に入る店や、マニアックなグッズの販売店もある。B級グルメを食べ歩きしながら、ブラブラ街歩きしよう♪

複合施設 | 付録MAP P16B3

西門紅楼
シーメンホンロウ

日本統治時代の八角形レンガ造り

1908年に建築家の近藤十郎が市場として設計。現在では劇場、カフェ、みやげ店などが入った複合施設としてリニューアル。毎週土・日曜14時ごろ〜はデザイナーが手作り作品を販売するフリマも開催。

DATA 交Ｍ松山新店線・板南線西門駅から徒歩2分 住成都路10號 ☎02-2311-9380 時11〜20時 休月曜 JE

➡八角楼にある茶藝館、西門紅楼茶坊は60年代のイメージ

↑四方八方からお客さんが大勢集まるようにと、縁起を担いで建物は八角形に設計された

↓週末の午後にはデザインフェスタやフリマが開催

ストリート | 付録MAP P16B2

美國街
メイグオジエ

台北ティーン御用達のエリア

台北の原宿ともよばれ、20代前後の女子をターゲットにしたファッションショップが軒を連ねる。特に武昌街二段付近に集中しているが、最近は西門全体に若者向け服飾店が増殖中。

DATA 交Ｍ松山新店線・板南線西門駅から徒歩5分

←台湾全土から若者が集まるため、あたりをキョロキョロ見ながら歩く人の姿も目にする

カフェ | 付録MAP P16B3

蜂大咖啡
フォンダーカーフェイ

朝食セットがおすすめの街なかカフェ

1956年創業の老舗カフェ。台湾をはじめ、ブラジル、ベトナムなど世界中から仕入れた豆を自家焙煎したコーヒーが味わえる。おすすめはブレンドの蜂大綜合咖啡 NT$100。

↓お得な朝食セットの早餐 NT$130は8〜11時まで注文可能

DATA 交Ｍ松山新店線・板南線西門駅から徒歩3分 住成都路42號 ☎02-2371-9577 時8〜22時 休なし EE

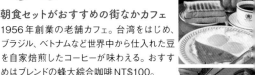

➡成都路沿いに位置するレトロな雰囲気のカフェ

プチ情報 「萬年商業大樓」はプラモデルやフィギュアを中心にコスメやアクセなど、若者向けの商品を販売する小さなテナントがひしめき合うマニア向けのビル。日本を愛する人（哈日族）の聖地としても有名。

◀賽門鄧普拉
ここから徒歩3分
●足満足養生會館 P105
●美園街
漢中街
プラモデルやフィギュアを扱う店が入る。マニア必見の雑居ビル
峨嵋街
萬年商業大樓●
幸福店 P73
P53 阿宗麺線
成都楊桃冰
蜂大咖啡●
成都路
小格格鞋坊
西門紅樓
澤龍音樂
内江街
西門

台北車站へ
MRT松山新店線
MRT板南線
武昌街二段
中華路一段
中華路二段
76巷
55巷
西寧南路

0 50m
N

◀20以上もの映画館が林立する電影街。日本公開前のハリウッド作品も上映されている

↑週末ともなれば駅前は歩行者天国になり大混雑になる

↑幅広いジャンルの店が集まる台北有数の繁華街

🐾 街あるきポイント

西門駅を降りたらまずは西門紅樓へ。赤レンガ建築を堪能したら駅前に戻り、中華路一段を北上して武昌街二段あたりの服飾街を散策しよう。「台北の原宿」を満喫した後も萬年商業大樓や電影街など、みどころが多い。

シューズ 付録MAP P16B3
小格格鞋坊
シャオグーグーシエファン

細かい刺繍が映えるチャイナシューズ

リーズナブルな価格のチャイナシューズが並ぶ専門店。軽くて足になじむので室内履きやみやげとしても重宝する。ミュールやスリッパもあり。

↑1足NT$400～1500

DATA 🚇Ⓜ松山新店線・板南線西門駅から徒歩5分 🏠西寧南路96號 ☎02-2370-9063 🕐12～18時 休なし Ⓙ

アーティストグッズ 付録MAP P16B3
澤龍音樂
ズーロンインユエ

華流スター激レアグッズにファン感涙

華流アーティストのCDや台湾ドラマのDVD、貴重なアーティストグッズまで網羅したショップ。華流以外にも韓流、日本のCDも取り扱っていて、棚を眺めるだけでも興味深い。

DATA 🚇Ⓜ松山新店・板南線西門駅から徒歩2分 🏠成都路10巷15號 ☎02-2389-0735 🕐12時30分～21時30分 休なし

→華流スター好きは要チェック

↑韓流スターのグッズも扱う

つまみ食いフード ベスト3

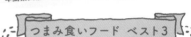

👑 **1**
阿宗麺線　NT$60(小椀)
アーゾンミエンシエン
付録MAP P16B3 →P53
カツオだしの麺。おやつがわりに若者が行列

👑 **2** 招牌甜不辣　NT$80(大)
チャオパイティエンブウラー
老若男女の胃袋をつかむ台湾版おでん
賽門鄧普拉
サイメンドンプウラー
付録MAP P16B1

DATA 🚇Ⓜ松山新店線・板南線西門駅から徒歩8分 🏠開封街二段46號 ☎02-2361-9790 🕐11～21時 休なし

👑 **3** 楊桃冰　NT$50
ヤンタオビン
スターフルーツのシロップ煮。1966年創業の老舗店
成都楊桃冰
チョンドウヤンタオビン
付録MAP P17C3

DATA 🚇Ⓜ松山新店線・板南線西門駅から徒歩2分 🏠中華路一段144-1號 ☎02-2381-0309 🕐12時～22時30分(季節・天候により変動あり) 休不定休

歩いて楽しい！洗練ショップがたくさん

クリエイターの隠れ家タウン
「富錦街」でおしゃれめぐり
（フウジンジエ）

かつては外国人の住宅街だった富錦街は、緑あふれる街路樹が美しいエリア。
高感度なセレクトショップやおしゃれなカフェが点在。ひと味違うおしゃれな台北が体感できる。

1

2

漢方 | **付録 MAP P22D2**

デイリリー
Daylily

女の子のための漢方ブランド

台湾女性が日常的に取り入れている漢方文化を世界にも広げたいと、台湾人と日本人女性の2人で始めた女性のための漢方のライフスタイルブランド。

3

4

DATA 🚇Ⓜ松山新店線南京三民駅から徒歩14分 住民生東路 五段165-1號 ☎02-2761-5066 時11～19時 休土・日曜、祝日、不定休 JE

1. 漢方薬局の一角にまるで秘密の小部屋のようにたたずむお店
2.「EAT BEAU-TEA」NT$420。お湯を入れて飲む漢方茶
3. お湯に溶かして飲む「REBORN」シロップNT$500（7袋入り）
4. フェイスマスク1枚NT$150。ニンジンとクコの実エキス配合

セレクトショップ | **付録 MAP P22C1**

フジン・ツリー 355
Fujin Tree 355

台湾×日本の視点でセレクト

台湾のアーティストのアイテムを中心に、海外から仕入れた生活雑貨やウェア、アクセサリーなどが並ぶショップ。オーナーである台湾と日本のカップルが見つけたアイテムは、どれもセンスとクオリティが抜群。

2

1

1.2. 皿付きのキャンドルやバッグなど幅広い品揃え 3. 多彩なデザインの食器はNT$210～ 4. 日常使いできる雑貨も充実

DATA 🚇Ⓜ文湖線松山機場駅から徒歩11分 住富錦街 355號1階 ☎02-2765-2705 時12時～21時30分 休なし JE

藍染め作家とコラボした麻のワンピースも要チェック！

スタッフの子晴さん

4

ひと休みカフェ

付録 MAP P22B2

開門茶堂
カイメンチャータン

こだわりの台湾茶を楽しめるカフェ。茶葉は収穫時期に直接出向いて試飲して仕入れている。おすすめは台東鹿野産の丹鳳烏龍NT$250など。1人NT$150以上の利用が必須。

1. 台湾茶のセットNT$220～、茶菓子は1個NT$40～
2. 器や茶葉も販売

DATA 🚇Ⓜ文湖線松山機場駅から徒歩20分 住民生東路四段80巷1弄3號 ☎02-2719-9519 時11時～18時30分 休火曜 J

付録 MAP P22C1

富錦樹咖啡
フウジンシュウカーフェイ

富錦街人気の立役者「Fujin Tree」グループのカフェ。インテリアもスタイリッシュで居心地抜群。一流バリスタによるドリンクはもちろん、台湾クラフトビールなどの販売も。

1. 木洩れ日が降り注ぐ店内。窓は一面ガラス張り 2. 水果美式（フルーツコーヒー）NT$180

DATA 🚇Ⓜ文湖線松山機場駅から徒歩11分 住富錦街353號 ☎02-2749-5225 時9～18時 休なし

プチ情報 帰国便で台北松山空港を利用するなら、空港に荷物を預けて富錦街に立ち寄るのもおすすめ。パイナップルケーキの有名店「微熱山丘」（→P83）もこのエリアにある。

レストラン	付録 MAP P22B2

富錦樹 台菜 香檳
フウジンシュウ タイツァイ シャンピン

食通もうなるオリジナル台湾料理

新鮮な食材を自家製の香辛料やドライフルーツを使い調理する台湾料理のお店。シャンパンやワインも充実。お酒と一緒に自慢の料理をゆっくり楽しみたい。

DATA 交Ｍ松山新店線台北小巨蛋駅から徒歩9分 住敦化北路199巷17號 ☎02-8712-8770 時12〜15時、17〜22時、土・日曜、祝日12時〜22時 休なし ※要予約 J J B E

1.豚バラ肉のナツメとハイビスカスソース煮込みNT$680（手前） 2.自家製ラー油380元（Sサイズ/50g）〜 3.陽光が差し込む明るい店内

菓子	付録 MAP P22A1

バット・ウィ・ラブ・バター
but. we love butter

不思議なクッキーショップ

入口はテーラー、店内はまるでカフェだが、販売しているのは箱入りクッキーのみ。ショップエリアに到着するまでにおもしろい仕掛けがいっぱい。

DATA 交Ｍ文湖線松山機場駅から徒歩8分 住富錦街102號 ☎02-2547-1207 時13時〜20時30分（土・日曜12時30分〜20時） 休不定休 J E

1.まるでおしゃれなカフェのような試食コーナー 2.Soul mate 6個NT$458、10個NT$738。化粧箱は2種から選べる

🐾 街あるきポイント

MRT文湖線松山機場駅から歩いて15分ほどの「フジン・ツリー 355」周辺にショップやカフェが集まる。東西に延びる一本道で、店が点在する範囲はそれほど広くないので歩きやすい。昼過ぎオープンの店が多いので、午後に行くのがおすすめ。

夜まで楽しい若者の街

活気に満ちた学生街へ
「師大路」&「公館」
シーダールウ　ゴングワン

國立臺湾師範大學前に広がる「師大路」と國立臺灣大學のある「公館」。
若者向きの雑貨店、カフェなどが充実。はしごして違いを楽しむのもおすすめ。

・師大路

🐾街あるきポイント
台電大樓駅から徒歩15分、古亭駅から徒歩20分ほどの距離にある龍泉街付近の裏路地には若者向けのファッションやアクセサリー、雑貨を扱う店やおしゃれなカフェが並ぶ。

| カフェ | 付録MAP P20A1 | 極簡カフェ |

ジージエンカフェ

自由気ままな猫とくつろげる空間
老舗の猫カフェ。木目調の落ち着いた店内には常に10匹以上の猫が気ままに歩いている。猫モチーフの雑貨も販売。

↓ハンドメイドクッキー NT$140。コーヒーなどとともに楽しみたい

DATA 🚇松山新店線台電大樓駅から徒歩9分 🏠泰順街2巷42號 ☎02-2362-9734 🕐12〜21時 🈺月曜 Ｅ Ｅ

↑写真撮影は自由だがフラッシュはNG。猫専用の出入口もある
←夜になるとライトアップされて幻想的な雰囲気に

| ファッション | 付録MAP P20A1 | 元銀手作 |

ユエンインショウズオ

個性派シルバーアクセが集まる
台湾人のアーティストによるオリジナルのシルバーアクセサリーを販売している。開運を招くとされる吉祥文字などチャイナテイストのアイテムはみやげにぴったり。

↑動植物モチーフのアクセはNT$2380くらいから

DATA 🚇松山新店線・中和新蘆線古亭駅から徒歩10分 🏠龍泉街11號 ☎02-3365-2579 🕐12〜21時（土曜は〜18時）🈺日曜 Ｅ

➡植物や果物、動物などをかたどったアイテムのほか、漢字モチーフのものも手がける

絶品屋台グルメ TOP2

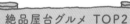

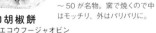

👑胡椒餅
フージャオビン
1978年創業の胡椒餅専門店。麦芽糖を入れた生地で黒毛豚肉を包んだ胡椒餅1個NT$45〜50が名物。窯で焼くので中はモッチリ、外はパリパリに。

👑焼小籠包
シャオショウロンバオ
豚ひき肉やキャベツをモチモチの皮で包んだ焼小籠包・生煎包NT$50（5個）。1日数千個を売り上げるとか。

許記生煎包
シュウジーサンジェンバオ
付録MAP ● P20A1
DATA→P69

大學口胡椒餅
ダーシュエコウフージャオビン
付録MAP ● P20A2

DATA 🚇松山新店線台電大樓駅から徒歩2分 🏠師大路126巷1-1號 ☎02-2363-2181 🕐15時〜22時30分 🈺なし

プチ情報 師大路は、周辺の大学や語学学校に留学中の学生が多いため、世界各国の料理店がある。学生向けということで価格もお手頃。夜遊びシーンを彩るカジュアルなバーも見つかるはず。

·公館

🐾 街あるきポイント

中心となるエリアは公館駅出口の大通り、羅斯福路三段〜四段や、夜市が広がる汀州路三段。台湾グルメの店や書店が数多く並ぶ。新生南路三段と並行する温州街には喫茶店やカフェが点在する。

大学　| 付録 MAP P20B4 | 國立臺灣大學
グオリータイワンダーシュエ

巨大キャンパスをもつ
台湾の最高学府へ

日本統治時代の1928年に台北帝国大学として設立され、1945年に國立臺灣大學となる。広大なキャンパスにはレストランやカフェ、コンビニなど施設が充実。緑豊かな敷地内は出入り自由なので、学生気分で散策を楽しもう。

DATA　交M松山新店線公館駅から徒歩3分
住羅斯福路四段一號　☎02-3366-3366
時24時間開放　料無料

台湾で定番のネギパン NT$18（左）と牛乳たっぷりのアイスキャンディ NT$14（右）はどちらも「農産品展示中心」で購入可

1. キャンパスのメインストリート、椰林大道
2. レンガ造りの図書館の回廊

アーティスト村を散策

古い集落を利用した国際芸術村。世界各地のアーティストが民家を住居兼アトリエとして短期間使用している。玄関に開放中の札が出ていれば見学可能。常設のアトリエやカフェも点在。一般の住民が住む家も多いので、マナーを守って見学を。

台北國際藝術村 - 寶藏巖
タイベイグオジーイーシュウツン・バオザンイエン
付録 MAP ● P3A4

DATA　交M松山新店線公館駅から徒歩15分　住汀州路三段230巷14弄2號　☎02-2364-5313　時11〜22時（施設により異なる）　休月曜（施設により異なる）

↑レンガやコンクリート壁の住所が立ち並ぶ
←坂を下った先の広場から見上げる芸術村の全景

夜市　| 付録 MAP P20B4 | 公館夜市
ゴングワンイエシー

若者の活気があふれる夜市

公館駅に近い水源市場周辺に広がる夜市。葱抓餅や臭豆腐などのグルメ屋台が特に賑わう。汀州路にはファッション系の店も。19時ごろが混雑のピーク。

DATA　交M松山新店線公館駅から徒歩1分　住羅斯福路四段、汀州路三段周辺　時17時〜翌1時　休なし

「台北駅」を使いこなそう!

多くの人が出発点や経由地として使うことになる台北の中心「台北駅」。
グルメに、おみやげ探しに、使い勝手たっぷり。移動のついではもちろん、目的地として訪れるのもあり!

📷 街あるきポイント

駅構内や周辺の地下街、いずれも、とても広く、迷うことも。店の場所や営業時間はしっかり事前に調べて、効率よく観光しよう。

ショップ 付録MAP P7C2 台鐵夢工場
タイティエモンゴンチャン

**鉄道好きにはたまらない
コラボ商品も豊富**

駅ナカにある鉄道グッズ専門店。記念切符、文房具のほか、人気キャラクターとのコラボグッズも多い。

DATA 住台北車站1F西3門付近 ☎02-2383-0367 時10〜18時 休なし

鉄道ファンならずとも、欲しくなる商品ばかり

フードコート 付録MAP P7C2 微風台北車站
ウェイフォンタイペイチョーヂャン

**台湾グルメが大集合!
駅直結で便利!**

台北駅の駅ビル内にある、ショッピングセンターの2階に併設されたフードコート。牛肉麺をはじめとする台湾料理やカレーなどテーマごとにレストランが並ぶ。

DATA 住台北車站B1〜2F ☎02-6632-8999 時10〜22時 休なし

広々とした空間。席数も多く利用しやすい

駅チカグルメもチェック!

台北駅新北口の長距離バスターミナルに付随する若者向け百貨店。国際色豊かなレストラン街「饗楽大道」があり、飲食店が充実。

Qスクエア京站時尚広場
Q Square ジンヂャンシーシャングワンチャン
付録 MAP ● P7C1

DATA 交Ⓜ淡水信義線・板南線台北車站からすぐ 住承徳路一段1號 ☎02-2182-8888 時11時〜21時30分(金・土曜は〜22時) 休なし

2015年開業の飲食店街。香港の点心専門店・添好運を中核店にして和食、韓国料理、イタリアンなどが味わえる。

ホーイー北車站
HOYII ベイチョーヂャン
付録 MAP ● P7C2

DATA 交Ⓜ淡水信義線・板南線台北車站からすぐ 住忠孝西路一段36號B1・1F ☎02-2370-1578 時11〜22時 休なし

プチ情報 台北駅周辺の地下街は台湾最大の規模で、暑さや雨を避けて西は北門駅、北は中山駅・雙連駅まで歩いて行ける。おすすめは誠品プロデュースのK區や、ローカル色いっぱいのY區。

足を延ばして
One Day Trip

ノスタルジックな九份や十分、
茶畑が広がる猫空、温泉が湧く新北投、
台北から日帰りできる範囲に魅力的な街が点在。

ひと足延ばして、あの物語の舞台へ
ノスタルジックな「九份」で
タイムトリップさんぽ

かつて金鉱の街として栄えた九份。閉山後は閑散としていたが、映画『悲情城市』のヒットで注目を集め、今では台湾屈指の観光名所となった。幻想的な夕暮れどきに訪れたい。

王道モデルプラン

瑞芳駅
↓ 🚌 バス10〜15分
九份老街站（バス停）
↓ 👣 徒歩すぐ
❶基山街
↓ 👣 徒歩15分
❷阿妹茶樓
or
❷九份茶坊
↓ 👣 徒歩3分
❸豎崎路
↓ 👣 徒歩6分
❹昇平戲院
↓ 👣 徒歩15分
九份派出所站（バス停）
※台北市内行きを利用する場合は九份老街站へ戻ったほうが乗車しやすい
↓ 🚌 バス15分
瑞芳駅

急勾配の石段の両脇に茗藝館などが立ち並ぶ豎崎路。初めてでもなぜか郷愁を感じてしまう

アクセス

電車で 台北駅から台湾鉄道の宜蘭・花蓮行き自強號（特急）で40分、瑞芳駅下車。瑞芳駅前の乗り場から金瓜石方面行きのバスに乗り換え15分、バス停の九份老街站（もしくは九份站）で降りる。瑞芳駅から九份までのタクシーは片道NT$205の定額だが、春節期間は運賃が高くなるので注意。半日ツアーもある（→P147）。
バスで Ⓜ文湖線・板南線忠孝復興駅（2番出口近く、付録MAP/P12A3）から基隆客運の金瓜石行き、またはⓂ板南線・松山新店線西門駅（2番出口近く、付録MAP/P17C4）から台北客運の金瓜石行きで約80分。九份老街站で降りる。週末は渋滞するので余裕をもって訪れよう。

🐾 街あるきポイント

瑞芳駅からバスで九份老街站下車、まずはバス停目の前にある基山街を散策しよう。帰り道は豎崎路を下り、九份站を利用するルートだと階段をムダに上り降りせずに済む。

プチ情報　電車は、台北駅から瑞芳駅までは自強號、復興號など、本数は多く出ている。所要時間は約40〜60分。人気の特急列車「太魯閣號」は大半が通過してしまうので注意が必要。わからなければ駅員に尋ねてみて。

夕暮れどきには豎崎路の石段に赤提灯が灯り始める。
レトロな建物の間を歩くとタイムトリップしている気分

おさんぽスポット

食べ歩きが楽しい通り。道幅
が狭いので、人とぶつからな
いように注意

商店街	MAP P125

基山街

ジーシャンジエ

縁日みたいなアーケード

九份老街バス停の目の前に延
びる目抜き通り。道の両側に
みやげや小吃の店が並び、週
末には観光客で埋め尽くさ
れる。金鉱山が栄えたころは金
の両替所だった。

通りには時代を感じる看板が点在

資料館	MAP P125

昇平戲院

ションピンシーユエン

映画の歴史に触れる資料館

金鉱山時代に営業していた映画館
跡地の映画資料館。館内ではレト
ロな映写機や建物の歴史を展示。

豎崎路の石段を下りた
場所に立つ

DATA ☎02-2496-9926 時9時30分
〜17時(土・日曜〜18時) 休第1月曜
料無料
※2023年11月までメンテナンス休館

石段街	MAP P125

豎崎路

スーチールウ

基隆湾を見下ろす石畳の階段

九份随一の名所である石造りの階段。角
度は急だが晴れていれば眼下に真っ青な
基隆湾が見渡せる。両脇には趣ある茶藝
館などが立ち並び、映画の舞台としても有
名な「阿妹茶樓」(→P126)前は格好の記
念撮影スポット。

マストな2大茶藝館

1. 凍頂烏龍茶 NT$600+ 茶湯代 NT$100/1人　2. 台湾の貿易港でもある基隆湾が一望できるテラス席

茶藝館　**MAP P125**

阿妹茶樓
アーメイチャーロウ

基隆湾を見渡してティータイム

九份のランドマーク的な茶藝館。自然光が差し込むウッディな店内と、基隆湾が遠望できる屋上のテラス席、どちらも風情がある。台湾各地から取り寄せた銘茶の香りが楽しめるように、お茶と食事ではフロアを分けている細やかな配慮がうれしい。

3. 大きな窓から日差しがたっぷり降り注ぐ　4. 阿里山高山茶と翠玉茶をブレンドしたお茶と4種の茶菓子セット NT$300

```
DATA
交九份老街バス停から徒歩8分　住新北市瑞芳區崇文
里市下巷20號　☎02-2496-0833　時10時30分～
21時30分　休なし
☑日本語スタッフ　☑日本語メニュー
□英語スタッフ　☑英語メニュー　□要予約
```

茶藝館　**MAP P125**

九份茶坊
ジウフェンチャーファン

ギャラリーのような築150年の茶藝館

アーティストの洪志勝氏が、廃墟だった築150年ほどの建物を保存・保護する目的でリノベーションしたギャラリー併設の茶藝館。石造りの店内には洪氏自身がデザインした家具が置かれていて、どの角度から見ても絵になる。併設のギャラリーでは、オリジナル茶器の販売もあり。烏龍茶葉入りのチーズケーキなど限定のスイーツも人気。

1. 阿里山烏龍茶 NT$600+ 茶水費 NT$120/1人など本格的な台湾茶が楽しめる　2. レトロモダンな入口　3. 時が止まったかのようにくつろげる　4. お茶請けは各NT$80

```
DATA
交九份老街バス停から徒歩8分　住新北市瑞芳區基山街
142號　☎02-2496-9056　時11～20時　休なし
☑日本語スタッフ　☑日本語メニュー
☑英語スタッフ　☑英語メニュー　□要予約
```

プチ情報　年間200日以上雨が降るといわれるほど晴れる日が少ない九份。雨具の用意は忘れずに。また、坂道が多いので、濡れた道でもすべらない靴で出かけよう。また九份老街の店は天気などで営業時間が変わることもあるので注意。

ローカルグルメなら

レストラン **MAP P125**
芋仔蕃薯
ュィーツファンシュウ

味自慢の隠れ家食堂

築150年以上の古民家を使った、現地ガイドもおすすめの台湾料理食堂。味はもちろん、窓からの景観や古い家具を配したインテリアも評判。茶藝館としても利用可。

DATA ◎九份老街バス停から徒歩8分 ⑯新北市瑞芳區市下基18號 ☎02-2497-6314 ⑲9時30分〜21時30分 ㊡なし
ⒿⓄⒺ

サバヒーとよばれる亜熱帯の魚を塩焼きにした虱目魚(手前)380元など

レストラン **MAP P125**
九份伝統魚丸
ジウフェンチュワントンユィーワン

行列必至の名物料理を

魚のつみれが入った魚丸湯が行列ができる人気。ほかに魚のすり身で豚肉あんを包んだ団子入りスープなど、数種類が揃う。

DATA ◎九份老街バス停から徒歩3分 ⑯基山街23-25號 ☎02-2496-8469 ⑲10時30分〜19時30分(土・日曜は〜20時) ㊡不定休

1.オーダーシートに印を付けて渡す 2.数種類の肉団子が味わえる綜合魚丸湯 NT$60

食後のスイーツなら♪

草餅 **MAP P125**
阿蘭草仔粿
アーランツァオズグオ

3代続く伝統的草餅店

もち米で作る草餅のような饅頭・草仔粿の老舗。小豆餡、緑豆餡などを包んだスイーツ系のほか、干しエビと切干大根のピリ辛も。

DATA ◎九份老街バス停から徒歩6分 ⑯新北市瑞芳區基山路90號 ☎02-2496-7795 ⑲9〜19時(土・日曜は〜20時) ㊡なし ⒿⒷ

草仔粿はどの味も1個NT$20で販売。日本人には甘い味のものが人気

芋圓 **MAP P125**
阿柑姨芋圓店
アーガンイーユィーユエンディエン

名物の芋圓スイーツ

創業50年以上の甘味処。イモを使った手作りの団子、芋圓が看板商品。冷たいものと温かいものが用意されている。客席はガラス張りで見晴らし良好。

DATA ◎九份老街バス停から徒歩12分 ⑯新北市瑞芳區福住里賢崎路5號 ☎02-2497-6505 ⑲9〜20時(土・日曜は〜21時) ㊡なし

阿柑姨芋圓 NT$55。芋圓はテイクアウト可能。当日なら日本へ持ち帰れる

---

and more...
かわいいみやげも忘れずに♪

おみやげ **MAP P125**
九份木屐王
ジウフェンムージーワン

雨の多い九份で普段使いされてきた下駄を扱う。部品を選ぶと、その場で足に合わせて仕上げてくれる(約5分 NT$390〜)。

DATA ◎九份老街バス停から徒歩4分 ⑯基山街22號 ☎02-2496-9814 ⑲10時30分〜18時30分 ㊡なし ⒿⒷ

1.ミュール NT$390〜980。浴衣との相性◎な下駄ミュール 2.下駄 NT$590〜690。松の木目が美しいメンズ用の下駄

情緒あふれる線路沿いを散策

ローカル鉄道に乗って「十分」でランタン上げ

平溪線沿線には風情ある街や村があり、台北からの日帰り旅行で訪れる人々で賑わっている。九份の最寄り駅である瑞芳駅から乗車できるため、組み合わせて一日たっぷり遊ぶプランも。

↑線路脇に広がる十分の街

街あるきポイント

当日なら何度でも乗り降り自由の「平溪線一日周遊券」NT$80が駅の切符売り場で販売されている。平溪線の運賃はNT$15〜。瑞芳駅から十分駅までの片道はNT$19、終点の菁桐駅までNT$30。

鉄道 付録MAP P2B3

平溪線

ピンシーチエン

車窓からの景色も美しい人気鉄道

台湾北東部、三貂嶺駅で東部幹線と分岐し菁桐駅までをつなぐローカル鉄道が平溪線。沿線各所で楽しめるランタン上げや、周囲に広がる豊かな自然を目当てに、多くの人が集まる人気の行楽路線となっている。線路沿いに街が広がる十分や、猫村として知られる猴硐を訪れよう。

アクセス

台北から向かう場合、まずは平溪線の始発駅となる瑞芳駅へ。台北駅から瑞芳駅まで台鐵東部幹線で35〜60分、NT$49〜76。十分へ向かう平溪線は1時間に1本程度の運行なので、事前に時刻表を確認しておくとよい。帰りが夜になる場合は終電の時間に気をつけよう。

↑十分駅から線路沿いを歩いて十分瀑布まで歩くのも楽しい

菁桐駅 平溪駅 嶺脚駅 望古駅 十分駅 大華駅 三貂嶺駅 瑞芳駅 猴硐駅

約10分 約5分 約5分 約10分 約10分 約5分 約10分 約5分

プチ情報 「平溪線一日周遊券」は瑞芳駅の切符売り場のほか、台北駅でも購入可。一日の本数が限られているので、事前にしっかりとタイムスケジュールを立てたい。

平溪線沿線でいちばん賑わう街
十分の楽しみはこちら

ランタンに願い事を書いて飛ばしたら、
線路沿いに広がる街並みを散策しながら、
気軽に立ち寄れるグルメを楽しもう。

ランタン上げ

ランタン上げ ｜ 付録MAP P2B3

吉祥天燈
ジーシャンティエンドン

➡2人で息を合わせて手を離すのが、ランタンを高く上げるコツ

年中いつでもランタン上げ

十分の駅からすぐの、青紫色の看板が目印の店。JTBのツアーなどでも利用されるランタン上げの有名店だ。ランタンは1色がNT$200、4色がNT$250、8色がNT$350。

DATA 交台鐵十分駅から徒歩5分
住十分街94號 ☎02-2495-8850
時8時30分〜19時ごろ 休なし
🇯🇪

↑願う内容によってランタンの色は異なる

食べ歩きグルメ

まんじゅう ｜ 付録MAP P2B3

周萬珍餅鋪
ヂョウワンヂェンビンブー

台湾式まんじゅうの老舗

十分老街の坂にある、創業70年余のまんじゅう専門店。サクサクの皮にしっとりした餡が詰まっている。

DATA 交台鐵十分駅から徒歩6分 住十分街120號 ☎02-2495-8225 時8〜20時 休なし 🇯🇪

↑昔ながらの製法で丁寧に作られた芋頭餅NT$30

小吃 ｜ 付録MAP P2B3

溜哥燒烤雞翅包飯
リウグーシャオカオジーチーバオファン

行列ができる十分名物

十分駅を出てすぐの屋台。「雞翅包飯」は鶏の手羽先にチャーハンを詰め炭火焼にしたもの。

↑ボリューム満点の鶏翅包飯NT$75

DATA 交台鐵十分駅からすぐ 住十分街52號 ☎09-2168-4058 時10〜17時 休なし 🇯🇪

アイス ｜ 付録MAP P2B3

十分老街炸冰淇淋
シーフェンラオジエ ヂャイビンチーリン

外はアツアツ中ひんやり

リピーターの多い人気店。アイスを食パン生地で包んで揚げたスイーツで、味は4種類。

DATA 交台鐵十分駅から徒歩5分
住十分街90號 ☎09-1131-6373
時土・日曜10〜19時ごろ 休月〜金曜
(祝日の場合は営業)

↑炸冰淇淋NT$40。サクサクのパン生地とアイスが相性抜群

and more…

途中下車して、猫村「猴硐」へ

煤之郷 猫咪鳳梨酥
メイヂーシャン マオミーフォンリースウ
付録 MAP ● P2B2

猫好きが多く訪れる猴硐駅を出てすぐにある、元祖猫形パイナップルケーキのおみやげ店。店の奥は猫の置物などおみやげ向きの商品が充実。

↑駅周辺には猫グッズ店など、猫関連のお店が多数

DATA 交台鐵猴硐駅からすぐ 住柴寮路48號
☎02-2497-1240
時10〜17時 休なし

↑猫形パイナップルケーキ
NT$480(12個入り)

夜遅くまで営業中

喧騒を離れて「猫空」へ
天空の茶藝館で深呼吸

台北から約1時間。風光明媚な山々が連なり、茶畑が広がる木柵鉄観音の名産地・猫空。
お茶好きなら一度は行ってみたい静寂な雰囲気漂う茶藝館が点在する。

① 茶藝館 邀月茶坊

ヤオユエチャーファン

↑周囲を森に囲まれていて、静かに過ごせる

→小さな庵風の入口。注文はテーブルに案内されてから

さまざまなタイプの席があるので、好みの席を選ぼう

幻想的な空間で
お茶と料理を味わう

山の斜面に造られたオープンテラス席が中心の茶藝館。鳥のさえずりを聞きながら茶畑を一望できる環境で味わう、お茶と茶葉料理の味は格別だ。花の香りがする烏龍茶の高山金萱 NT$330 が人気。

→茶葉を使った料理も絶品

DATA 交猫空ロープウェイ猫空駅から車で5分 住指南路三段40巷6號 ☎02-2939-2025 時11〜21時（金・土曜は〜23時）休なし 料茶水代（店で茶葉を購入する場合）NT$70（9〜18時）、NT$90（18〜24時）
🅐🅙🅔

↓カウンターで箱入りの茶葉セットや茶道具一式も販売している

お茶のオーダー
システム in 猫空
茶藝館に入ったら服務台と書かれた受付を探して、店員さんに声をかけよう。席に着いたら、茶葉とお茶請けの注文を。茶葉、器具セット、お湯、湯沸かし器を受け取り、あとは自由にお茶を楽しめる。お湯代は1人NT$60〜200程度。

市内からのアクセス

台北車站からMRT文湖線の終点、動物園駅まで約35分。猫空ロープウェイに乗り換えて約30分で猫空駅へ到着。

動物園駅 海抜24.1m
約8分
動物園南駅 海抜95.5m
約17分
指南宮駅 海抜264.3m
約5分
猫空駅 海抜299.3m

猫空ロープウェイ

順番に並んで入場し、券売機で乗車券を購入するシステム。床全面が透明になっているクリスタルキャビンも31台設置され、美しい風景を眼下に見ながら刺激的な空中浮遊体験ができる。ゴンドラ内は飲食禁止なので注意しよう。

DATA 交M文湖線動物園駅から徒歩3分 時9〜21時（金曜と祝前日は〜22時、土曜・祝日8時30分〜22時、日曜8時30分〜）休月曜（第1月曜は営業）料NT$70〜120（距離により異なる）

プチ情報 夏は日差しが強いので、サングラスや日焼け止めなどは必需品。茶藝館のテラス席を利用するなら蚊も多いので防虫スプレーを持って行こう。夜は冷え込むため上着を用意していくのも忘れずに。

2 茶藝館 光羽塩
グアンユィーイエン

雄大な景観と
茶葉料理をまるごと賞味

創業1989年の茶館を孫の代にあたる現オーナーが改築。台北の街並みが見渡せる眺望と自然と調和する雰囲気が人気。木柵鉄観音茶使用の茶葉料理も味わい深い。

↑VIPルームにはモダンなソファ。空いていれば利用可

DATA 交ロープウェイ猫空駅から徒歩10分
住指南路三段38巷14-2號 ☎02-2939-4050
時11時～23時30分（金・土曜は～翌1時）
休月曜、第2・4火曜 ⒺⒿⒺ

↑猫空の自然と見事に融和した建物

→手前の鉄観音ローズティーはNT$160、奥の鉄観音ラテはNT$180

---

3 カフェ カフェ巷
Cafeシャン

猫空では珍しいガーリーカフェ

花布柄のソファをはじめ、隅から隅までかわいいものだらけの店内。猫空で収穫した包種茶のほか、フードやスイーツをゆっくりと楽しめる。雰囲気に惹かれた女性同士の利用が多く、わざわざ台北市中心部から足を延ばす人も少なくない。

DATA 交猫空ロープウェイ猫空駅から徒歩3分 住指南路三段38巷33之5號 ☎02-2234-8637 時11時～19時30分
休月・火曜 ⒺⒿⒺ

↑アフタヌーンティーセットは2人分でNT$600

4 レストラン 大茶壺
ダーチャーフー

海鮮料理の名シェフによる茶葉料理

海鮮料理の名料理人・阿義シェフが茶葉や茶葉の粉末などを使い、腕をふるう茶葉料理が味わえる。茶と食材の風味を十分に生かした料理は美味。

DATA 交猫空ロープウェイ猫空駅から徒歩10分 住指南路三段38巷37-1號 ☎02-2939-5615 時10～22時 休月曜 ⒺⒿⒺ

→武夷岩茶で鶏肉を燻製した武夷岩茶燻鶏腿（手前）NT$390など

🐾 街あるきポイント

夕方に到着して夜景を楽しむのもおすすめ。猫空駅からは循環バスが運行している（9～22時ごろまで）。流しのタクシーはない。

▲指南宮駅へ

天恩宮

指南路三段40巷

N
0 100m

2 光羽塩
猫空
猫空ロープウェイ

立看板

方面ごとに多くの看板が並ぶ。ここで確認して道を進もう

大茶壺 4

猫空

遂月茶坊 1

3 カフェ巷

煎茶院

涼亭

清泉山荘

旅の疲れをほんわか癒やそう

日帰りでも楽しめる
台湾最大の温泉地「新北投」
シンベイトウ

台北の中心部からMRTで簡単にアクセスできる、台湾最大の温泉地、北投温泉。
歴史ある湯郷をめぐり、立ち寄り温泉でのんびりと旅の疲れを癒やしたい。

アクセス

台北市内からMRT淡水信義線で淡水方面行きに乗り、北投駅下車。新北投支線に乗り換えて新北投駅まで1駅。台北車站から所要約30分。

← 新北投駅では現代アートのオブジェがお出迎え

← 大地のエネルギーと温泉街の風情が楽しめる

```
MRT
新北投駅から
START
```
↓ 徒歩10分

博物館 1 北投温泉博物館
ベイトウウェンチュアンボーウーグワン /
Beitou Hot Spring Museum

歴史ある温泉文化を紹介

日本統治時代の1913年に建設された共同浴場跡を利用した博物館。当時東アジア最大といわれた大浴場や休憩に使われた畳ホールなどが保存されており、豊富な資料展示で北投温泉の歴史を知ることができる。

DATA 交M新北投支線新北投駅から徒歩10分 住中山路2號
☎02-2893-9981 時10〜18時
休月曜、祝日 料無料

1. 縦9m、横6mの大浴場。深さもあり当時は立って入浴していたことがわかる
2. 各温泉宿が宣伝に使ったマッチ箱
3. 和洋折衷の美しい建築

↓ 徒歩5分

名所 2 梅庭
メイティン /
Plum Garden

書道家が残した夏の別邸

「行天宮」や「鼎泰豐」の題字を書いたことでも知られる高名な書道家、于右任が避暑に使用した邸宅。1930年代に建てられた日本風の木造家屋と渓流に面した庭園が一般開放されている。館内には観光案内デスクもある。

DATA 交M新北投支線新北投駅から徒歩15分 住中山路6號 ☎02-2897-2647 時10〜18時 休月曜 料無料

1. 入口には于右任の書による「梅庭」の看板が 2. 当時の調度品なども

名所 3 地熱谷
ドールーグウ /
Thermal Valley

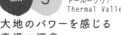

大地のパワーを感じる
青湯の源泉

北投温泉に湧く青、白、黒の3種の湯の一つ、青湯の源泉。湯の色がエメラルドグリーンに近いことから「玉泉谷」ともよばれる。白い湯気に包まれた池の底からいくつもの源泉が湧出する様子を見ることができる。

↓ 徒歩10分

DATA 交M新北投支線新北投駅から徒歩20分 時9〜17時 休月曜 料無料

1. かつては「地獄谷」とも。入口にカフェと売店がある 2. 鮮やかに輝く源泉池。煙が立ち込め、周囲はかなり暑い

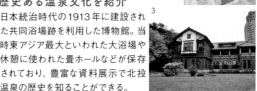

プチ情報 新北投駅から車で5分ほどのところにある少帥禅園は温泉とレストラン、茶館からなる複合施設(レストランと茶館は予約制)。菓子と飲料のセット2人前 NT$1299 は新北投散策の休憩におすすめ。

↑清らかな渓流を眺めながら散策が楽しめる

↑1907年前後に創業した瀧乃湯も入浴可(NT$150)

街あるきポイント
新北投駅から温泉地まではゆるやかな上り坂。地熱谷までは徒歩圏内だが、その先の温泉宿などへ行く場合はタクシー利用が一般的。地熱谷までタクシーで行き、坂を下りながら巡るのもおすすめ。

↑街の各所に案内板があり、散策に役立つ

台湾原住民の歴史や文化を紹介する博物館

日帰り入浴もOK!
おすすめ温泉宿3軒
日本屈指の名旅館である加賀屋をはじめ、ハイレベルな湯宿がひしめく北投温泉。宿泊はもちろん、日帰り入浴でものんびりくつろぐことができる。

ホテル MAP P133
水美温泉會館
シュェイメイウェンチュアン
フェイグワン/SweetMe
Hotspring Resort

優雅で快適な雰囲気の温泉施設
新北投駅からほど近い温泉スパホテル。館内はアジアンテイストで上品にまとめられ落ち着いた雰囲気。硫黄泉の白湯がメインの温泉で、白で統一された大浴場には温度の違う2種類の湯船や台湾檜で造られたサウナも完備されている。

DATA 交Ⓜ新北投支線新北投駅から徒歩3分 住光明路224號 ☎02-2898-3838 料スタンダードダブルNT$6000〜(室料、2人分の朝食付き)ＪＥ

日帰りMENU
◆時9〜22時(木曜12時〜)
◆休なし※大浴場は身長120cm以下の子供は利用不可
◆大浴場(男女) NT$650〜(1時間30分)、個室風呂NT$1050〜(1時間30分)
◆泉質:白湯

旅館 MAP P133
日勝生 加賀屋
ニッショウセイ カガヤ

日本が誇る老舗旅館のおもてなし
石川県の老舗旅館「加賀屋」が手がける高級旅館。「おもてなし」の精神を受け継いだ現地スタッフが出迎えてくれ、至福の時間を満喫できる。北投山脈が見渡せる大浴場や17室ある貸切風呂は日帰り客でも利用可能。スパの利用もオススメ。

DATA 交Ⓜ新北投支線新北投駅から徒歩5分 住光明路236號 ☎02-2891-1111 料スタンダードNT$2万5000(室料。2人分の夕・朝食付き)ＪＥ

日帰りMENU
◆時大浴場7〜23時、貸切風呂9時〜23時30分 ◆休なし※要予約
◆大浴場(男女) NT$1500〜(4時間)、貸切風呂NT$2300〜(1時間30分)など
◆泉質:白湯

1.和室と寝室がある和洋スタンダードの客室 2.夕食は会席料理を部屋で 3.大浴場はサウナ併設。日替わりで男女の浴室が入れ替わる

ホテル MAP P133
北投麗禧温泉酒店
ベイトゥーリーシーウェンチュアン
ジウディエン/Grand View Resort

壮大な景色と極上温泉に癒やされる
台湾観光局から5ツ星に認定されている、ラグジュアリーな造りのホテル。高台に位置するため、各部屋の内風呂からは緑豊かなすばらしい景観を堪能できる。館内には洋食と中国料理のレストランもある。

DATA 交Ⓜ新北投支線新北投駅から車で10分 住幽雅路30號 ☎02-2898-8888 料エレガント・マウンテンビューNT$1万4000〜(室料。2人分の朝食付き)ＪＥ

温泉街の湯船。サウナや岩盤などが楽しめる

日帰りMENU
◆時7〜22時(月曜15時〜、露天風呂は〜23時)◆休なし※要予約
◆屋外大浴場(男女) NT$800、露天風呂NT$1600〜、貸切風呂NT$2500〜(1時間30分)全12室
◆泉質:白湯

れ、羅漢聴りの椅子も

各部屋には源泉が引かれ

幻想的な夕景にうっとり…

異国情緒たっぷりの港町 「淡水（タンシュイ）」をぶらりさんぽ

かつてスペインやオランダに統治されていたことから、レトロな建築物が残るのんびりとした港町。
夕日スポットとして有名な、台北っ子に人気の街をさんぽしてみよう。

おさんぽプラン

① 福佑宮 → 徒歩2分 → ② 雪文洋行 → 徒歩10分 → ③ 紅毛城 → 徒歩10分＋フェリー → ④ 漁人碼頭 → フェリー＋徒歩8分 → ⑤ ラヴィリヴィーデザンジュ 天使熱愛的生活

アクセス

台北車站からMRT淡水信義線の淡水行きで18駅。
所要約40分、片道NT＄50。

🐾 **街あるきポイント**

昼間は繁華街も人影まばらが、土・日曜や、平日の夕方から観光客で賑わう。このページのプランなら、台北駅を11時には出発したい。

① みる 福佑宮 フウヨウゴン

➡廟は三級古跡に指定されている

付録 MAP ● P2B4

移民たちのパワーを感じよう
道教の女神にして、航海・漁業の守護神・媽祖を祀る。1782年創建の淡水最古の廟。中国大陸から海峡を渡って台湾にたどり着いた移民たちが無事を感謝して建立したという。

DATA 交M淡水信義線淡水駅から徒歩8分 住新北市淡水區中正路200號 ☎02-2621-1731 時5時～20時30分 休なし 料無料

② おみやげ 雪文洋行 シュエウェンヤンハン

付録 MAP ● P2A4

天然由来成分の石鹸
厳しい製造基準をクリアした伝統的なマルセイユ石鹸を豊富に扱う。肌質や香りでさまざまな種類から選ぶことができる。ハンドクリームやルームフレグランスなど、オリジナル商品も。

➡レモンジンジャーやオレンジの花などを配合。各NT＄280

↑上品な香りに包まれている店内

←誕生月をイメージした石鹸の詰め合わせ NT＄380

DATA 交M淡水信義線淡水駅から徒歩10分 住新北市淡水區中正路175號 ☎02-2626-7022 時12時30分～18時（土・日曜、祝日11時30分～19時）休火曜 E

プチ情報 台湾では自転車がブーム。なかでも淡水河沿岸のサイクリングロードは人気が高い。「協力車」という看板を掲げるレンタサイクルショップがあり、観光客も利用できる（身分証明書が必要な場合もある）。

←港までは河岸のオシャレなプロムナード、環河道路を歩いて行こう

↑丘の上にあり、淡水河を一望できる

↑城名は往時、台湾の人々がオランダ人を「紅毛」とよんだことに由来

3 みる 紅毛城
ホンマオチョン

付録 MAP ● P2A4

淡水河を見下ろす赤い城郭

1629年にスペイン人が築いた赤レンガ造りの旧サント・ドミンゴ城。代々所有者が変わり、清代には英国の領事館としても使用された。

DATA
交⒨淡水信義線淡水駅から徒歩20分 住新北市淡水區中正路28巷1號 ☎02-2623-1001 時9時30分〜17時（土・日曜〜18時、館外は4〜10月のみ〜20時）休第1月曜 料NT$80

4 港 漁人碼頭 ユィーレンマートウ

付録 MAP ● P2A4

夕日の美しい絶景スポット

淡水河の河口にある観光用に整備された港。遊歩道や公園が完備され、散歩するのに最適。河口に架かる全長約196mの情人橋から眺める夕日は美しいことで有名。

➡情人橋（恋人橋）はロマンチックな夕日の名所として多くのカップルが訪れる

➡淡水河に沈む美しい夕日はまさに絶景

↑環河道路から北側に位置する漁人碼頭へはフェリーで。チケットは船乗り場近くで販売している。夕方は混雑することが多い。所要約15分、片道 NT $50〜60

and more…

こちらも名物♪

● 阿媽的酸梅湯
アーマーダサンメイタン

付録 MAP ● P2A4

乾燥梅とサンザシ、甘草を半日以上煮込んで作るヘルシーな梅ジュース、酸梅湯 NT $35。

DATA 交⒨淡水信義線淡水駅から徒歩10分 住新北市淡水區中正路135-1號 ☎02-2621-2119 時10〜20時 休なし

● 阿婆鐵蛋
アーポーティエダン

付録 MAP ● P2A4

漢方入りの醤油で煮込んだウズラや鶏の卵（鐵蛋）。賞味期限は3カ月。5個入り NT $120。

DATA 交⒨淡水信義線淡水駅から徒歩10分 住新北市淡水區中正路135號 ☎02-2625-1625 時9〜20時 休なし

↑2階席の窓にはガラスがなく開放感抜群

5 カフェ ラヴィリヴィーデザンジュ 天使熱愛的生活

LaVieReveeDesAnges ティエンシールーアイダションフオ

付録 MAP ● P2A4

夕日を眺める絶好のカフェ

2階のテラス席から夕日が望めるアットホームなカフェ。店内の雰囲気もキュートでゆっくり過ごせる。ドリンクはミルクティーの法式茶奶 NT$180やカフェラテの咖啡拿鐵 NT$170など。オーナーが営む軽食レストランも併設。

DATA 交⒨淡水信義線淡水駅から徒歩15分 住新北市淡水區中正路233-1號 ☎02-8631-2928 時14〜24時（23時LO）休なし

快適な旅を実現するために、こだわりに応えてくれる

台北中心部のホテルリスト

さまざまなタイプのホテルが揃う台北。超高級ホテルから安心の日系ホテル、駅近で利便性抜群のホテルなど、自分にピッタリのタイプを選んでみよう。

南京復興駅 / 付録 MAP P5D4

マンダリン オリエンタル

Mandarin Oriental, Taipei／台北文華東方酒店

敦化北路沿いに立つ最高級ホテル

松山空港から車で約5分の場所に立地する世界的ブランドのホテル。全室55㎡以上と広い客室は大理石のバスルームやウォークインクローゼットを備えた、ラグジュアリーな空間に仕上がっている。

DATA 交Ⓜ文湖線・松山新店線南京復興駅から徒歩7分 住敦化北路158號 ☎02-2715-6888 料デラックスルームNT$1万2500～／303室 ⒿⒺⓇⓅⒻ

↑敦化北路沿いに立つ
←55㎡もある広々としたデラックスルーム

信義 / 付録 MAP P11C1

ダブリュー

W Taipei／台北W飯店

NY発、遊び心にあふれたステイ空間

館内の各所にアート作品が置かれているなど、オープン以来デザイン性の高さで注目を集めている。窓から台北101が見える眺望のよさも魅力。高層階のバー「紫艶酒吧」など、施設面も充実している。

DATA 交Ⓜ板南線市政府駅からすぐ 住忠孝東路五段10號 ☎02-7703-8888 料ツイン・ワンダフルキングNT$1万5000～／405室 ⒿⒺⓇⓅⒻ

↑夜間のライトアップも華やか
←最もスタンダードなワンダフルルーム

中山 / 付録 MAP P15C3

リージェント

Regent Taipei／台北晶華酒店

機能性も高い気品ある雰囲気の客室

スタンダードルームでも約45㎡と広々とした客室は、オフホワイトとダークウッドをベースにまとめられ、くつろげる雰囲気。大理石のバスルームはアメニティも充実。ジャクジー付きバスタブでゆったりとくつろげる。

DATA 交Ⓜ淡水信義線・松山新店線中山駅から徒歩5分 住中山北路二段39巷3號 ☎02-2523-8000 料シングル・ツインNT$1万7000～／538室 ⒿⒺⓇⓅⒻ

↑朝食は約100種を用意
←角部屋で二面採光のプレミアルームは景色抜群

中山 / 付録 MAP P14B3

オークラ・プレステージ

The Okura Prestige Taipei／台北大倉久和大飯店

きめ細かいサービスは日系ならでは

日本で展開するオークラ同様、洗練された空間と一流のサービスで、充実したステイを約束してくれる。客室の内装はモダンクラシックがテーマ。中国料理や日本料理のレストランもあり、大満足のメニューを堪能できる。

DATA 交Ⓜ淡水信義線・松山新店線中山駅から徒歩5分 住南京東路一段 9號 ☎02-2523-1111 料オークラプレステージルームNT$1万5000～／208室 ⒿⒺⓇⓅⒻ

↑中国料理「桃花林」
←市街を見渡せるオークラ・プレステージルーム

信義　付録 MAP P11C2

ル・メリディアン

Le Méridien Taipei／台北寒舍艾美酒店

高級空間と現代アートの融合

ロビーで出迎えるキリンのオブジェをはじめ芸術作品を配置している。ビジネスエリアという立地に合わせて客室の机とベッドが広めなのも高ポイント。

DATA 交M板南線市政府駅から徒歩9分 住松仁路38號 ☎02-6622-8000 料シングル・ツインNT$2万2000～／160室

 善導寺駅　付録 MAP P7C2

シェラトン・グランデ

Sheraton Grande Taipei／台北喜來登大飯店

20余年続く優れた空間とサービス

ワールドブランドにふさわしい、モダンさとクラシックチャイナの優美さを併せもつ豪華な内装が特徴。レストランも備え、さまざまなスタイルの滞在を提案している。

DATA 交M板南線善導寺駅から徒歩2分 住忠孝東路一段12號 ☎02-2321-5511 料スーペリアルームNT$5700～／688室

 信義　付録 MAP P10B3

グランド・ハイアット

Grand Hyatt Taipei／台北君悅酒店

ホスピタリティを感じる大型ホテル

台北最大規模の客室数を誇るホテルで各国セレブも利用している。レセプションのスタッフも充実しており、サービスも手厚い。客室は落ち着くベージュ系が基調。

DATA 交M淡水信義線台北101／世賀駅から徒歩5分 住松壽路2號 ☎02-2720-1234 料シングル・ツインNT$7000～／853室

 中山　付録 MAP P14B3

ロイヤル・ニッコー

Hotel Royal-Nikko Taipei／台北老爺大酒店

レンガ造りのモダンなホテル

目抜き通りに面した安心な日系ホテル。観光に絶好のロケーションと、落ち着いたトーンの客室は女性にも人気。3階の広東料理「明宮」では自慢の飲茶が味わえる。

DATA 交M淡水信義線・松山新店線中山駅から徒歩3分 住中山北路二段37-1號 ☎02-2542-3266 料スーペリアルームNT$9800／202室

 圓山駅　付録 MAP P3A2

グランド

The Grand Hotel／圓山大飯店

世界各国のセレブが泊まった名門

高台に立つ中国宮殿式建築の老舗ホテル。赤絨毯敷きの重厚なロビーや、オリエンタルなインテリアの客室は一生の思い出になる。王族気分で優雅なステイを。

DATA 交M淡水信義線圓山駅から車で5分 住中山北路四段1段 ☎02-2886-8888 料デラックスルームNT$1万2800～／500室

 忠孝新生駅　付録 MAP P8A2

ミラマー・ガーデン

Miramar Garden Taipei／美麗信花園酒店

プチプライスでゴージャスに過ごせる

台湾の観光推進計画の一環でオープンしたため、リーズナブルにグレードの高い客室に泊まれる。宿泊客は大浴場も利用可能。フロントスタッフは簡単な日本語対応OK。

DATA 交M中和新蘆線・板南線忠孝新生駅から徒歩10分 住市民大道三段83號 ☎02-8772-8800 料デラックスルームNT$6000～／203室

台北駅 付録 MAP P7C1

パレ・デ・シン
Palais de Chine/君品酒店

立地のよいラグジュアリーホテル

プライベートサービスを重視しており、バトラー（執事）の専門指導を受けたスタッフが常駐する。ヨーロッパと中国テイストを融合させたインテリアにも注目。

DATA 交M淡水信義線・板南線台北車站から徒歩5分 住承徳路一段3號 ☎02-2181-9999 料スーペリアルームNT$5270〜／284室

Ⓙ Ⓔ Ⓡ Ⓟ Ⓕ

行天宮駅 付録 MAP P21A1

ランディス
The Landis Taipei/台北亞都麗緻大飯店

ドアマンのアテンドでお嬢様気分

入口にはヨーロッパ風の制服を着たドアマンが待機。アール・デコ調の内装で、優雅な雰囲気があふれている。87室の部屋がスイートルーム。

DATA 交M中和新蘆線中山國小駅から徒歩3分 住民權東路二段41號 ☎02-2597-1234 料スーペリアルームNT$1万2800〜／219室

Ⓙ Ⓔ Ⓡ Ⓕ

劍南路駅 付録 MAP P3B2

マリオット
Taipei Marriott Hotel/台北萬豪酒店

パノラマビューが広がる

客室数506室のホテルで、植物園も備える。部屋のグレードは全部で12種類。フィットネスセンター、スパ、プールを完備。

DATA 交M文湖線剣南路駅から徒歩10分 住樂群二路199號 ☎02-8502-9999 料クラシックルームNT$1万7000〜／506室

Ⓙ Ⓔ Ⓡ Ⓟ Ⓕ

六張犁駅 付録 MAP P3B4

シャングリラ・ファー・イースタン
Shangri-La Far Eastern Taipei/台北遠東香格里拉

台北市内が見渡せる眺望のよさも魅力

遠くからでも目立つ43階建てのツインタワーはランドマークという顔ももつ。大型ショッピングモールに隣接しているので、みやげを買い忘れても安心。

DATA 交M文湖線六張犁駅から徒歩5分 住敦化南路二段201號 ☎02-2378-8888 料シングル・ツインNT$1万〜／420室

Ⓙ Ⓔ Ⓡ Ⓟ Ⓕ

大安森林公園駅 付録 MAP P8A3

フーロン
Fullon Hotel Taipei, Central/福容大飯店 台北一館

天然温泉が楽しめる機能的なホテル

スタイリッシュな客室には無料Wi-Fi、温水洗浄便座を備え、宿泊者はジム、プールなどを無料で利用できる。台北唯一の温泉「黄金美人湯」温泉でリラックスできる。

DATA 交M淡水信義線大安森林公園駅から徒歩7分 住建國南路一段266號 ☎02-2701-9266 料シングル・ツインNT$8000〜／120室

Ⓙ Ⓔ Ⓡ Ⓟ Ⓕ

中山國小駅 付録 MAP P4B2

リビエラ
The Riviera Hotel/歐華酒店

優雅＆快適なステイを約束

南フランスの優雅さをテーマに、アジアの神秘的な色合いを添えた豪華なブティックホテル。きめ細かいサービスが好評。「地中海ステーキハウス」などレストランも充実。

DATA 交M中和新蘆線中山國小駅から徒歩5分 住林森北路646號 ☎02-2585-3258 料リラックス・ダブルルームNT$1万〜／112室

Ⓙ Ⓔ Ⓡ Ⓕ

[マークの凡例] Ⓙ日本語OK Ⓔ英語OK Ⓡレストラン Ⓟプール Ⓕフィットネスジム

サン・ワン・レジデンス
San Want Residences Taipei／神旺商務店

中山駅近くの優雅なビジネスホテル。館内には骨董品が飾られ、ラグジュアリーで上品な雰囲気のなかステイできる。
DATA交M淡水信義線・松山新店線中山駅から徒歩10分　住南京東路一段128號　☎02-2511-5185　料ステューディオルームNT$5400～／81室 ※12歳以下の宿泊不可 ⓙⓔⓡⓕ

エバーグリーン・ローレル・タイペイ
Evergreen Laurel Hotel(Taipei)／長榮桂冠酒店(台北)

外観はシンプルだが、内装は高級感がある豪華客船をイメージ。客室には総大理石のバスタブがある。
DATA交M松山新店線・中和新蘆線松山南京駅から徒歩5分　住松江路63號　☎02-2501-9988　料ダブル・ツインNT$4188～／95室 ⓙⓔⓡⓕ

ガーデン
Taipei Garden Hotel／台北花園大酒店

天井が高いロビーや大きな窓がある客室など開放感が味わえる5つ星ホテル。深めのバスタブでゆっくりできる。
DATA交M松山新店線小南門駅から徒歩5分　住萬華區中華路二段1號　☎02-2314-6611　料スーペリアルームNT$5000～8000／241室 ⓙⓔⓡⓕ

サンルート
Sunroute Taipei／台北燦路都飯店

日本国内同様の設備やサービスを受けられる日系ホテル。全スタッフ日本語に精通。空港行きのバスは目の前発着。
DATA交M中和新蘆線中山國小駅から徒歩3分　住民權東路一段9號　☎02-2597-3610　料シングルNT$2700～／125室 ⓙⓔⓡ

シーザーパーク
Caesar Park Hotel Taipei／台北凱薩大飯店

MRT台北車站直結でアクセス抜群。全客室Wi-Fi完備で便利。食事は王朝レストランと和洋中のビュッフェが好評。スパもある。
DATA交M淡水信義線・板南線台北車站から徒歩3分　住忠孝西路一段38號　☎02-2311-5151　料スーペリアルームNT$9000～／478室 ⓙⓔⓡⓕ

パーク
Park Taipei Hotel／台北美侖大飯店

高級感があり安らぐシティホテル。遮音効果が高い壁を使っているため静かな環境で休める。東区に近く夜遊びにも最適。
DATA交M文湖線・淡水信義線大安駅から徒歩1分　住復興南路一段317號　☎02-5579-3888　料スーペリアルームNT$4600～／143室 ⓙⓔⓡⓕ

コスモス
Cosmos Hotel Taipei／台北天成大飯店

忠孝西路に面し、台北駅に近い好立地。落ち着いたカラーで統一した客室は、ゆとりのある広さでゆっくりとくつろげる。
DATA交M淡水信義線・板南線台北車站から徒歩3分　住忠孝西路一段43號　☎02-8978-6688（予約専用）　料シングル・ツインNT$6000～／226室 ⓙⓔⓡⓕ

エクラット
Hotel Eclat／怡亨酒店

ウォーホルやダリなど著名画家のアートが随所に飾られた美術館のようなホテル。優雅に滞在できる。
DATA交M文湖線・淡水信義線大安駅から徒歩10分　住敦化南路一段370號　☎02-2784-8888　料シングル・ツインNT$6000～／60室 ⓙⓔⓡ

マディソン
Madison Taipei Hotel／慕軒飯店

台北101からMRTでひと駅と絶好のロケーション。格付けガイドブックの台湾版でホテル部門に選出。
DATA交M淡水信義線信義安和駅から徒歩7分　住敦化南路一段331號　☎02-2726-6699　料シングル・ツインNT$1万4800～／124室 ⓔⓡⓕ

グロリア・レジデンス
Gloria Residence／華泰瑞舍

全客室にキッチンが用意された長期滞在用ホテル。短期滞在でも台北に暮らしているかのようなステイが楽しめる。
DATA交M淡水信義線雙連駅から徒歩6分　住林森北路359號　☎02-2531-0699　料シングル・ツインNT$1万1000～／48室 ⓙⓔⓟ

レ・スイーツ・タイペイ慶城館
Les Suites Taipei Ching-Cheng／台北商旅慶城館

駅近くにありながら、静かに落ち着ける隠れ家的なプチホテル。インターネット使い放題がうれしい。
DATA交M松山新店線南京復興駅から徒歩4分　住慶城街12號　☎02-8712-7688　料シングル（ダブル対応可）NT$5404～、ツインNT$5864～／83室 ⓙⓔⓑ

ハワード・プラザ
The Howard Plaza Hotel Taipei／台北福華大飯店

日本の京王プラザホテルの姉妹館。地下1階～地上4階にショッピングモールがあるほか、24時間営業のダイニングカフェが人気。
DATA交M文湖線・板南線忠孝復興駅から徒歩5分　住仁愛路三段160號　☎02-2700-2323　料スーペリアツインNT$1万～／606室 ⓙⓔⓑⓡⓟⓕ

トラベルインフォメーション
台湾入出境の流れ

台湾入境

1 到着 Arrival

台北の空の玄関口は台湾桃園国際空港(TPE)か台北松山空港(TSA)。飛行機を降りたら「ARRIVAL」の表示に沿って進む。

2 入境審査 Immigration ▶▶▶▶▶▶▶▶▶▶

「外國人」(Foreigner)専用のカウンターに並び、順番が来たらパスポートと記入済みのARRIVAL CARD、復路または第三国行きの予約済み航空券を審査官に提出。オンラインのARRIVAL CARDの場合は「オンライン」と伝える。満14歳以上は指紋と顔のスキャンがあり、旅の目的や滞在日数を簡単な英語で質問されることも。審査が終わるとARRIVAL CARDは回収、パスポートにスタンプが押され、返却される。

3 荷物受取所 Baggage Claim

自分が乗ってきた便の荷物が出てくるターンテーブル番号を電光掲示板で確認し、該当する荷物受け取り台へ。日本を出国する際に預けたスーツケースなど荷物を受け取る。万一荷物が見つからない場合は、荷物を預けた時に受け取ったクレーム・タグ(Claim Tag)を持って荷物紛失窓口(Baggage Lost & Found)か航空会社の係員に確認。

4 税関検査 Customs ▶▶▶▶▶▶▶▶▶▶

税関申告書を係員に提出し、申告するものがなければ税関申告免除カウンター(グリーンライン)を通過。免税範囲を超えるものを持ち込む場合は、関税申告カウンター(レッドライン)で申告する。

5 到着ロビー Arrival Lobby

到着ロビーには観光案内所や両替所がある。

● ARRIVAL CARD 記入例

機内で配られるのであらかじめ書いておこう。

①姓(ローマ字・大文字)
②名(ローマ字・大文字)
③パスポート(旅券)番号
④生年月日(西暦・月・日)
⑤国籍(ローマ字。日本なら JAPAN)
⑥性別
⑦入境時の搭乗便名
⑧職業(会社員は office worker、学生は student、主婦は housewife など)
⑨ビザの種類(所持者のみ)
⑩ビザの番号(所持者のみ)
⑪居住地(日本の住所)
⑫滞在先(宿泊ホテル名)
⑬入境目的
⑭署名(パスポートと同じサイン)

※事前にオンラインでの申請が可能

URL niaspeedy.immigration.gov.tw/webacard/

● 税関申告書の見本

○主な申告対象品目
免税範囲を超える通貨や物品、NT$2万相当を超える物品、水産物や動植物またはその製品、別送品など。

○主な免税範囲
酒類1ℓ以内(18歳未満は除く)、紙巻たばこ200本または葉巻25本または刻みたばこ1ポンドまで(20歳未満は除く)。現地通貨NT$10万以内(超過金額を持ち込むには事前に台湾の中央銀行の許可が必要)、外貨US$1万相当以内、金US$2万相当以内など。

○主な持込禁止・制限品
偽ブランド品、海賊版などの知的財産権侵害物品、鉄砲、刀剣、麻薬類、偽造貨幣、生鮮果物、動植物及びその加工品など。電子たばこ、加熱式たばこは持込禁止。

日本出国時の注意点

● 台湾の入境条件

○パスポートの残存有効期間
無査証の場合、入境時に予定滞在日数以上必要。

○ビザ
90日以内の観光目的での滞在はビザ不要。ただし、帰国のための航空(乗船)券、または第三国への航空(乗船)券が必要。

○空港のターミナル
成田空港では、航空会社により出発ターミナルが異なる。全日本空輸(NH)、エバー航空(BR)、ピーチ(MM)、スクート(TR)は第1、日本航空(JL)、チャイナエアライン(CI)、キャセイパシフィック航空(CX)、タイガーエア台湾(IT)、スターラックス(JX)は第2、ジェットスター・ジャパン(GK)は第3。

○液体物の機内持込み制限
機内持込み手荷物に100mℓを超える液体物用容器が入っていると、日本出国時の荷物検査で没収となるので注意。100mℓ以下であれば、再封可能な1ℓ以下の透明プラスチック製の袋に入れれば持ち込める。詳細は国土交通省のウェブサイト URL www.mlit.go.jp/koku/03_information/ を参照。

自宅〜空港でチェック

プチ情報 パスポートの申請については外務省ウェブサイト URL www.mofa.go.jp/mofaj/toko/passport/ を参照。

大事な出入境情報は旅行が決まったら
すぐにチェック！万全の準備で空港へ。

付録
MAP
P2A2

台湾桃園国際空港（臺灣桃園國際機場）
Taiwan Taoyuan International Airport

旅客ターミナルは第1と第2があり、それぞれ地下1階、地上4階建て。日本発着便が多い第2ターミナルは1階が到着フロア、3階が出発フロア。

○空港総合案内所
第2ターミナルは1階に観光サービスカウンター、3階に空港サービスカウンターがあり、日本語対応可能なスタッフもいる。
○免税店
昇恒昌免税店をはじめ多数の免税店が入る。出発フロアには國立故宮博物院のミュージアムショップもある。
○手荷物一時預かり所
第1ターミナルの1階、第2ターミナルの1階・3階にある。

台湾出境

1 税関検査 Customs
申告するものがあればパスポート、搭乗券、台湾入境時に作成した持込み証明書を併せて提示する。

> 営業税の払戻し（→P152）を申請する場合は、購入品を提示して免税書類に確認印を押してもらう（購入品は原則として未開封未使用の状態で提示するため、機内持込み荷物にする）。出発の3時間前までに済ませておくのが望ましい。

2 チェックイン Check-in
利用航空会社のカウンターで航空券（eチケット控え）とパスポートを提示。スーツケースなどの荷物を預け、荷物引換証（Claim Tag）と搭乗券を受け取る。

3 手荷物検査 Security Check
機内に持ち込むすべての手荷物をX線に通す。日本同様、液体物の持込み制限がある。

付録
MAP
P22A1

台北松山空港（臺北松山機場）
Taipei Songshan Airport

MRT文湖線の駅に直結しているのでスピーディーに市内中心部にアクセスできる。羽田空港からの便が発着。主に第1ターミナルが国際線、第2ターミナルが国内線。到着・出発ロビーは共に1階にある。

○空港総合案内所
1階到着ロビーにあり、日本語対応も可能。国内線到着ロビーにもある。
○免税店
コスメ店などが出国手続き後の2階にある。
○手荷物一時預かり所
到着ロビーにコインロッカーがある。

4 出境審査 Immigration
パスポートと搭乗券を提示。満14歳以上は指紋のスキャンがある。出境スタンプを押してもらい、パスポートと搭乗券を受け取り出発フロアへ。

> 台北市内の免税店で購入した商品は空港で受け取りとなる。出境審査後、出発フロアの引渡しカウンターでピックアップしよう。

5 搭乗 Boarding
搭乗予定時刻に余裕をもって搭乗ゲートへ向かおう。パスポートの提示を求められることもある。

日本帰国時の制限
日本帰国時の税関で、機内や税関前にある「携帯品・別送品申告書」を提出する（家族は代表者のみ）。▶▶▶

●主な免税範囲

酒類	3本（1本760ml程度）
たばこ	紙巻たばこ200本または加熱式たばこ個装など10個または葉巻50本（ほかのたばこがない場合）まで。その他の場合は250gまで。
香水	2オンス（約56ml、オードトワレ・オーデコロンは除外）
その他	1品目ごとの海外市価合計額が1万円以下のものは全量。その他は海外市価合計額20万円まで

※酒類・たばこは20歳未満への免税はない

●主な輸入禁止品と輸入制限品

○輸入禁止品
麻薬、大麻、覚せい剤、鉄砲類、偽造通貨、わいせつ物、偽ブランド品など。
○輸入制限品
ワシントン条約に該当するもの（ワニ、ヘビ、トカゲ、象牙などの加工品など）、土付きの植物、果実、切り花、野菜、ハムやソーセージなどの肉類。また、医薬品や化粧品にも数量制限あり（化粧品は1品目24個以内）。

空港〜台北中心部の交通

交通機関		特徴	料金（片道）	運行時間	所要時間
	バス	台北市内行きのリムジンバスが出ている。ルートが異なる複数路線が運行している	NT$90〜160	24時間	約40〜90分（道路の混雑状況などにより変動）
早い	タクシー	待機しているのはすべて空港乗り入れ許可を得たタクシー。空港第1ターミナルは1階到着ロビーを出て左手、第2ターミナルは1階到着ロビーの正面出口を出て左手	NT$1200〜	終日	約60分（道路の混雑状況により変動）
オススメ	MRT	MRT桃園機場線機場第一航廈駅と機場第二航廈駅が直結し、台北車站まで運行している	MRT桃園機場線台北車站までNT$150	6時ごろ〜23時ごろ	約40分（快速）

空港からのバス路線（リムジンバス）

行き先表示	料金	運行時間	主な停留所
1819 國光客運：台北車站	NT$130（現金時NT$135〜140）	24時間 （40分〜1時間間隔）	啓聰學校、庫倫街口、台泥大樓、Hアンバサダー、台北車站（東3門）※空港行は台北車站、三重運動場、MRT三重駅。圓山を経由する1819Aは運休中
1840 國光客運：松山機場	NT$130（現金時NT$135〜140）	8時10分〜22時40分 （1〜2時間に1便）	行天宮、榮星花園、民權復興路口、台北松山空港
1841 國光客運：松山機場（經南崁）	NT$93	4時45分〜22時30分 （20〜45分間隔）	南崁、MRT中山國小駅、民權松江路口、民權復興路口、民權敦化路口、台北松山空港
5203 長榮巴士：台北市	NT$90	6時35分〜22時50分 （20分〜1時間間隔）	MRT行天宮駅、民生松江路口
1961 大有巴士：台北車站・西門町	NT$105〜110	6時5分〜翌0時30分 （1日3便）	H圓山飯店、台泥大樓、中山分局、台北車站、MRT西門駅
1960 大有巴士：市府轉運站	NT$160	6時10分〜翌0時5分 （20〜30分間隔）	MRT忠孝復興駅、Hハワード・プラザ、Hシャングリラ・ファー・イースタン・プラザ、Hグランド・ハイアット、MRT市政府駅

※時間帯や、現金と悠遊卡で値段が異なる路線もあるので、乗車時に確認をしよう

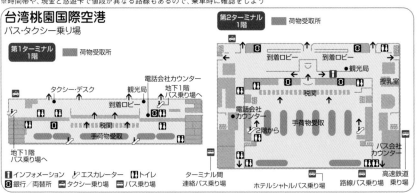

台湾桃園国際空港
バス・タクシー乗り場

第2ターミナル 1階　荷物受取所

第1ターミナル 1階　荷物受取所

タクシー・デスク　観光局　電話会社カウンター　地下1階バス乗り場へ　到着ロビー　税関　手荷物受取　地下1階バス乗り場へ

到着ロビー　到着ロビー　観光局　授乳室　税関　電話会社カウンター　2階から　手荷物受取　バス会社カウンター　高速鉄道　乗り場　路線バス乗り場　ホテルシャトルバス乗り場　ターミナル間連絡バス乗り場

i インフォメーション　⤴ エスカレーター　トイレ
$ 銀行／両替所　タクシー乗り場　バス乗り場

プチ情報　コロナ禍により空港発着のバス路線は大幅に減便となっている。回復してきているので最新の情報を確認しよう。

台湾桃園国際空港からのアクセスはMRTが便利。早朝や深夜の場合はリムジンバスかタクシーで向かおう。市街北東にある台北松山空港は直結しているMRT文湖線の利用がスムーズ。

到着ロビーを出るとタクシー乗り場がある

台北松山空港（TSA）から

	交通機関	特徴	料金（片道）	運行時間	所要時間
早い	MRT	MRT文湖線松山機場駅が直結。忠孝復興駅乗り換えで台北車站と市政府駅へ、大安駅乗り換えで台北101/世貿駅へアクセス可	NT$20〜	6〜24時ごろ	15〜30分
オススメ	タクシー	正面出口を出てすぐに乗り場がある	NT$150〜1000	終日	10〜30分（道路の混雑状況により変動）
	バス	市内へは路線バスが運行している。台湾桃園国際空港へのリムジンバス（NT$130〜）もある	NT$15〜30	路線により異なる	15〜30分（道路の混雑状況により変動）

空港からのバス路線（路線バス／リムジンバス）

		行き先表示	料金	運行時間	主な停留所
路線バス	262	宏國德霖科技大學-民生社區	NT$15〜NT$30	5時30分〜21時30分（25〜30分間隔）	頂好市場、MRT忠孝復興駅、台北科技大学、MRT善導寺駅、台北車站、MRT西門駅
	906	錦繡-松山機場	NT$15〜NT$30	5時30分〜22時（7〜15分間隔。土・日曜20分間隔）	台北小巨蛋、MRT忠孝敦化駅
リムジンバス	國光	1840 松山機場	NT$130（現金時NT$135）	6時50分〜19時（1〜2時間に1本）	榮星花園、行天宮、台湾桃園国際空港
		1841 松山機場（經南崁）	NT$93	3時30分〜23時45分（20〜45分間隔）	民權敦化路口、民權復興路口、民權松江路口、MRT中山國小駅、MRT民權西路駅、台湾桃園国際空港

台北松山空港
バス・タクシー・MRT乗り場（1階）

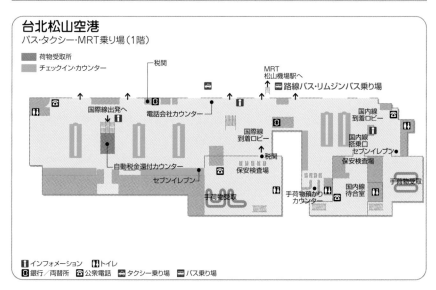

荷物受取所
チェックイン・カウンター
税関
MRT 松山機場駅へ
路線バス・リムジンバス乗り場
国際線出発へ
電話会社カウンター
国内線到着ロビー
国際線到着ロビー
国内線搭乗口 セブンイレブン
税関
自動税金還付カウンター
保安検査場
保安検査場
セブンイレブン
国内線待合室
手荷物受取
手荷物預かりカウンター
手荷物受取

ℹ️ インフォメーション　🚻 トイレ
🏧 銀行／両替所　☎ 公衆電話　🚕 タクシー乗り場　🚌 バス乗り場

プチ情報　高級ホテルのなかにはホテル〜空港間で宿泊客専用のリムジンバスを運行しているところもある。有料サービスのところもあるので、予約時に問い合わせてみよう。

［市内交通］

交通手段はMRT（都市鉄道）やタクシー、バスが発達していて、いろいろな場所にアクセスしやすい。上手に使いこなせば市内移動はかなり楽になる。

街のまわり方

●道路のキホン

日本とは逆の右側通行。車以上にスクーターの数が多く、車の脇をすり抜けて走るので、たとえ青信号でも横断歩道を渡るときは十分注意して、素早く渡ること。

●MRTとタクシーの使い分け

目的地まで地図上では近くに見えても、歩くと意外と距離がある場合が多い。そんなときは最寄り駅までMRTで行き、駅から目的地まではタクシーを利用するなどして使い分けよう。

●住所を読み解く

台北は道路名や番地が街のいたるところに表記されている。「路」が大通り、「街」は幅が狭い通り、「段」はブロック番号、「巷」は通りを挟む左右の通り、「號(号)」は番地を意味する。

便利な交通カード

	悠遊卡 （Easy Card）	1日票 （One Day Pass）	Taipei FunPASS・ 交通暢遊
料金	NT$100＋任意のチャージ額	NT$150	1日券NT$180、2日券NT$310、3日券NT$440、5日券NT$700、猫空版1日票NT$350
購入場所	MRT駅窓口と自動販売機、悠遊マークのあるコンビニ	MRT駅窓口	MRT駅窓口
MRT	○	○	○
バス	○ ※バス乗継料金NT$8割引（乗継1時間以内）	×	○ ※台湾好行バス4路線も乗車可
コンビニ	○ ※セブンイレブン、ファミリーマート、ハイライフ、OKマートでの支払いに利用可能	×	×
その他特典	猫空ロープウェイや台鐵でも一部利用可。ファストフード店やスーパーの一部でも利用可	使用したその日の運行時間終了まで乗り放題	台北101展望台や故宮博物院の入場券を含む「無限暢遊」1日券1900円～もお得
アドバイス	チャージはMRT各駅の窓口、自動チャージ機（NT$1～）、コンビニ（NT$1～）でできる（NT$100単位のチャージしかできない機械もある）	1日だけの利用でバスに乗る予定がない人向け	MRT、台北市内バス全線に期間内乗り放題。猫空版はロープウェイも乗り放題。アクティブな旅を計画する台北旅上級者におすすめ

プチ情報　上記のほかに、24時間フリーパスの「24小時票（24hr Taipei Metro Pass）」もある。14時に乗車すれば翌日の14時までMRTが乗り放題。料金はNT$180。「48小時票（48hr Taipei Metro Pass）」NT$280などもある。

MRT（都市鉄道）

 台北捷運
タイペイジエユン

路線図 | 付録 MAP 裏表紙

台北中心部とその周辺都市を走る、主要交通機関として利用されている鉄道網。現在6路線が運行している。路線によって異なるがラッシュ時は2〜7分間隔、平常時は4〜10分間隔で運行する。朝の7〜9時、17〜20時ごろの通勤時間帯は混み合うので避けたい。路線図は付録の裏表紙参照。

出入口は青色の看板が目印。「站」は駅の意味

○料金
初乗り料金はNT$20。その後距離に応じてNT$5ずつ加算される。在住者以外が利用できる子供料金はなく、身長が115cm以下で保護者同伴なら無料。
○運行時間
6〜24時ごろまで運行

●1回券（單程票）の買い方

液晶画面で操作するタイプの券売機が多い。日本語の表記があるタイプが多い。

1 料金を調べる
券売機上部にある路線図を見て乗車料金を確認。

2 料金を選ぶ
料金表で確認した金額にタッチ。料金表示の下は購入枚数。

3 必要額を投入
料金は2番のところへ投入。NT$200以下の紙幣ならほとんどの機種で使用できる。

4 乗車券を取る
券売機の下方からICトークンタイプの1回券が出てくる。おつりを取り忘れないように。

●観光に便利な3路線

○板南線
頂埔駅〜南港展覧館駅を結ぶ。台北車站で淡水信義線、忠孝復興駅で文湖線に接続。
○淡水信義線
淡水駅〜象山駅を結ぶ南北を横断する本線と、北投駅〜新北投駅へ向かう支線に分かれる。
○中和新蘆線
南勢角駅〜大橋頭駅〜迴龍駅と、大橋頭駅〜蘆洲駅を運転。

⚠ 注意ポイント

○MRTの車内では飲食禁止。ペットボトルの飲料を飲んだり、アメをなめたり、ガムを噛んだりするとNT$1500〜7500の罰金が科されることもある。
○台湾ではエスカレーターで立ったままの人は右側に立ち、急ぐ人に左側をあけるのが習慣になっている。

●乗ってみよう

乗り方は日本とほとんど同じ。路線別に色分けされ、駅表示なども同一の色で統一されているのでわかりやすい。

1 駅（站）を探す
白地にブルーのMRTマークの看板や、駅名を記した乗り場を示す地下道入口が目印。

2 切符を買う
券売機で切符を購入（左記参照）。紙幣が使えない場合もあるので、小銭がないときは両替機で両替するか、窓口で購入を。

3 改札を通る
すべての改札が自動改札。トークンや悠遊卡などを自動改札の読み取り部分にタッチすれば、赤色のゲートが左右に開く。

4 ホームに出る
ホームには進行方向への矢印付きで終着駅名が表示されている。夜間には一部の電車に女性専用車両（夜間婦女候車區）がある。

5 乗車する
日本と同じく整列して乗車。優先席（博愛座）もあるので、年配者や体の不自由な人には席を譲る配りも忘れずに。

6 出口へ
電車を降りたらエスカレーターか、階段で改札口へ。改札が複数ある場合は案内板で目的地に近い改札口を探そう。

7 改札を出る
トークンを回収口に入れる、もしくは悠遊卡をタッチするとゲートが開く。

○乗り換え
乗換駅ではそれぞれの路線の色と矢印がホームや案内板に表示されている。路線の色を覚えておけば、カンタンに乗り換えができる。

 プチ情報
悠遊卡は新光三越などデパートのほか、スターバックスコーヒーなどの飲食店やドラッグストア、スーパーでも利用可能。

タクシー 　計程車
ジーチョンチャー

↓タクシー乗り場

↑台湾のタクシーは車体が黄色。空港や観光地ではタクシーが待機していることも

台北市内には多くのタクシーが走っていて、運賃も安いため気軽に利用されている。メーター制を採用しているので利用方法も日本とほとんど同じだ。「台灣大車隊55688」などのアプリでタクシーを呼ぶことができる。

●タクシー料金

台北市内では1.25kmまで基本料金のNT$85。以降200mごとの走行、または時速5km以下で1分経過するごとにNT$5ずつ加算される。23時〜翌6時までは深夜料金としてNT$20の加算あり。トランクに荷物を積んだ場合の追加料金はない。

●主要タクシー会社

○台湾大車隊 ☎02-405-88888
　　　　　　（携帯電話からは55688）
○大都會計程車 ☎02-449-9178
　　　　　　（携帯電話からは55178）

注意ポイント

○運転手によってはおつり用の紙幣の用意がない場合もあるので小銭を準備してから乗ろう。
○ドアの開閉は自分で行う。特に閉め忘れに注意して。
○車体に傷があったり、汚いタクシーには乗らないほうが無難。止まっても手を振り見送ろう。
○発車したらメーターが動いているかを確認して。動いていない場合はメーターを指差すなどジェスチャーで運転手に伝えるようにしよう。
○深夜に一人でタクシーに乗車するのは避けよう。やむを得ない場合は店や近くのホテルで呼んでもらうようにすると、配車の記録が残るので安心。
○運転手にチップを渡す習慣はない。笑顔で「謝謝(シエシエ)」と伝えれば十分だ。
○シートベルトは必ず装着すること。全席着用義務があり、違反すると罰金を取られる。
○運転手の大半は英語が話せない。目的地の住所を中国語で書いた紙を用意して見せると伝わりやすい。

屋根に会社名が書かれた車を選ぼう

●乗ってみよう

台湾のタクシーは、すべて手動ドア。タクシーが止まったら自分でドアを開閉する必要があるので注意を。

1 行き先方面の車線へ
台湾の自動車は日本と逆の右側通行。目的地がどちらの方向になるかを地図で確認してからタクシーを止めよう。

2 空車を拾う
日本と同じように流しのタクシーが走っているので手を挙げればOK。主要な駅や観光地以外では待機している車はほとんどない。

3 乗車する
手動のため自分でドアを開けて乗ろう。たまに歩道とタクシーの間を勢いよくバイクが通り抜けてくるので後方に注意して。

4 行き先を伝える
英語も日本語も通じない運転手が多い。目的地の住所を中国語で書いて見せるのが確実。地図を見せるより住所の方が伝わる。

5 シートベルトを装着
法律で義務付けられているため、乗車したら後部座席でも必ずシートベルトを着用すること。違反すると罰金が科せられる。

6 支払い＆下車する
目的地に着いたらメーターの額を支払って降車する。電子レシートが多いが、カラの領収書の場合は金額を各自で書き込もう。

困ったときのひと言
これを覚えれば安心！

タクシーを呼んでください
請幫我叫計程車。
チン バン ウォ ジィアオ ジーチョンチョー

料金がメーターと違います
價錢跟跳表不一樣。
ジィアチィエン ゲンティアオビィアオ ブーイーヤン

〔メモを見せて〕この住所へ行ってください
請到這個地址。
チンダオ ヂャーガ ディーヂー

急いでいます
我很着急。
ウオ ヘン ジャオジィ

プチ情報　台湾のバスの車内には「博愛座」と書かれた席が設けられている。日本でいうところの「優先席」にあたるシートなので、高齢者や妊娠している人、体の不自由な人に座席を譲るようにしよう。

バス

公車
コンチャー

運賃の安い路線バスは台北市民の重要な足となっている。だが市内だけでも200を超える路線があり、観光客には難易度が高い。利用する場合は事前にウェブサイトやアプリで情報を集めるなど、入念に準備をしておこう。

前面に始発地名、路線番号、終点地名が入る

○料金　台北市内なら基本料金は1回NT$15。MRT同様に悠遊卡(→P144)などでも支払える。
○運行時間　路線により異なるが、5時台から23時ごろまで。詳細はバスの路線検索システム URL www.e-bus.taipei.gov.tw/ でも確認できる。

●観光に便利な2路線
○20番　松山路から台北101附近を通りMRT板南線西門駅近くの衡陽路までをつなぐ路線。
○仁愛幹線　MRT龍山寺駅方面から西門駅やMRT台大醫院駅、MRT市政府駅などを経由する、東西に延びる路線。主に仁愛路を通る。

 注意ポイント

○バス停にも車内にも両替機はない。悠遊卡で支払うか小銭の用意を忘れずに。
○乗車料金は乗車口付近に「上車収票」とあれば乗車時に、「下車収票」とあれば下車する際に支払う。
○バス停に時刻表がないので、ウェブサイトや「台灣公車通」などのアプリ、「公車路線導遊」などの市販ガイドブックで確認しよう。

●乗ってみよう
路線はかなり複雑。乗る前に目的地を確認しよう。

1 乗車する
バスが来たら車体の前面に書かれている路線番号を確認。乗車する場合は手を挙げる。
バス停

2 料金を支払う
乗車口付近に「上車収票」とあれば先払い。後払いでも悠遊卡の場合はタッチパネルにかざす。

3 車内で
車内放送は中国語のみ。新しいバスなら車内の電光表示板に停車するバス停が表示される。

4 下車する
次の停留所で下車する場合はブザーを押す。乗車口に「下車収票」と書かれていたバスは降りる前に料金を支払おう。悠遊卡の場合はタッチパネルに再度かざす。

オプショナルツアー

台北マイバスデスク(JTBデスク)
☎02-2581-2239(日本語可) 時9〜17時 休なし
URL www.mybus-asia.com/taiwan　付録MAP ●P14B1

限られた滞在時間でも効率よく観光できるのが、現地発着のオプショナルツアー。日本語ガイド付きで安心。

ノスタルジック九份半日観光
映画『悲情城市』の舞台、ノスタルジックムード漂う九份(→P124)を訪ねるツアー。買い物や観光、お茶もゆっくり楽しめる。
午前、午後、夕刻発 [所要時間] 約4〜5時間 [催行日] 毎日 [料金]NT$1800〜

鼎泰豊の夕食と台北101展望台からの夜景観賞
「鼎泰豊(→P48)」での食事後、台北101(→P46)の展望台から夜景を観賞。
[所要時間] 約4時間 [催行日] 毎日 [料金]NT$2200

日本語ガイドがご案内 じっくり参観故宮博物院
國立故宮博物院(→P32)で、約2万点の中国美術工芸品を見学。
午前、午後発 [所要時間]約4時間〜4時間30分 [催行日] 毎日 [料金]NT$1700〜

台湾古都・台南日帰り
台湾新幹線での小旅行。台湾南部の台南の港町「安平」と台南市内に数多く残る歴史遺産を巡る台南満喫の日帰りツアー。
[所要時間] 約11時間 [催行日] 毎日 [料金]NT$7700

月下老人参拝と天燈上げ
縁結びの神様といわれる霞海城隍廟(→P36)の月下老人を参拝。その後、平溪にて天燈上げに挑戦する。
[所要時間] 約4時間 [催行日] 毎日 [料金]NT$1800

台北ナウ! 半日台北市内観光
台北最古の寺・龍山寺(→P37)や、中正紀念堂(→P42)での衛兵交代式など、台北の定番観光地をさっくりめぐる。
[所要時間] 約3時間 [催行日] 毎日 [料金]NT$1300

夜の天燈上げと台湾料理の夕食
地元で人気のレストランで伝統的な台湾料理を食べてから、十分老街へ。夜空に願いを込めて天燈を上げる。
[所要時間] 約4時間30分 [催行日] 毎日 [料金]NT$2400

ローカル列車と天燈上げ・九份観光
台湾三大ローカル列車の一つ、平溪線乗車と天燈上げ体験。九份散策もセットになり、どの世代でも満喫できる。
[所要時間] 約6〜7時間 [催行日] 毎日 [料金]NT$3000

新幹線で行く南国高雄日帰り観光
新幹線を利用して高雄まで足を延ばせるツアー。龍虎塔や人気のある駁二藝術特区を観光。
[所要時間] 約10〜11時間 [催行日] 毎日 [料金]NT$6800

プチ情報　※上記オプショナルツアーの情報は2023年8月現在のもの。祝祭日には催行されないツアーもある。料金に含まれる内容やキャンセル料金、集合場所などの詳細は申込時に確認を。

旅のキホン

通貨や両替、気候、通信環境など現地情報は必ず事前にチェックしておこう。台湾の習慣やマナーなども身につければ旅行の楽しさも倍増。

お金のこと

通貨単位はニュータイワンドル(NT$)で、元(ユエン)ともいわれるが、通貨には圓(円)と印刷されている。口語では塊(クァイ)とよばれることが多い。

1元＝NT$1＝約4.5円

（2023年8月現在）

紙幣は壹佰圓(NT$100)～貳仟圓(NT$2000)の5種類。NT$100札には孫文、NT$200札には蒋介石が描かれている。流通量はNT$200、NT$2000札が比較的少ない。硬貨は壹圓(NT$1)～伍拾圓(NT$50)の5種類。「元」と表記されることもあるが中国大陸の通貨「中国元」とは異なる。クレジットカードは大きめのレストランやスパなどで使用可能だが、タクシーや屋台などでは使えないことが多い。

NT$100

NT$200

NT$500

NT$1000

NT$2000

NT$1

NT$5

NT$10

NT$20

NT$50

●両替

銀行や大手ホテル、デパートなどの両替所で両替可能。台湾桃園国際空港など空港には銀行の出張所もあり、発着便に合わせて営業している。レートは銀行、DFSやデパート、ホテルの順によいとされる。両替にはパスポートの提示が必要。

空港	銀行	ホテル	ATM	デパート／DFS
安全＆便利	レートがよい	24時間可能	見つけやすい	とっさのときに
各空港には臺灣銀行と兆豐國際商業銀行の出張所がある。手数料は1回NT$30なので空いているほうを選ぼう。	外貨両替業務を行う銀行で可能。銀行によりレートが異なる。営業は9時～15時30分で、土・日曜、祝日休業。	銀行よりレートが若干不利だがいつでも両替ができるので便利。宿泊者ならパスポートチェック不要も多い。	提携カードであれば日本の口座から現金で引き出しができる。コンビニやデパートなどにあるATMで利用可能。	昇恒昌免税店や新光三越、SOGOなど大手デパートにあるサービスカウンター。ホテルよりレートがよい。

ATM利用のススメ

両替の代わりにおすすめなのがATM利用。海外利用対応のデビットカードやトラベルプリペイドカードを使い、銀行口座やあらかじめチャージした金額から、そのつど必要な分だけ現地通貨で引き出せる。またATMでクレジットカードのキャッシングを利用して現地通貨を引き出した際の利息は、早期に返済すれば現金両替にかかる手数料と比べて安く済む場合も多い。カード会社やATMによってATM使用料や海外事務手数料がかかることがあるので注意。

ATMお役立ち英単語集

暗証番号… PIN/ID CODE/SECRET CODE/
PERSONAL NUMBER
確認… ENTER/OK/CORRECT/YES
取消… CANCEL
取引… TRANSACTION
現金引出／キャッシング… WITHDRAWAL/
GET CASH/CASH ADVANCE
金額… AMOUNT

プチ情報　海外利用対応のデビットカードは三菱UFJ銀行やスルガ銀行、楽天銀行、りそな銀行などが発行。また、トラベルプリペイドカードはクレディセゾンやアプラスなどが発行している。

シーズンチェック

祝日やイベントの前後はレストラン、ショップや銀行が休業になることも。旅行日程を決める前に必ずチェック！

● 祝日

1月1日	開国記念日
	（12月30〜1月1日が連休）
2月9日	旧暦大晦日※
2月10日	春節※
	（2月8〜14日が連休）
2月28日	和平記念日
4月4日	児童節・清明節
	（4月4〜7日が連休）
6月10日	端午節※
	（6月8〜10日が連休）
9月17日	中秋節※
10月10日	国慶日
	（10月7〜10日が連休）

毎年台北101で行われる年越しカウントダウン花火

台湾では最も重要なイベント国慶日。式典やパレードが各地で行われる

● 主なイベント

2月24日	元宵節（ランタン祭）※
3月29日	青年節
5月1日	労働節
	（公務員以外の労働者は祝日）
8月18日	中元節※
9月28日	教師節
10月23日	重陽節※
10月25日	光復節
10月31日	蔣介石誕生日、萬聖節
11月12日	國父（孫文）誕生日
12月25日	行憲記念日、聖誕節

中正紀念堂などで数日間にわたり行われるランタン祭

※印の祝祭日やイベントの日程は旧暦に基づいて決定しているため、年によって変動する。
上記は2023年10月〜2024年9月のもの。

端午節には各地で熱のこもったドラゴンボートレースが開催される

● 気候とアドバイス

春 3〜5月	日中は30℃を超えても、朝晩には20℃を下回る日もある。日中はTシャツで、夜は薄手の上着などを着ればOK。5月からは梅雨に入る。	夏 6〜8月	30℃を超える日がほとんどで日差しも強いので日焼け止めの用意を。交通機関などは冷房が効きすぎていることも多いので、上着があるとよい。
秋 9〜11月	台風シーズンが到来し、気温も徐々に下がり始める。10月以降は平均25℃前後で、晴れた日中は暑いが朝晩は涼しいので、上着の用意が必要。	冬 12〜2月	日中は長袖のTシャツなどで十分だが、夜間や雨天時は冷え込む。10℃以下の日もあり、セーターなど防寒着を用意しておくのがベスト。
食べ物の旬	1月／葉ニンニク　4月／プラム、パイナップル　5月／マコモダケ　5〜7月／マンゴー　6月／スターフルーツ、ライチ　7月／マンゴスチン、ランブータン　8月／ドラゴンフルーツ　11月／ザボン、タンカン、ボラ		 ドラゴンフルーツ

● 平均気温と降水量

※データは東京は理科年表、台北は台湾中央氣象局の統計による 1991〜2020年の平年値

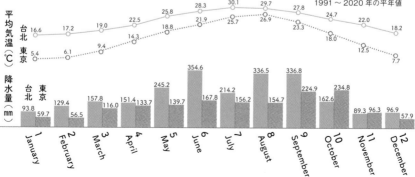

平均気温（℃）

台北：16.6　17.2　19.0　22.5　25.8　28.3　30.1　29.7　27.8　24.7　22.0　18.2
東京：5.4　6.1　9.4　14.3　18.8　21.9　25.7　26.9　23.3　18.0　12.5　7.7

降水量（mm）

	台北	東京
1月 January	93.8	59.7
2月 February	129.4	56.5
3月 March	157.8	116.0
4月 April	151.4	133.7
5月 May	245.2	139.7
6月 June	354.6	167.8
7月 July	214.2	156.2
8月 August	336.5	154.7
9月 September	336.8	224.9
10月 October	162.6	234.8
11月 November	89.3	96.3
12月 December	96.9	57.9

プチ情報　台湾では旧暦の正月が大きなイベント。前後5〜10日間ほどは多くの施設やレストランが休みになるので注意！

電話のかけ方

ICカード対応の公衆電話

●自分の携帯電話からかける場合…機種や契約によってかけ方や料金形態がさまざま。日本出発前に確認を。
●公衆電話からかける場合…コイン式やカード式（公衆電話用のICカードなど）がある。悠遊卡（→P144）が使えるものもある。各種カードは駅やコンビニエンスストアなどで購入できる。ICカード専用電話機は受話器を取り、ICカードを入れてダイヤルする。

● 台北 → 日本
002 または 009 など +81（日本の国番号）**+ 相手の電話番号**（市外局番の最初の0は省く）

● 台北市内通話（ホテル客室からの場合）
「ホテルごとの外線番号 + 相手の番号」をそのまま押せばよい。

※市外間の通話の場合、日本同様市外局番が必要。台北の市外局番は02。近郊の九份、猫空、新北投も02。

● 日本 → 台北（固定電話の場合）
電話会社の識別番号（※）**+010+886**（台湾の番号）**+ 相手の電話番号**（市外局番の最初の0は省く）

※マイラインやマイラインプラスに登録している固定電話機の場合は不要。登録していない場合は、KDDI…001、NTTコミュニケーションズ…0033、ソフトバンク…0061などをはじめにプッシュする。2024年1月からマイライン、マイラインプラスは順次終了。

インターネット事情

● 街 なかで
台北では無料Wi-Fiが発達しており、ホテルやカフェで利用できることも多い。台湾全土で利用できる「iTaiwan」や台北市内の「Taipei Free」といった無料Wi-Fiサービスも事前登録などなく使えるが、MRT駅など公共の場所に限られる。街中でも使うなら、Wi-Fiルーターを日本でレンタルしていくと安心で便利。近年は、日本で使っている回線をローミングして使う方法も増えている。

● ホテルで

台北市内のほとんどのホテルでLAN接続やWi-Fiの接続サービスがあるので、パソコンやスマートフォンを使って無料でネット接続ができる。カフェやビジネスセンター、ロビーなどに無料で使えるパソコンを設置している施設もある。

郵便・小包の送り方

● 郵便
はがきや封書は郵便局やコンビニ、切手は郵便局やホテルのフロントなどで購入できる。宛先は「JAPAN」「AIR MAIL」のみローマ字で書けば、ほかはすべて日本語で問題ない。郵便局の窓口を利用するか切手を貼って赤いポストへ投函すればよい。日本宛のエアメールなら6〜7日後には到着する。

郵便局サイト　[URL] www.post.gov.tw

台湾から日本へ送る場合の目安

種別	期間	料金
はがき	6〜7日	NT$10
封書（10gまで）	6〜7日	NT$13
小包（500gまで）	2〜3日	NT$450

※小包はEMS利用の場合

● 国際宅配便
航空便と船便の2種類で、依頼すれば引き取りにも来てくれる。果物や農産物、畜産物など宅配できない品物もあるので事前に問い合わせをしておくのが無難。航空便（EMS）なら2〜3日、船便は15〜25日。

プチ情報　海外で携帯電話を使うときはデータ通信を切断するか、海外データ定額サービスを利用しよう。事前の手続きや現地到着後の操作が必要なこともあるので要確認。高額な利用料金になるケースもあるので注意。

水とトイレとエトセトラ

● 水道水は飲める？

水道水は硬質で飲用には適さないため、ミネラルウォーターを購入したほうがよい。ペットボトルのお茶類は砂糖入りの甘いものが多いので、気になる人は無糖のお茶を選ぼう。

ホテルでは無料で提供されることが多い

● トイレに行きたくなったら？

日本と同じ形状の水洗トイレが普及。以前はトイレットペーパーを流せないトイレも多かったが、改善してきている。トイレ内の表記を見て対応しよう。

公衆トイレは「公廁」と表記

● カメラやスマホはそのまま使える

電圧は110V、周波数は60Hz。プラグの形状は日本と同じなので、カメラやスマートフォンの充電器はほぼそのまま使える。駅や街なかでUSBでの充電ができる場所も多いため、USBケーブルを持っていくと便利。ドライヤーなど発熱する機器は国内専用のものが多く、大容量の変圧器が必要になるため、海外対応のものを用意するか現地のものを使うのが無難。

Aタイプ

● ビジネスアワーはこちら

台北での一般的な営業時間帯。店舗によって異なる。

ショップ	時	10〜22時
レストラン	時	11〜22時
銀行	時	9時〜15時30分
	休	土・日曜
デパート	時	11時〜21時30分

● サイズ・度量衡を目安にお買い物

○ レディスファッション

日本	衣料	7	9	11	13	15	17	靴	22.5	23	23.5	24	24.5	25
台湾		36	38	40	42	44	46		35	36	37	38	39	40

○ メンズファッション

日本	衣料	36	37	38	38〜40	41	42	靴	25	25.5	26	27
台湾		36	37	38	39	40	41		40	41	42	43

○ 長さ

1寸	約3cm
1尺（＝10寸）	約30cm
1丈（＝10尺）	約3m

○ 重さ

1両	約38g
1斤（＝16両）	約600g

● 物価はどのくらい

ミネラルウォーター（500mℓ）	マクドナルドのビッグマック	スターバックスのアメリカンコーヒー（T）	店での生ビール（大）	一般タクシー初乗り
NT$10〜30	NT$75	NT$85	NT$150	NT$85

プチ情報

台湾では洋服や靴のサイズ表記にアメリカ式と日本式の表示が混在している。たとえ同じ数値でもメーカーによってサイズ感が異なるので、ファッションアイテムを購入する前には必ず試着するようにしたい。

デパートの入口など
にあるTRSマーク

ルール＆マナー

［観光］

●寺廟でのマナー

誰でも自由に参拝できる寺廟だが、中に入ったら帽子やサングラスは取ろう。お酒を飲んでからの参拝や、大声で騒ぐなどはもってのほかだ。現地の方にとって神聖な場所だという意識を忘れずに。

●たばこ事情

台湾ではたばこ煙害防止法の規制により、レストラン、空港、駅構内などにある喫煙スペース以外では禁煙とされている。ホテルの客室内も禁煙だ。違反者には最高NT$1万の罰金も科せられるので愛煙家の方はご注意を。なお、加熱式たばこ、電子たばこは全面禁止。

●写真NGの場所に注意

國立故宮博物院ではフラッシュや三脚などを使用した撮影が禁止されている。また、街なかでは撮影禁止を表す「禁止照相」と書かれた場所に注意する必要がある。商品のコピーを憂慮する店でもカメラを構えると注意される可能性がある。

●気をつけたい発言

第二次世界大戦終結まで50年余り、日本の統治下にあったため、台湾では日本語を話す年配の人が多い。周囲の人に通じないだろうと思って失礼な発言をしないように気をつけよう。これまでの歴史的背景も踏まえたうえで、台湾の人々に接するよう心がけたい。

［グルメ］

●チップは不要

台湾にはチップを渡す文化がないので、旅行者も基本的に支払う必要はない。また、レストランやショップでは、サービス料（服費）として、会計に10%加算される店もある。

●食事を楽しむために

厳しい決まりはないが、マナーが違う部分もあるので注意しよう。皿は持たずに机に置いて食べる。麺類は音を立ててすすり、レンゲに麺、具材などをのせて口に運ぶ。骨やエビ、カニなどの殻はテーブルの上に直接置くなど気をつけよう。

●予約・ドレスコードを確認

ホテル内の高級レストランなど、お店によってはドレスコードが決められているところもある。デニムにサンダルなどはご法度。スパや変身写真館へは原則として予約をしてから出かけよう。

［ショッピング］

●営業税の払戻し

滞在期間が183日未満の外国人旅行客がTRS（営業税還付）マークを掲げている店舗で1日1店舗あたりNT$2000以上の買い物をして、90日以内に未開封未使用の購入商品を台湾外へ持ち出す場合、5%の営業税の還付が受けられる。※営業税とは日本の消費税と同じ付加価値税のこと。

①お店で…商品購入時にパスポートを渡して営業税還付明細申請書と統一発票（レシート）を発行してもらう。

> TRSマークを掲げた店舗で同一日に購入価格が税込NT$4万8000以下の場合、購入店で還付が受けられる。購入当日、店舗で発行してもらう統一発票（レシート）を店内の還付窓口に提示。外国人旅客購買特定商品少額還付明細申請表を発行してもらい、還付金を受け取る。特約市内税金還付サービスを行っている店ではNT$4万8000以上でも還付申請可能だが、申請日から20日以内に出国するなどの条件があるので注意しよう。

②空港の税関で…台湾桃園国際空港なら第1ターミナル1階、第2ターミナル2階の税還付カウンターで、台北松山空港は1階税還付カウンターで、①の書類、パスポート、未開封未使用の購入品を提示。外国籍旅客購買特定商品税還付明細査定書を発行してもらう。

③お金の受け取り…空港内の指定銀行に②で発行してもらった書類を提出して還付金を受け取る。クレジットカードや小切手での受け取りも可能。

●日本と異なる単位表記

茶葉や漢方薬など量り売りで購入するものには「斤」「両」といった単位を使用する。1斤＝約600g、1両＝約38gのため、1斤＝16両、半斤＝8両となる。ファッションアイテムはP151のサイズ表をチェック。

●DVDは購入前に確認

台湾と日本ではDVDデッキの地域指定番号が異なるため、台湾向けDVDを持ち帰っても一般的な日本製デッキでは再生できない。リージョンオールのDVDを選ぼう。また海賊版DVDは日本に持ち込めない。

［ホテル］

●チェックイン／アウト

チェックインは15時、チェックアウトは11時に設定されているところが多い。ほとんどのホテルでチェックアウト後も荷物をフロントやクロークで預かってくれる。

●室内着の準備を

一部のホテルでは客室内に暖房が備え付けられていない。室内で羽織るための衣類は必ず持って行こう。

トラブル対処法

比較的治安がよい台北だが繁華街や夜市ではスリなどに気をつける。現地では日本語や英語が通じないことも多々ある。日本語対応ができるホテルに泊まっている場合は、万一に備えて宿泊先の電話番号を控えて外出すると安心だ。

● 病気になったら

ためらわずに病院へ行こう。ホテルのフロントで医師の手配を頼むこともできる。参加したツアー会社や加入している保険会社の現地デスクに連絡すれば病院を紹介してくれる。また、海外の薬は体質に合わないこともあるので、使い慣れた薬を持参するとよい。

● 盗難・紛失の場合

○パスポート

パスポートを紛失し（盗難され）た場合は、まず警察に行き紛失・盗難証明書を発行してもらう。その後、公益財団法人日本台湾交流協会 台北事務所で手続きをして、新規旅券の発給または帰国のための渡航書を申請する。

○クレジットカード

まずカード会社に連絡し、カードを無効にしてもらう。その後は、カード会社の指示に従おう。

● トラブル事例集

○外出中にスリ・荷物の引ったくりに遭った

⇒外出する時は目立たない服装を心がけよう。特に夜間は、照明がない場所や人通りの少ない場所を歩かないように注意。夜市や台北松山空港など観光客が多く訪れる場所では、スリの被害が多いので用心したい。

○タクシーの運転手に法外な料金を請求された

⇒タクシーに乗車する前には、車体に社名表示、車両ナンバーがあることを確認しよう。表示のない車や表示の文字が小さいなど、あやしいタクシーは利用しないようにする。台北車站前など空港からのリムジンバス到着場所付近では、客待ち中のタクシーではなく流しのタクシーからきれいで新しい車両のタクシーを選んで乗るほうが安全だ。また特に夜間、女性一人でタクシーに乗るのは避けるようにしよう。タクシー運転手による偽札のすり替え事件も発生しているので注意。

○バス降車中に後方からバイクが勢いよく走ってきて衝突しかけた

⇒日本と比べて車やバイクの運転が荒いので注意しよう。歩道を歩くときでも車両やバイクを優先させたほうが事故に遭う心配が少ない。

行く前にチェック！

外務省 海外安全ホームページで、渡航先の治安状況、日本人被害の事例を確認できる。
URL www.anzen.mofa.go.jp/

［台北］

●公益財団法人日本台湾交流協会 台北事務所
住 慶城街28號 通泰商業大樓 ☎02-2713-8000（代）時 9時〜17時30分 休 土・日曜、台湾の祝日、一部日本の祝日
URL www.koryu.or.jp/about/taipei
付録MAP/P5D4

●台湾観光局トラベルホットライン
☎0800-011-765（無料）
（観光案内／24時間／日本語可）

●警察 ☎110

●救急車・消防 ☎119

●カード会社緊急連絡先
Visaグローバル・カスタマー・アシスタンス・サービス
☎0080-1-444-190（トールフリー／24時間）※
JCB紛失盗難受付デスク
☎00-800-00090009（トールフリー／24時間）※
グローバル・ホットライン（アメリカン・エキスプレス）
☎00801-65-1169（通話料無料／24時間）※
マスターカード グローバルサービス
☎00801-10-3400（トールフリー）※

※携帯電話からは有料または利用できない場合があります

［日本］

○台北駐日経済文化代表処 査証（ビザ）

URL https://www.roc-taiwan.org/jp_ja/post/446.html

○台湾観光局
URL https://jp.taiwan.net.tw

○主要空港

成田国際空港インフォメーション
URL https://www.narita-airport.jp/jp/inquiry

羽田空港ターミナルインフォメーション
URL https://tokyo-haneda.com/contact/

関西国際空港情報案内
URL https://www.kansai-airport.or.jp/contact

中部国際空港セントレア各種お問い合わせ
URL https://www.centrair.jp/help/contact/

プチ情報 台湾には日本語や英語が理解できる人も多い。緊急の際には一人で解決しようとせず、日本語の通じる担当者や各テレフォンセンターなどに助けを求めるのが確実だ。

書き込んで使おう 旅じたく memo

まずは、シーズンチェック（→P149）を参考に、服装と持ち物を決めよう。
日本出発までに便利memo欄も記入しておくと便利。
時間があるときに、誰にどんなおみやげを買うか考えておこう。

預け入れ荷物リスト

□ **靴**
　歩きやすいフラットシューズ以外に、
　おでかけ用シューズもあると便利

□ **バッグ**
　朝食や夕食時に財布や携帯だけを
　入れて持ち歩けるサイズのもの

□ **衣類**
　重ね着しやすい、シワになりにくい
　素材を選ぼう。パジャマも忘れずに

□ **下着類**
　現地で洗濯しない予定なら、多めに
　用意したい。靴下も忘れずに

□ - - - - - - - - - - - - - - - - - - -

□ - - - - - - - - - - - - - - - - - - -

□ - - - - - - - - - - - - - - - - - - -

□ **歯みがきセット**
　歯ブラシ、歯みがき粉はアメニティに
　もある

□ **洗顔グッズ**
　メイク落とし、洗顔フォームなど

□ **コスメ**
　ファンデーション、リップ、
　アイシャドウ、チーク、アイブロウなど

□ **日焼け止め**
　日差しが強い夏はSPF数値の高い
　ものを用意

□ **バスグッズ**
　ボディソープなどはホテルにも
　あるので、こだわりがなければ不要

□ **スリッパ**
　折りたためるトラベル用スリッパや
　使い捨てスリッパが便利

□ **常備薬**
　下痢止め、腹痛、総合感冒薬など。
　うがい薬もあるとよい

□ **コンタクト・めがね**
　必要な人のみ

□ **生理用品**

□ **エコバッグ**

□ **折りたたみ傘**
　雨が多い時期の場合は
　レインコートも

□ **サングラス**

□ **帽子**

洗濯グッズ、折りたたみハンガーなどもあると便利。スーパーやコンビニで食材を調達予定の人は、マイ箸も忘れずに持っていこう。

エコバッグのほかに、濡れた物や液体物を購入した際に備え、ビニール袋も何枚か入れておこう。

!注意!
無料預け入れ荷物には重量やサイズの制限がある。航空会社によって異なるので、詳細は確認を。また、預け入れ荷物は航空機への出し入れの際に破損してしまうことも。念のため、スーツケースベルトがあるとよい。

荷物の仕分けにはナイロンポーチやジッパー付き保存袋を活用。衣類のパッキングには風呂敷も使える。

スーツケースの底側に、重たい荷物（シューズやバスグッズなど）を入れよう。

便利memo

機内で入境書類や
申告書を
記入する際に使おう

パスポートNo （	）	ホテル （	）
フライトNo.行き（	）	出発日 （	）
フライトNo.帰り（	）	帰国日 （	）

手荷物リスト

□ **パスポート**
　絶対に忘れずに！　出発前に残存有効期間
　（→P140）の再確認を
□ **クレジットカード**
□ **現金**
　現地通貨への両替分以外に、
　日本で使用する交通費分も忘れずに
□ **スマホ／携帯電話／デジカメ**
　モバイルバッテリーや予備のメモリーカードも準備
　しよう。モバイルバッテリーは飛行機で預け入れ不
　可なので機内持込みに。スマホは通信なしでも、
　カメラや電卓などが使える
□ **ボールペン**
　入境カードや税関申告書の記入に必要
□ **ツアー日程表（航空券／eチケット控え）**
□ **ティッシュ／ウェットティッシュ**
□ **ハンカチ**
□ **リップバーム（リップクリーム）**
□ **ストール／マスク**
　機内は乾燥しているのでマスクがあると便利

手荷物にできないもの

液体類の機内持込みには制限がある（→P140）。ヘ
アスプレーなどのエアゾール類、リップバームなどのジ
ェル状のものも液体物に含まれるので注意しよう。ま
た、刃物類は持込みが禁止されているので、機内で使
わないものは極力スーツケースに入れるようにしよう。

両手がふさがらな
い、肩から下げられ
るバッグがオススメ

おみやげリスト

あげる人	あげるもの	予算

プチ情報　リチウム金属電池またはリチウムイオン電池は預け入れができず、サイズによっては機内持込みができないものもある。詳しくは国土交通省ホームページ URL www.mlit.go.jp/koku/ を参照。

155

物件名	ジャンル	エリア	ページ	付録MAP
□ ATT フォー・ファン（ATT4FUN）	複合施設	信義	P113	P11C3
□ 國立故宮博物院（グオリーグウゴンボーウーユエン）	博物館	士林駅	P32	P3B1
□ 國立臺灣大學（グオリータイワンダーシュエ）	大学	公館	P121	P20B4
□ 國立臺灣博物館 鐵道部園區（グオリータイワンボーウーグワン ティエダオブウエンチュウ）	博物館	北門駅	P43	P6B1
□ 霞海城隍廟（シアハイチョンホアンミャオ）	寺廟	迪化街	P36	P18A3
□ 基山街（ジーシャンジエ）	商店街	九份	P125	—
□ 吉祥天燈（ジーシャンティエンドン）	ランタン上げ	十分	P129	P2B3
□ 西門紅樓（シーメンホンロウ）	複合施設	西門町	P116	P16B3
□ 小藝埕（シャオイーチョン）	リノベビル	迪化街	P15	P18A3
□ 象山（シャンシャン）	展望台	象山駅	P46	P3B4
□ 眷村文物館（ジュアンツンウェンウーグワン）	博物館	信義	P41	P10B4
□ 雙連市場（シュアンリエンシーチャン）	朝市	雙連駅	P19	P14A1
□ 昇平戲院（ションピンシーユエン）	資料館	九份	P125	—
□ 行天宮（シンティエンゴン）	寺廟	行天宮駅	P37	P21B1
□ 行天宮算命街（シンティエンゴンスアンミンジエ）	占い	行天宮駅	P38	P21B1
□ 四四南村（スースーナンツン）	複合施設	信義	P41	P10B4
□ 豎崎路（スーチールウ）	石段街	九份	P125	—
□ 松山文創園區（ソンシャンウェンチュアンユエンチュウ）	複合施設	國父紀念館駅	P40	P9C2
□ 總統府（ゾントンフウ）	官邸	西門町	P43	P17D4
□ 台北101（タイベイイーリンイー）	高層ビル	信義	P46	P11C3
□ 台北國際藝術村・寶藏巖（タイベイグオジーイーシュウツン・バオザンイエン）	芸術村	公館駅	P121	P3A4
□ 台北之家（タイベイジージア）	複合施設	中山	P19	P14B3
□ 台北市立美術館（タイベイシーリーメイシュウグワン）	美術館	圓山駅	P43	P4B1
□ 至善園（ジーシャンユエン）	庭園	士林駅	P35	P3B1
□ 中正紀念堂（ジョンジョンジーニエンタン）	記念公園	中正紀念堂駅	P42	P7C4
□ 忠烈祠（ジョンリエツー）	祭祀場	圓山駅	P42	P3A2
□ 地熱谷（ドールウグウ/Thermal Valley）	名所	新北投	P132	—
□ 平溪線（ピンシーチエン）	鉄道	十分	P128	P2B3
□ 福佑宮（フウヨウゴン）	寺廟	淡水	P134	P2B4
□ 北投溫泉博物館（ベイトウウェンチュアンボーウーグワン/Beitou Hot Spring Museum）	博物館	新北投	P132	—
□ 華山1914文化創意産業園區（ホアシャンイージウイーエースーウェンホアチュアンイーチャンイエユエンチュウ）	複合施設	忠孝新生駅	P41	P7D2
□ 剝皮寮歴史街區（ボーピーリャオリースージエチュウ）	歴史保存区	龍山寺駅	P43	P21B3
□ 紅毛城（ホンマオチョン）	城跡	淡水	P135	P2A4
□ 民藝埕（ミンイーチョン）	リノベビル	迪化街	P15	P18A3
□ 美國街（メイグオジエ）	ストリート	西門町	P116	P16B2
□ 梅庭（メイティン/Plum Garden）	名所	新北投	P132	—
□ 漁人碼頭（ユィーレンマートウ）	港	淡水	P135	P2A4
□ 橫町の母（ヨコチョウノハハ）	占い	行天宮駅	P38	P21B1
□ 永楽布業商場（ヨンルーブウイエシャンチャン）	市場	迪化街	P17	P18A3
□ 日月命理館（リーユエミンリーグワン）	占い	忠孝復興駅	P38	P12A3
□ 聯藝埕（リエンイーチョン）	リノベビル	迪化街	P14	P18A1
□ 龍山寺（ロンシャンスー）	寺廟	龍山寺駅	P37	P21A3
□ 龍山寺算命街（ロンシャンスースアンミンジエ）	占い	龍山寺駅	P38	P21A4
□ 榕錦時光生活園區（ロンジンシーグアンションフオユエンチュウ）	複合施設	康青龍	P101	P7C4
□ 阿柑姨芋圓店（アーガンイーウィーユエンディエン）	芋園	九份	P127	—
□ 阿宗麵線（アーゾンミエンシエン）	麵	西門町	P53,117	P16B3
□ 阿嬤的酸梅湯（アーマーダサンメイタン）	ドリンク	淡水	P135	P2A4
□ 阿妹茶樓（アーメイチャーロウ）	茶藝館	九份	P126	—
□ 阿蘭草仔粿（アーランツァオズグオ）	草餅	九份	P127	—
□ 二吉軒豆乳（アルジーシュエンドウルウ）	ドリンク	康青龍	P72	P19A3
□ 121好鮑魚燕窩饗麵（イーアルイーハオバオウィーヤンウォーシャンティン）	高級食材	忠孝新生駅	P78	P7D3
□ 微風台北車站（ウェイフォンタイベイチョーチャン）	フードコート	台北駅	P122	P7C2
□ 窩窩（ウォーウォー）	カフェ	迪化街	P74	P18A2
□ 沃森WOSOM/ASW（ウォーセンWOSOM/ASW）	カフェ	迪化街	P15	P18A3
□ 開門茶堂（カイメンチャータン）	カフェ	富錦街	P118	P22B2
□ ガビ（GADCC.）	カフェ	中山國中駅	P74	P5D3
□ カフェ巷（Cafeシャン）	カフェ	猫空	P131	—
□ 光羽塩（グアンユィーイエン）	茶藝館	猫空	P131	—
□ 故宮晶華（グウゴンジンホア）	レストラン	士林駅	P35	P3B1
□ コフェ（COFE）	カフェ	迪化街	P16	P18A1
□ 賽門鯛普拉（サイメンドウプウラー）	おでん	西門町	P117	P16B1
□ 早香早餐吧（ザオシャンザオツァンバー）	朝食	中正紀念堂駅	P57	P7C4
□ 三徑就荒（サンジンジウホアン）	茶藝館	信義	P63	P9D2
□ 12MINI（シーアルミニ）	鍋	東區	P65	P12A2
□ 鷄家荘（ジージアヂュアン）	丼	中山	P67	P15C2
□ 極簡カフェ（ジージエンカフェ）	カフェ	師大路	P120	P20A1
□ 済南鮮湯包（ジーナンシエンタンバオ）	小籠包	忠孝新生駅	P50	P7D3
□ 吉品海鮮餐廳（ジーピンハイシエンツァンティン）	高級食材	忠孝敦化駅	P79	P8B1
□ 十分老街炸冰淇淋（シーフェンラオジエチャイビンチーリン）	アイス	十分	P129	P2B3
□ 九份茶坊（ジウフェンチャーファン）	茶藝館	九份	P126	—

観光スポット

レストラン・カフェ

□行きたい場所に✓を入れましょう　■行った場所をぬりつぶしましょう

物件名	ジャンル	エリア	ページ	付録MAP
□ 九份伝統魚丸（ジウフェンチュワントンユィーワン）	レストラン	九份	P127	―
□ 鮮羊仙（シエンユィーシエン）	スイーツ	中山	P19,110	P14A3
□ 小慢茶庵 東門店（シャオインチャーアン ドンメンディエン）	茶藝館	東門駅	P62	P7C3
□ 小慢（シャオマン）	茶藝館	師大路	P63,85	P20A1
□ 山海楼（シャンハイロウ）	台湾料理	忠孝新生駅	P77	P7D3
□ 雙連圓仔湯（シュアンリエンユエンツァイタン）	スイーツ	雙連駅	P61	P14A1
□ 許記生煎包（シュウジーションジエンバオ）	小吃	師大路	P69,120	P20A1
□ 学校咖啡館（シュエシャオカーフェイグワン）	カフェ	康青龍	P23	P19B3
□ シュガー・ミス（Sugar Miss）	スイーツ	東區	P115	P10A1
□ 盛園絲瓜小籠湯包（ションユエンスーグアシャオロンタンバオ）	小籠包	中正紀念堂駅	P49	P7C4
□ 欣葉（シンイエ）	台湾料理	中山國小駅	P76	P4B2
□ 金鶏母 Jingimoo（ジンジームー）	スイーツ	康青龍	P59	P7D3
□ 晉江茶舎（ジンジャンチャーシャ）	レトロ食堂	古亭駅	P71	P3A4
□ 京盛宇（永康概念店）（ジンションユィー ヨンカンガイニエンディエン）	茶藝館	康青龍	P23	P19A2
□ 欣欣魚翅燴坊（シンシンユィーチーファン）	高級食材	中山	P79	P15C2
□ 京鼎楼（ジンディンロウ）	小籠包	中山	P51	P15C2
□ 辛發亭（シンファーティン）	スイーツ	劍潭駅	P59	P3A2
□ 幸福堂（シンフウタン）	ドリンク	西門町	P73	P16B3
□ 金峰魯肉飯（ジンフォンルウロウファン）	丼	中正紀念堂駅	P66	P7C4
□ 新馬辣経典麻辣鍋PLUS+ 台北信義遠百店（シンマーラージンディエン マーラーグオプラス+ タイベイシンイーユエンバイディエン）	火鍋	信義	P54	P11D2
□ 紫藤廬（ズートンルウ）	茶藝館	公館	P62	P20B1
□ 思慕昔（スームウシ）	かき氷	康青龍	P58	P19A2
□ 森高砂咖啡 大稲埕（センガオシャーカーフェイグワン ダーダオチョン）	カフェ	迪化街	P16,75	P18B4
□ 大隠酒食（ダーインジウシー）	レトロ食堂	康青龍	P71	P19B3
□ 大學口胡椒餅（ダーシュエコウフージャオビン）	胡椒餅	師大路	P120	P20A2
□ 大茶壺（ダーチャーフー）	レストラン	猫空	P131	―
□ 台鐵便當本舗1號店（タイティエビエンタンベンプウ イーハオディエン）	弁当	台北駅	P65	P7C2
□ 台北園食川菜廳（タイベイグオビンチュアンツァイティン）	高級食材	南京復興駅	P79	P8A1
□ 稲舎 Rice&Shine（ダオショーライス アンド シャイン）	レストラン	迪化街	P16	P3A2
□ 陳記百果園（チェンジーバイグオエン）	スイーツ＆おみやげ	忠孝教化駅	P58,95	P8B2
□ 茶湯会（チャータンフェイ）	ドリンク	中山	P73	P14A3
□ 長白小館（チャンバイシャオグワン）	火鍋	國父紀念館駅	P55	P13D3
□ 庄頭豆花担（ヂュアンドウホアタン）	スイーツ	忠孝復興駅	P60	P12B1
□ 串門子茶館（チュアンメンズーチャーグワン）	茶藝館	康青龍	P26	P19A3
□ 竹家荘（ヂュウジアヂュアン）	高級食材	松江南京駅	P79	P7D1
□ 春水堂（チュンシュイタン）	ドリンク	信義	P72	P11C2
□ 春美冰菓室（チュンメイビングオシー）	スイーツ	南京復興駅	P59	P5D4
□ 周記肉粥店（ヂョウジーロウゾウディエン）	粥	龍山寺駅	P57	P21B4
□ 鄭記猪脚飯（ヂョンジーヂュウジャオファン）	丼	北門駅	P66	P17C1
□ 成都楊桃冰（チョンドウヤンタオビン）	スイーツ	西門町	P117	P17C3
□ 青葉台湾料理（チンイエタイワンリャオリー）	台湾料理	中山	P77	P14B4
□ 青田六六（チンティエンチーリウ）	茶藝館	康青龍	P26	P19B4
□ 青田茶館（チンティエンチャーグワン）	茶藝館	康青龍	P26	P19B4
□ 天喜迷你火鍋（ティエンシーミーニーフオグオ）	火鍋	迪化街	P65	P18B4
□ 點水楼（ディエンシュイロウ）	小籠包	西門町	P51	P17D2
□ 天津葱抓餅（ティエンジンツォンヂュアビン）	小吃	康青龍	P68	P19A2
□ 點冰室 ジャビン（ディエンビンシー ジャビン）	かき氷	赤峰街	P21	P14A2
□ 鼎泰豐（ディンタイフォン）	小籠包	康青龍	P48	P19B1
□ 鼎元豆漿（ディンユエンドウジャン）	豆漿	中正紀念堂駅	P56	P7C4
□ 鼎王 台北忠孝店（ディンワン タイベイヂョンシャンディエン）	火鍋	東區	P55	P13C2
□ デグ果迪（Degugu グオグオディー）	ドリンク	中山國中駅	P72	P22A2
□ 度小月（ドゥーシャオユエ）	麺	東區	P52	P13C3
□ 豆花荘（ドウホアヂュアン）	スイーツ	雙連駅	P60	P4A4
□ 東一排骨（ドンイーパイグー）	丼	西門町	P67	P17C2
□ 東區粉圓（ドンチュウフェンユエン）	スイーツ	東區	P60,115	P13C3
□ 東雅小厨（ドンヤーシャオチュウ）	素食	忠孝新生駅	P80	P7D3
□ 南街得意（ナンジエドーイー）	茶藝館	迪化街	P15	P18A3
□ 白水豆花 台北永康（バイシュイドウホア タイベイヨンカン）	スイーツ	康青龍	P23	P19A3
□ ハドソン・コーヒー（Hudson Coffee）	カフェ	赤峰街	P21	P14A2
□ パラダイス・ダイナスティ楽天皇朝（Paradise Dynasty ルーティエンホアンチャオ）	小籠包	信義	P64	P11C1
□ 屏東任家涼麺（ピンドンレンジアリャンミエン）	麺	富錦街	P53	P3B3
□ フィカフィカ・カフェ（Fika Fika Cafe）	カフェ	松江南京駅	P75	P8A1
□ 富錦樹咖啡（フウジンシュウ カーフェイ）	カフェ	富錦街	P118	P22C1
□ 富錦樹 台菜 香檳（フウジンシュウ タイツァイ シャンビン）	台湾料理	富錦街	P119	P22B2
□ 福州世祖胡椒餅（フウヂョウシーズウフウジャオビン）	小吃	西門町	P68	P17D2
□ 阜杭豆漿（フウハンドウジャン）	豆漿	善導寺駅	P56	P7C2
□ 賀室甜品（フオシーティエンピン）	スイーツ	雙連駅	P61	P14A1
□ 豊盛食堂（フォンションシータン）	レトロ食堂	康青龍	P70	P19A2
□ 蜂大咖啡（フォンダーカーフェイ）	カフェ	西門町	P116	P16B3
□ 黒若古早味黒砂糖剉冰（ヘイイェングウザオウェイ ヘイシャータンツオビン）	かき氷	行天宮駅	P58	P21B2
□ 北大行（ベイダーハン）	小籠包	國父紀念館駅	P64	P10A3

物件名	ジャンル	エリア	ページ	付録MAP
□ ホーイー北車站 (HOYII ベイチョーヂャン)	飲食店街	台北駅	P122	P7C2
□ 麥吉machi machi (マイチー マチ マチ)	ドリンク	東區	P115	P12B2
□ 面線町 (ミエンシエンティン)	麺	赤峰街	P20	P14A2
□ 妙口四神湯 (ミャオコウスーシェンタン)	小吃	迪化街	P69	P18A2
□ 茗萃飲品 (ミンツェイインピン)	ドリンク	赤峰街	P21	P14A1
□ 明月湯包 (ミンユエタンパオ)	小籠包	六張犁駅	P50	P3B4
□ 迷客夏ミルクショップ (メイクーシア milk shop)	ドリンク	南京三民駅	P73	P9C1
□ 梅月台湾料理庁 (メイズタイワンリャオリーツァンティン)	台湾料理	中山	P76	P15C4
□ 邀月茶坊 (ヤオユエチャーファン)	茶藝館	猫空	P130	—
□ 鈺善閣 (ユィーシャングー)	素食	善導寺駅	P80	P7C2
□ 芋仔蕃薯 (ユィーツファンシュウ)	台湾料理	九份	P127	—
□ 芋頭大王 (ユィートウダーワン)	スイーツ	康青龍	P61	P19B2
□ 永康階 (ヨンカンジエ)	カフェ	康青龍	P23	P19B2
□ 永康刀削麺 (ヨンカンダオシャオミエン)	麺	康青龍	P53	P19A2
□ 永康牛肉麺 (ヨンカンニウロウミエン)	麺	康青龍	P52	P19A2
□ ラヴィリヴィーデザンジュ 天使熱愛的生活 (LaVieReveeDesAnges ティンシールーアイダションフオ)	カフェ	淡水	P135	P2A4
□ 老四川 (ラオスーチュアン)	火鍋	松江南京駅	P54	P15D3
□ 老蔡水煎包 (ラオツァイシュェイジエンパオ)	小吃	台北駅	P69	P17D2
□ ラディチ (RADICI)	イタリアン	迪化街	P14	P18A1
□ 溜哥焼烤鶏翅包飯 (リウグーシャオカオジーチーパオファン)	小吃	十分	P129	P2B3
□ 劉媽媽飯糰 (リウマーマーファントゥアン)	おにぎり	古亭駅	P57	P7C4
□ 梁記嘉義鶏肉飯 (リャンジージアイージーロウファン)	丼	中山	P67	P15D4
□ 林東芳牛肉麺 (リンドンファンニウロウミエン)	麺	南京復興駅	P52	P8B2
□ 如意坊文藝茶館 (ルウイーファンユエンイーチャーグワン)	茶藝館	富錦街	P63	P22B2
□ 陸光小館 (ルウグアンシャオグワン)	レトロ食堂	台北小巨蛋駅	P71	P3B3
□ 爐鍋咖啡 (ルーグオカーフェイ)	カフェ	迪化街	P16	P18A3
□ 龍門客棧餃子館 (ロンメンクーヂャンジャオズグワン)	レトロ食堂	善導寺駅	P71	P7C3
□ 萬福號 (ワンフウハオ)	小吃	迪化街	P68	P18B3
□ 丸林魯肉飯 (ワンリンルウロウファン)	丼	圓山駅	P66	P4B2

物件名	ジャンル	エリア	ページ	付録MAP
□ 阿婆鐵蛋 (アーポーティエダン)	おみやげ	淡水	P135	P2A4
□ アイ・プリファー (i prefer)	ファッション	台電大樓駅	P92	P20B3
□ ア・ルーム・モデル (A room model)	ファッション	東區	P114	P12B2
□ 益興蔘薬行 (イーシンセンヤオハン)	乾物	迪化街	P17	P18A2
□ e2000 (イーリャンチエン)	茶葉	康青龍	P85	P19A3
□ 印花作夥 (インホアズオフオ)	雑貨	迪化街	P90	P18A1
□ 伍宗行 (ウーゾンハン)	食材	西門町	P96	P17D3
□ 微風南山 (ウェイフォンナンシャン)	複合施設	信義	P98,112	P11C3
□ 微熱山丘 (ウェイルーシャンチウ /SunnyHills)	パイナップルケーキ	富錦街	P83	P22C2
□ エレメンティ (elementi)	食材	迪化街	P14	P18A1
□ オリ 奥立設計師商店 (OLIアオリーショージーシーシャンディエン)	雑貨	善導寺駅	P93	P7C2
□ ガーデン 文創選物店 (Garden ウェンチュアンシュエンウーディエン)	雑貨	康青龍	P25	P19A3
□ Qスクエア京站時尚広場 (Q Squareジンヂャンシーシャングワンヂャン)	百貨店	台北駅	P122	P7C1
□ 光點生活 (グアンディエンションフオ)	雑貨	忠孝新生駅	P91	P7D2
□ クイーン・ショップ敦南門市 (QUEEN SHOP ドゥンナンメンシー)	ファッション	東區	P114	P13C2
□ 故宮商店 (グウゴンシャンディエン)	ショップ	士林駅	P34	P3B1
□ 郭元益 (グオユエンイー)	パイナップルケーキ	南京三民駅	P83	P14B2
□ クロエチェン (CHLOECHEN)	ファッション	東區	P93	P13C2
□ 佳徳糕餅 (ジアドーガオビン)	パイナップルケーキ	南京三民駅	P83	P9D1
□ 吉軒茶語 (ジーシュエンチャーユィー)	茶葉	南京三民駅	P86	P5D4
□ 10平方文具概念館 (シーピンファンウェンジーガイニエングワン)	雑貨	台北小巨蛋駅	P90	P9C1
□ 九份木屐王 (ジウフェンムージーワン)	おみやげ	九份	P127	—
□ 神農市場 (シェンノンシーチャン MAJI FOOD&Deli)	おみやげ	圓山駅	P94	P4A2
□ 神農生活×食習 (シェンノンションフオ シーシー)	食品	中山	P18,95	P14A3
□ 小格格鞋坊 (シャオグーグーシエファン)	シューズ	西門町	P117	P16B3
□ 小器生活 (シャオチーションフオ)	雑貨＆おみやげ	赤峰街	P20	P14A3
□ 小茶栽堂 永康旗艦店 (シャオチャーザイタン ヨンカンチージエンディエン)	茶葉	康青龍	P84	P19B1
□ 小花園 (シャオホアユエン)	シューズ	迪化街	P88	P18A4
□ ジャメイ・チェン男空間 (JAMEI CHEN リンコンジエン)	ファッション	芝山駅	P92	P3A1
□ 水水生活×松菸小賣所 (シュェイシュェイションフオ ソンイエンシャオマイスオ)	雑貨	國父紀念館駅	P40	P9C2
□ 雪文洋行 (シュエウェンヤンハン)	おみやげ	淡水	P134	P2A4
□ ジョージア・ツァオ (GEORGIA TSAO)	ファッション	中山	P93	P14A3
□ 勝立生活百貨 (ションリーションフオバイフオ)	スーパー	中山	P97	P15D1
□ 錦安市場 昭和町文物市集 (ジエンアンシーチャン ヂャオフーディンウェンウーシージー)	骨董品市場	康青龍	P25	P19A3
■ 新光三越 台北信義新天地 (シングアンサンユエ タイベイシンイーシンティエンディー)	デパート	信義	P98,112	P11C1〜2
□ 興華名茶 (シンホアミンチャー)	茶葉	康青龍	P85	P19A1
□ 澤ँ音楽 (ズーロンインユエ)	アーティストグッズ	西門町	P117	P16B3
□ 台鐵夢工場 (タイティエモンゴンチャン)	鉄道グッズ	台北駅	P122	P7C2
□ 陶一二 (タオイーアル)	茶器	迪化街	P15,86	P18A3
□ 糖村 (タンツン /Sugar & Spice)	パイナップルケーキ	忠孝敦化駅	P82	P12B2
□ 知音文創 (ヂーインウェンチュアン)	雑貨	忠孝新生駅	P41	P7D2

□行きたい場所に✓を入れましょう　■行った場所をぬりつぶしましょう

	物件名	ジャンル	エリア	ページ	付録MAP
ショップ	☐ 奇古堂 (チーグウタン)	茶器	忠孝復興駅	P87	P12A4
	☐ 兆元印社 (ヂャオユエンインショー)	印鑑	台北駅	P39	P7C1
	☐ チャ・チャ・テ (CHA CHA THÉ)	パイナップルケーキ	忠孝復興駅	P82	P12A4
	☐ 全聯 中山松江店 (チュアンリェン ジョンシャンソンジャンディエン)	スーパー	行天宮駅	P97	P21B2
	☐ 醇品雅集 (チュンピンヤージー)	茶器	康青龍	P87	P19A1
	☐ 周萬珍餅鋪 (ヂョウワンヂェンビンウ)	まんじゅう	十分	P129	P2B3
	☐ 誠品 H/9 (チョンビンアールウージウ)	複合施設	中山	P18	P14A3
	☐ 誠品生活 松菸店 (チョンピンション フオ ソンイエンディエン)	複合施設	國父紀念館駅	P40	P9C2
	☐ 誠品生活南西 (チョンピンションフオナンシー)	複合施設	中山	P18	P14A3
	☐ 清浄母語 (チンジンムーウィー)	オーガニックフード	康青龍	P25	P19B3
	☐ 沁園 (チンユエン)	茶葉	康青龍	P25	P19A2
	☐ 子村 (ツーツン CHARM VILLA)	茶葉	中山	P91	P15C3
	☐ デイリリー (Daylily)	漢方	富錦街	P118	P22D2
	☐ 統一時代百貨 (トンイーシーダイバイフオ)	デパート	信義	P98,112	P11C1
	☐ ナイン (The Nine)	パイナップルケーキ	中山	P19, 83	P14B3
	☐ バオ ギフト タイペイ (BAO GIFT TAIPEI)	雑貨	康青龍	P89	P19A2
	☐ 好.丘 (ハオ, チウ)	おみやげ&カフェ	信義	P41,95	P10B4
	☐ バット・ウィ・ラブ・バター (but. we love butter)	菓子	富錦街	P119	P22A1
	☐ 布調 (ブウディアオ)	雑貨	康青龍	P24、88	P19B3
	☐ フジン・ツリー 355 (Fujin Tree 355)	セレクトショップ	富錦街	P118	P22C1
	☐ ペコエ食品雑貨鋪 (Pekoe シービンザーフオブウ)	おみやげ	信義安和駅	P94	P8B3
	☐ ミア・セボン (Mia C'bon)	スーパー	中山	P96	P15C3
	☐ 煤之郷 猫咪鳳梨酥 (メイヂー シャン マオミーフォンリースウ)	おみやげ	猴硐	P129	P2B2
	☐ 元錦手作 (ユエンインショウスオ)	ファッション	師大路	P120	P20A1
	☐ 遠東 SOGO 忠孝館 (ユエンドンソゴウヂョンシャオグワン)	デパート	忠孝復興駅	P98	P12A2
	☐ 永久号 (ヨンジウハオ)	おみやげ	迪化街	P95	P18A3
	☐ 来好 (ライハオ)	雑貨	中山	P24	P19A2
	☐ 然後 furthermore (ランホウ ファーザーモア)	雑貨	赤峰街	P20,91	P14A2
	☐ 李氏手工房 (リーシーショウゴンファン)	雑貨	台北駅	P89	P6B1
	☐ リトドルワーク (Littdlework)	雑貨	康青龍	P24	P19A2
	☐ 梁山泊ває零捌 (リャンシャンボーイーリンバー)	雑貨	迪化街	P90	P18A3
	☐ 良友翠玉専門店 (リャンヨウツェイ ユィーヂュアンメンディエン)	パワーストーン	行天宮駅	P39	P21B2
	☐ '0416×1024 (リンスーイーリンイーリンアルスー)	雑貨	中山	P91	P14A3
	☐ 林茂益商行 (リンファンイーシャンハン)	雑貨	迪化街	P17	P18A1
	☐ 林茂森茶行 (リンマオセンチャーハン)	茶葉	迪化街	P85	P18B1
ビューティスポット	☐ 阿原 (アーユエン)	コスメ	―	P109	―
	☐ アンスリーブ (ansleep)	シャンプー	中山国小駅	P102	P4B3
	☐ ガーデン・スパ (GARDEN SPA)	スパ	小南門駅	P106	P6A3
	☐ Gooday101 好日写真 (グッディ ハオリーシエヂェン)	写真館	中山	P101	P15C4
	☐ 山桜恋男女養生屋 (シャンインリエンナンヌウヤンションウー)	足裏マッサージ	中山国小駅	P104	P4B2
	☐ 薑心比心 (ジャンシンビーシン)	コスメ	康青龍	P108	P19A3
	☐ 金樂足體養生會館 (ジンルーズウティーヤンションフェイグワン)	足裏マッサージ	南京復興駅	P105	P8B2
	☐ 足満足養生館 (ズウマンズウヤンション フェイグワン)	足裏マッサージ	西門町	P105	P16B2
	☐ スパークル (sparkle)	スパ	信義	P107	P10A4
	☐ 太極堂 (タイジータン)	足裏マッサージ	信義	P113	P11D1
	☐ 千里行足體養生會館 (チエンリーシンズウティーヤンションフェイグワン)	足裏マッサージ	松江南京駅	P105	P15D2
	☐ 茶籽堂 (チャーズータン)	コスメ	國父紀念館駅	P109	P9C2
	☐ 泉發蜂蜜 (チュエンファーフォンミー)	コスメ	富錦街	P108	P22B2
	☐ 川堂養生館 (チュワンタンヤンションワン)	伝統マッサージ	台北駅	P107	P6B1
	☐ 采悦 (ツァイユエ)	シャンプー	行天宮駅	P103	P21B1
	☐ 滋和堂 (ツーワータン)	足裏マッサージ	松江南京駅	P104	P7D1
	☐ 天和鮮物 (ティエンフーシエンウー)	美容スイーツ	善導寺駅	P110	P7D2
	☐ 八時神仙草 (バーシーシェンシエンツァオ)	美容スイーツ	中山	P110	P14B4
	☐ プロ・カッティ (PRO CUTTI)	シャンプー	中山	P103	P14B3
	☐ 北緯23.5 (ベイウェイアルシーサンディエンウー)	コスメ	―	P109	―
	☐ マジックス 変身写真館 (Magic.s ビェンシェンシエヂェングワン)	写真館	北門駅	P100	P6B1
	☐ 沐蘭スパ (ムーランスパ)	スパ	中山	P107	P15C3
	☐ 艋舺肥皂 (モンジアフェイザオ/モンガ石鹸)	コスメ	―	P109	―
	☐ レルボフロール (L'HERBOFLORE/ 蕾舒翠・レイシューツェイ)	コスメ	信義	P108	P11C3
ナイトスポット	☐ ウーバー (WOOBAR)	バー	信義	P113	P11C1
	☐ カバラン ウイスキー バー (KAVALAN WHISKY BAR)	バー	松江南京駅	P44	P15D3
	☐ 公館夜市 (ゴングワンイエシー)	夜市	公館	P121	P20B4
	☐ ザ58バー (THE 58 BAR)	バー	西門町	P45	P16B1
	☐ 喫飲室ランドマーク信義店 (シーインシー Landmark シンイーディエン)	バー	信義	P44	P11C1
	☐ 士林夜市 (シーリンイエシー)	夜市	剣潭駅	P28	P3A2
	☐ 寧夏夜市 (ニンシアイエシー)	夜市	中山	P31	P4A4
	☐ 猫下去敦北倶楽部&倶楽部男孩沙龍 (マオシアチュウドゥン ベイジュウルーブウ & ジュウルーブウナンハイシャーロン)	バー	中山國中駅	P45	P22A2
	☐ 饒河街観光夜市 (ラオフージエ ワングワンアンイエシー)	夜市	松山駅	P30	P3B3
	☐ 61ノート (リウシーイーノート 61 NOTE)	バー	中山	P45	P14A3

(159)

ララチッタ

台北
Taipei

2023年10月15日　初版印刷
2023年11月 1日　初版発行

編集人	福本由美香
発行人	盛崎宏行
発行所	JTBパブリッシング
	〒135-8165
	東京都江東区豊洲5-6-36
	豊洲プライムスクエア11階
企画・編集	情報メディア編集部
編集デスク	矢崎歩
編集担当	鷲巣真穂
取材・執筆	K&Bパブリッシャーズ
	山口美和／大原扁理
	ランズ／粟屋千春／P.M.A.トライアングル
	台湾那比達科股份有限公司
	草柳理砂／宮原千佳子
撮影	山口美和／大原扁理
	P.M.A.トライアングル
	板持学／熊谷俊之／蔡禮安／呉佳容
本文デザイン	K&Bパブリッシャーズ／BEAM／ME&MIRACO
シリーズロゴ	ローグ クリエイティブ（馬場貴裕／西浦隆大）
表紙デザイン	ローグ クリエイティブ（馬場貴裕／西浦隆大）
付録デザイン	池内綾乃
編集・取材・写真協力	野澤正尊／片倉真理／石吉弘／許家華
	中田浩資／岩田衣織／松澤暁生／田尻陽子
	山田美惠／鈴木伸／クルー／ブルーム／PIXTA
	西村光司／関竜太／山本潮／本の事務所
	國立故宮博物院／台湾観光局／JTB台湾
地図製作	K&Bパブリッシャーズ
	ジェイ・マップ／アルテコ／アトリエプラン
組版	佐川印刷
印刷所	佐川印刷

編集内容や、乱丁、落丁のお問合せはこちら
JTBパブリッシング お問合せ
https://jtbpublishing.co.jp/contact/service/

おでかけ情報満載
https://rurubu.jp/andmore/

※続刊予定あり

ヨーロッパ

① ローマ・フィレンツェ
② ミラノ・ヴェネツィア
③ パリ
④ ロンドン
⑤ ミュンヘン・ロマンチック街道・フランクフルト
⑥ ウィーン・プラハ
⑦ アムステルダム・ブリュッセル
⑧ スペイン
⑨ 北欧
⑩ イタリア
⑪ フランス
⑫ イギリス

アジア

① ソウル
② 台北
③ 香港・マカオ
④ 上海
⑤ シンガポール
⑥ バンコク
⑦ プーケット・サムイ島・バンコク
⑧ ホーチミン
⑨ アンコールワット・ホーチミン
⑩ バリ島
⑪ プサン
⑫ ベトナム
⑬ 台湾
⑭ セブ島 フィリピン

アメリカ

① ニューヨーク
② ラスベガス・セドナ
③ ロサンゼルス・サンフランシスコ
④ バンクーバー・カナディアンロッキー

太平洋

① ホノルル
② グアム
③ ケアンズ・グレートバリアリーフ
④ シドニー・ウルル（エアーズ・ロック）
⑤ ハワイ島・ホノルル
⑥ オーストラリア

ここからはがせます♪

Lala Citta Taipei
Area Map

台北
付録MAP

台北周辺図/淡水　P2
台北全体図　P3
台北北部　P4-5
台北西部　P6-7
台北東部　P8-9
台北101周辺(信義)　P10-11
東区(忠孝復興駅～忠孝敦化駅)　P12-13
中山　P14-15
西門町　P16-17
迪化街　P18
康青龍　P19
師大路～公館　P20
行天宮周辺/龍山寺周辺　P21
富錦街　P22
台湾グルメ指さし注文カタログ　P23-26
シーン別 カンタン会話　P27
MRT(捷運)路線図　裏表紙

MAP記号の見方

🏨ホテル　🛈観光案内所　Ⓜ MRT　✈空港　♀バス停　♒銀行　⊖郵便局
⊞病院　⊗警察　◆学校・市役所など　卍寺院　⛪教会　▲山

MAP凡例

●観光スポット　●レストラン・カフェ　●ショップ
●ビューティスポット　●ナイトスポット　🏨ホテル

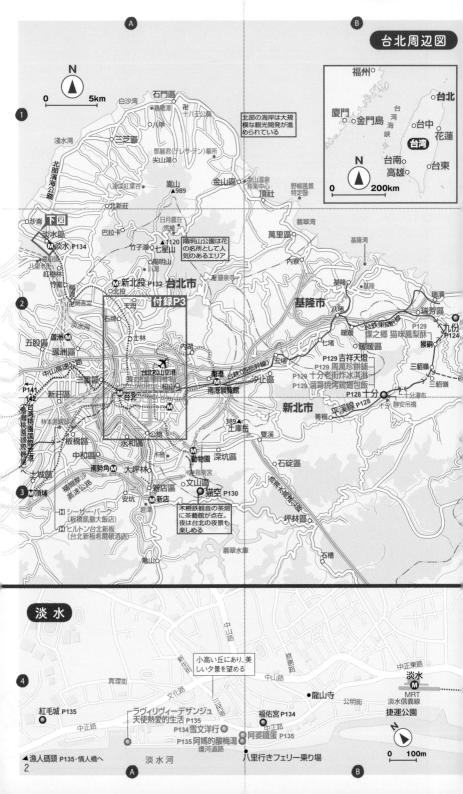

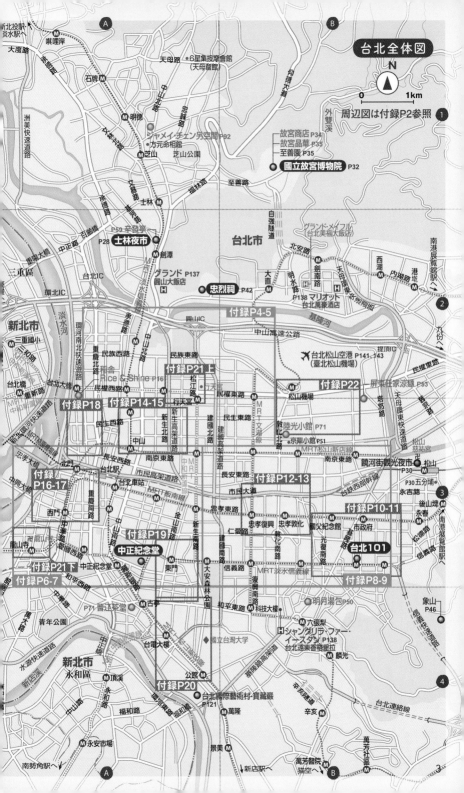

台北全体図

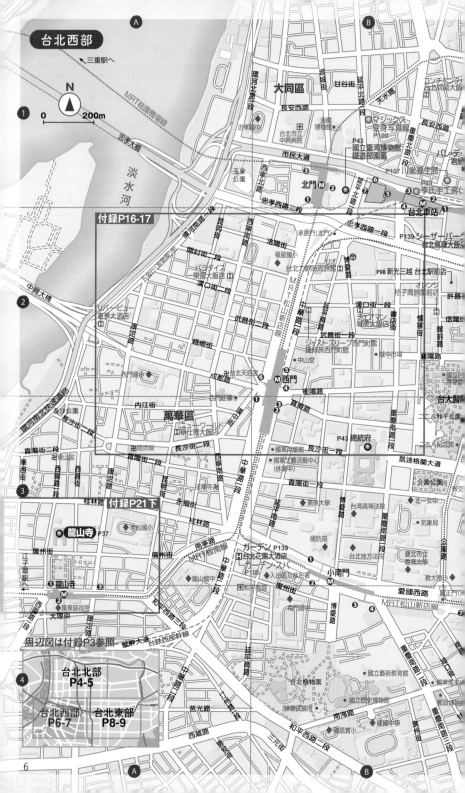

台北101周辺（信義）

Ⓐ Ⓑ
553巷

① 忠孝敦化駅へ

Ⓜ
國父紀念館
ⓘ 交通部 観光局
⑤
③ ④
忠孝東路四段
50巷 セブンイレブン●
光復圖小 ◆
◆光復圖小
42巷
32巷
260巷 セブンイレブン●
光復南路
國父紀念館
26巷
P115 シュガー・ミス
290巷
中山公園
松高路
逸仙路
臺北市議會
翠湖

②

仁愛路四段

420巷
452巷
市民緑地廣場
龍興宮卍
松壽路
◎北大行 P64
P137 グランド・ハイアット Ⓗ
台北君悦酒店
城川街
364巷
③
560巷
380巷
台北世貿展覧一館
265巷31弄
中興公園
莊敬路
國際會議中心
⑤
信義路四段
信義路五段
① 台北101/世
MRT淡水信義線
スパークル
P107
②
信義安和駅へ
文昌街
義興街
文昌街
莊敬路
松勤街
④
278巷11弄
光復南路
呉興街
眷村文物館 P41
好、丘 P41、95
毎週日曜の午後には
ファーマーズマーケットが開かれる
四四南村 P41
39巷61弄

10

Ⓐ Ⓑ

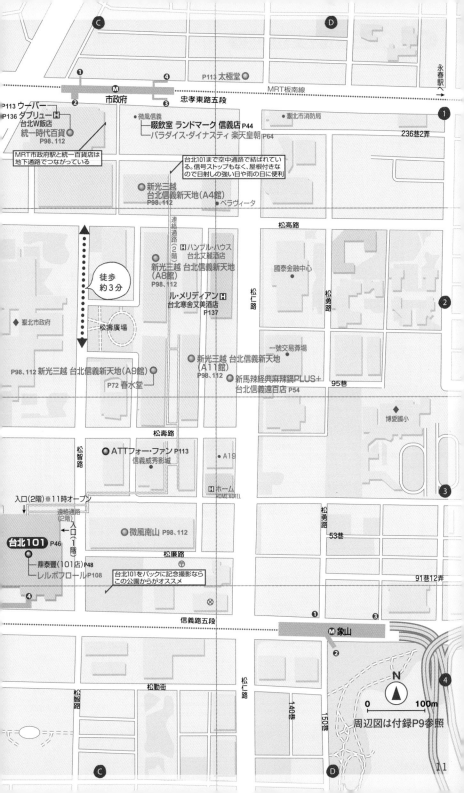

C

D

永春駅へ →

❶
❹
P113 太極堂
MRT板南線

Ⓜ 市政府
忠孝東路五段

❷
❸

P113 ウーバー
P136 ダブリュー
台北W飯店
統一時代百貨
P98、112

MRT市政府駅と統一百貨店は
地下通路でつながっている

●微風信義
啜飲室 ランドマーク 信義店 P44
パラダイス・ダイナスティ 楽天皇朝 P64

●臺北市消防局

236巷2弄

❶

●新光三越
台北信義新天地(A4館)
P98、112
●ベラヴィータ

台北101まで空中通路で結ばれてい
る。信号ストップもなく、屋根付きな
ので日射しの強い日や雨の日に便利

松高路

連絡通路
(2階)

▶ハンブル・ハウス
台北文華酒店

●新光三越 台北信義新天地
(A8館)
P98、112

●國泰金融中心

松仁路

松勇路

❷

ル・メリディアン H
台北寒舎艾美酒店
P137

◆臺北市政府

徒歩
約3分

●松壽廣場

●一號交易菁場

●新光三越 台北信義新天地
(A11館)
P98、112

P98、112 新光三越 台北信義新天地(A9館)

●新馬辣経典麻辣鍋PLUS+
台北信義遠百店 P54

95巷

P72 春水堂

松壽路

●博愛國小

松智路

●ATTフォー・ファン P113
信義威秀影城

●A19

H ホーム
ROME HOTEL

松勇路

❸

入口(2階)※11時オープン

連絡通路
(2階)

←入口1階

台北101 P46

●微風南山 P98、112

松廉路

53巷

鼎泰豐(101店) P48
レルポフロール P108

台北101をバックに記念撮影なら
この公園からがオススメ

91巷12弄

❹

Ⓜ象山

❶

❸

信義路五段

松智路

松勤街

松仁路

❷

140巷

150巷

N

0 — 100m

❹

周辺図は付録P9参照

C

D

東區（忠孝復興駅〜忠孝敦化駅）

A · B

↑南京復興駅へ

復興南路一段

市民大道四段

庄頭豆花担 P60

敦化南路一段

1

←台北車站へ

79巷

19巷

16巷

ファミリーマート
（全家便利商店）

31巷

国泰世華

P82 糖村

160巷

161

ア・ルーム・モデル
P114

107巷

大安路一段

52巷

51巷

ハーゲンダッツ

麥吉 machi machi
P115

セブンイレブン

135巷

190巷

MRT忠孝復興駅から
忠孝敦化駅は地下道
でつながっている。

2

忠孝新生駅へ

155巷

瑠公圳公園

75巷

遠東SOGO
忠孝館
P98

12MINI P65

家楽福超市

101巷

台北富邦

8

5

4

M 忠孝復興

MRT板南線

鼎泰豐（復興店）P48

スターバックス

點水樓（SOGO復興店）P51

3

P38

WOW玩行旅

232巷

九份行きバス停

日月命理館

83巷

遠東SOGO
復興館
P98

84巷

236巷

6

177巷

26巷

27巷

106巷

101巷

71巷

238巷

遠東SOGO
敦化館
P98

233

3

116巷

252巷

126巷

119巷

復興実験高級中学

219巷

チャ・チャ・テ
P82

270巷

247

9弄

MRT文湖線

144巷

レ・スイート・タイペイ大安館
台北旅館大安館

91巷

4

奇古堂 P87

仁愛路四段

ハワード・プラザ P139
台北福華大飯店

仁愛敦南圓環

12 ↓大安駅へ

A · B

松山區

C

D

N

0　　　　100m

周辺図は付録P8参照

市民大道四段

市民高架道路

台鉄西部幹線

松山駅へ

1

181巷40弄　181巷35弄

161巷69弄

62巷

クイーン・ショップ敦南門市 P114　グロエチェン P93

169巷

62巷　129巷

大安區

177巷

223巷

131巷

延吉公園

2

シャレなセレクトショップが立ち
ぶエリア。14時過ぎからオープ
する店が多い

セブンイレブン

187巷　223巷20弄

セブン
イレブン

ファミリーマート
（全家便利商店）

國父紀念館駅へ

181巷10弄　181巷7弄

セブンイレブン

181巷

205巷

205巷7弄

聯邦

鼎王 台北忠孝店　クラウド・アリーナ
雲沐行旅

RF Hotel

第一

1　　2

忠孝敦化

忠孝東路四段

彰化　4　　3 ネット

170巷6弄　170巷5弄

度小月 P52

216巷11弄

240巷

長白小館 P55

3

170巷

151巷

徒歩
約3分

216巷19弄

260巷

170巷18弄　170巷17弄

216巷32弄

セブンイレブン

216巷27弄

280巷

21巷

P60、115 東區粉圓
216巷40弄

ファミリーマート
（全家便利商店）

33弄

新光

290巷

345巷4弄

345巷4弄

345巷15弄

308巷

105巷　セブンイレブン　49巷

216巷

富邦金融中心
セブンイレブン

345巷5弄

346巷

中国信託

4

仁愛路四段

仁愛路四段

C

D

13

P97 勝立生活百貨

民生東路一段

民生東路二段

N

0   100m

周辺図は付録P4参照

中原街

ファミリーマート
(全家便利商店)

76巷

101巷

吉林路

1

20巷

グロリア・レジデンス P139
華泰瑞舎
353巷

72巷

77巷

55巷3弄

68巷

154巷

卍 新福宮

55巷

144巷

310巷
セブンイレブン

62巷

45巷

中原公園

45巷

ファミリーマート
(全家便利商店)

60巷

林森北路

コスメッド
P108

足裏マッサージ店が多い通り

58巷

41巷

中原街

2

P67 鶏家荘
P51 京鼎樓
東京國際

春路

ファミリーマート
(全家便利商店)

長春路

セブン
イレブン

欣欣魚翅坊
P79

吉林國小

千里行 P105
足體養生
普館

259巷

33巷

ージェント P136
台北晶華酒店
沐蘭スパ P107
子村 P91

欣欣百貨
ミア・セボン P96

28巷

31巷

27巷

新生北路二段

21巷

108巷

林森公園

15巷

仁徳公園

21巷

41巷

98巷

吉林路

3

康樂公園

林森北路

新生高架道路

5巷

P44
カバラン ウイスキー バー

老四川 P54

ファースト
第一大飯店

東路一段

南京東路二段

MRT松山新店線

マクドナルド

松江南京駅へ

インターナショナル
台北国際飯店

エンペラー
園王大飯店

159巷

P139 サン・ワン・
レジデンス
神旺商務酒店

132巷

新生北路一段

26巷

38巷

145巷(九條通)

子巷

セブンイレブン

133巷(八條通)

22巷

林森
ファミリーマート
(全家便利商店)

119巷(七條通)

吉林公園

梁記嘉義鶏肉飯
P67

梅子台湾料理餐庁
P76

14巷

Gooday101
好日写真 P101

107巷(七條通)

吉林路

4

西門町

0　100m

周辺図は付録P6参照

淡水河

延平河濱公園

環河南北快速道路

開封街二段

昆明街

漢口街二段

晋徳宮

in89豪華影城

樂聲影城

台北市電影主題公園

セブンイレブン

マクドナルド　96巷

武昌街二段

福星公園　一樂園大飯店

パラダイス

獅子林新光影城

誠品武昌店

P117 賽門鄧普拉

P45 ザ58バー

セブンイレブン

セブンイレブン

P105 足満足養生會館 美麗街 P116

峨嵋街

成都路

30巷

康定路

25巷

西門國小

國賓戲院

ファミリーマート（全家便利商店）

台大醫院北護分院

昆明街

誠品書店

歩行者天国となっており、若者で賑わう。夕方からがオススメ

ファミリーマート（全家便利商店）

幸福堂 P73

阿宗麺線 P53、11

徒歩約3分

P116 蜂大咖啡

卍台北天后宮

成都路

小格格鞋坊 P117

P116 西門紅樓

P117 澤龍音樂

內江街

ファミリーマート（全家便利商店）

51巷

大渓足養生會館

內江街

ニュー・ワールド新仕界大飯店

國泰世華

中国信託

長沙街二段

29巷

西寧南路

西率市場

洛陽停車場

洛陽街

セブンイレブン

康定路

龍山寺駅へ

16　↓龍山寺へ

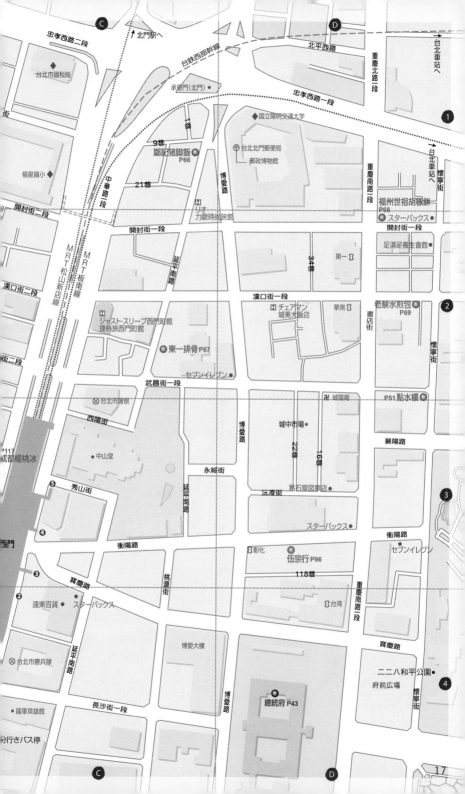

忠孝西路二段

台北市國税局

福星國小 ◆

開封街二段

漢口街二段

街二段

CP117
成都楊桃冰

西門

C

北門駅へ

台鉄西部幹線

承恩門(北門)

9巷

21巷

中華路一段

MRT松山新店線

MRT板南線

開封街一段

延平南路

ジャスト・スリープ西門町館
捷絲旅西門町館

東一排骨 P67

セブンイレブン

武昌街一段

⊗ 台北市警察

西寧街

◆ 中山堂

秀山街

⑤

④

③

② 遠東百貨 ●

博愛路

鄭記猪脚飯 P66

リオ
力歐時尚旅館

漢口街一段

D

北平西路

忠孝西路一段

国立陽明交通大学

台北北門郵便局
郵政博物館

34巷

第一 ⛩

チェアマン
城美大飯店

華南

城隍廟

城中市場 ●

永綏街

沅陵街 ●點石齋図書店

スターバックス ●

衡陽路

彰化

伍宗行 P96

118巷

台湾

重慶北路二段

台北車站へ

懷寧街

台北車站へ

福州世祖胡椒餅
P68
● スターバックス ●

開封街一段

足滿足養生會館 ●

老蔡水煎包
P69

書店街

P51 點水樓

襄陽路

衡陽路

重慶南路二段

懷寧街

重慶南路二段

1

2

3

セブンイレブン

博愛路

桃源街

スターバックス

延平南路

⊗ 台北市憲兵隊

博愛大樓

寶慶路

博愛大樓

長沙街一段

分行きバス停

● 國軍英雄館

國軍英雄館

C

總統府 P43

D

寶慶路

二二八和平公園 ●
府前広場

懷寧街

4

17

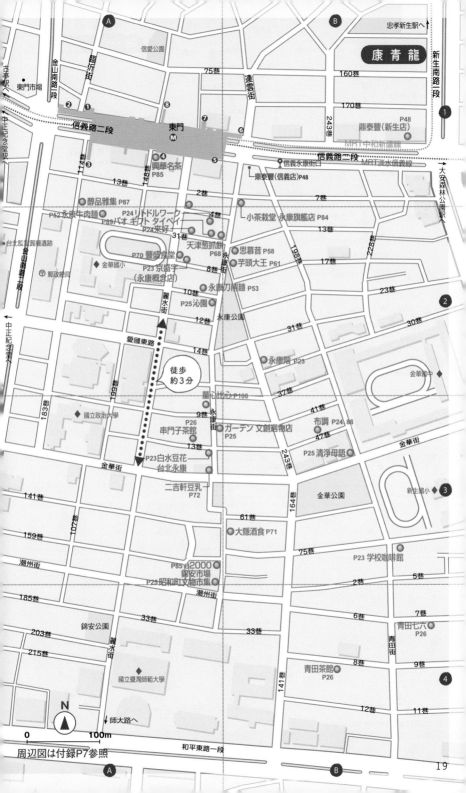

康青龍

忠孝新生駅へ

新生南路一段

信愛公園

75巷

連雲街

160巷

170巷

243巷

鼎泰豐
(新生店) P48

金山南路二段

臨沂街

東門市場

古亭駅へ
中正記念堂駅へ

②①

信義路二段

東門
Ⓜ

⑧

⑦

⑥

⑤

④

③

MRT中和新蘆線

信義永康街口

鼎泰豐(信義店)P48

信義路二段

MRT中和新蘆線

MRT淡水信義線

大安森林公園駅へ

興華名茶 P85
新興華名茶

13巷

2巷

醇品雅集 P87

P52永康牛肉麺

P24リトドルワークス

P89バオ ギフト タイペイ

P24来好

31巷

4巷

小茶栽堂 永康旗艦店 P84

7巷

13巷

228巷

台北監獄圍牆遺跡

金華國小

P70豐盛堂

天津葱抓餅
P68

思慕昔 P58

芋頭大王 P61

17巷

P23京盛宇
(永康概念店)

郵政總局

10巷

永康刀削麺 P53

23巷

永康街

8巷

麗水街

P25沁園

愛國東路

12巷

永康公園

徒歩
約3分

14巷

永康階 P23

31巷

30巷

金華國中

37巷

蜀山也P108

9巷

41巷

183巷

99巷

國立政治大學

P26
串門子茶館

ガーデン 文創雑物店
P25

布調 P24、88

41巷

243巷

P25 清浄母語

金華街

13巷

P23白水豆花
台北永康

金華街

二吉軒豆乳
P72

金華公園

新生國小

141巷

107巷

61巷

大隠酒食 P71

75巷

P23 学校咖啡館

159巷

P85 a2000
錦安市場
P25昭和町文物市集

潮州街

2巷

5巷

185巷

潮州街

6巷

7巷

203巷

錦安公園

33巷

33巷

青田七六
P26

青田街

215巷

麗水街

141巷

8巷

9巷

青田茶館
P26

國立臺灣師範大學

N

師大路へ

0   100m

周辺図は付録P7参照

12巷

11巷

和平東路一段

19

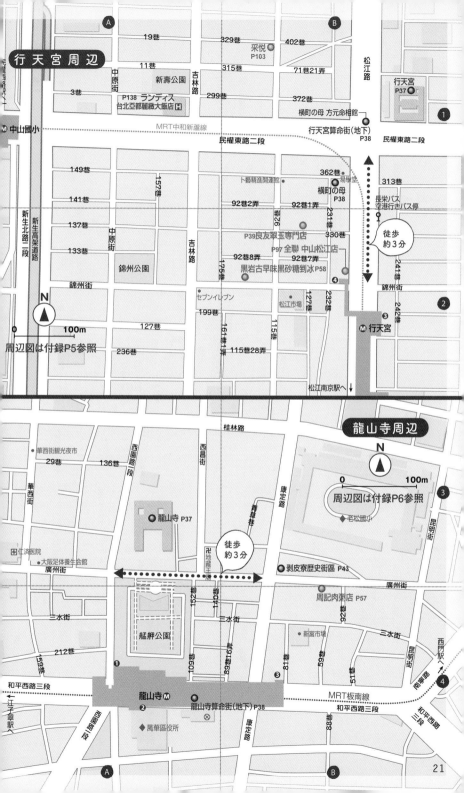

行天宮周辺

19巷
329巷
采悦 P103
402巷

11巷
315巷
71巷21弄

中原街
新壽公園

3巷
299巷
372巷

P138 ランディス
台北亞都麗緻大飯店 H

横町の母 方元命相館

松江路

行天宮 P37

1

MRT中和新蘆線
民權東路二段
行天宮算命街(地下) P38
民權東路二段

149巷
362巷 易聖堂
313巷

卜覇精進開運館
横町の母 P38

141巷
92巷2弄
92巷1弄
231巷
長栄バス 空港行きバス停
徒歩 約3分

中原街
157巷
第26

137巷
第26
330巷
241巷

吉林路
P39良友翠玉専門店
P97 全聯 中山松江店

133巷
92巷8弄
92巷7弄
242巷

錦州公園
175巷
黒岩古早味黒砂糖剉冰 P58
4

錦州街
錦州街
3
行天宮 M

N
セブンイレブン
232巷
2

0 100m
199巷
松江市場
127巷

周辺図は付録P5参照
127巷
161巷1弄
115巷
松江南京駅へ ↓

236巷
115巷28弄

龍山寺周辺

桂林路

N

華西街観光夜市
西昌街
西寧路二段

29巷
136巷

0 100m
周辺図は付録P6参照

華西街
康定路
老松國小

龍山寺 P37
青草巷
徒歩 約3分

田仁済医院
剥皮寮歴史街區 P43

大阪足体養生会館
卍地蔵王廟
廣州街
周記肉粥店 P57

廣州街
152巷
140巷
92巷

三水街
三水街
昆明街

艋舺公園
新富市場

212巷
159巷
109巷
89巷16弄
81巷
65巷
51巷
西門駅へ
4

龍山寺 M
龍山寺算命街(地下) P38
MRT板南線

和平西路三段
萬華區役所
康定路
和平西路三段
和平西路 三段

江子翠駅へ

A
B

21

必食 台湾グルメ 指さし注文 カタログ

家庭的な味の台湾料理をはじめ、中国各地方の料理まで幅広く揃う台湾は食の宝庫。
屋台料理から高級レストラン、別腹スイーツまで名物メニューをピックアップ。
メニュー名を指さしして注文してみて！

台湾料理

旬の野菜や近海でとれた新鮮な魚介をふんだんに使い、素材の味を生かして調理する台湾料理はあっさりとした味付けで日本人好み。福建省の食習慣がベースで、前菜やメインから庶民のおやつまでメニューも多彩だ。

炒青菜 ●チャオチンツァイ

空芯菜や豆苗といった季節の青菜を強火でさっと炒めたもの。にんにくと酒の風味が味を引き立てる。

鹹蜆仔 ●ギャンラーアー

シジミのにんにく醤油漬け。味がしっかり染み込んだ後を引くおいしさ。お酒のつまみに◎。

小魚花生 ●シャオユィーホアション

小魚とピーナッツの炒め物。カリカリの食感、そして塩味と辛さのハーモニーが抜群の一品！

烏魚子 ●ウーユィーズ

ボラの卵を塩漬け・乾燥させた「カラスミ」。薄切りにして大根やネギと一緒に食べるのが一般的。

菜埔蛋 ●ツァイポレェン

切り干し大根入りの玉子焼。台湾では非常にポピュラーな一品。大根の食感が楽しい。

紅燒豆腐 ●ホンシャオドウフウ

野菜と厚揚げの醤油炒め。しっかりした味付けでご飯によく合う。辛み を加える店もある。

蔭鼓蚵 ●イムシャオア

カキ、ブラックビーンズ、長ネギの炒め物。もろみで調理したしっかりとした味付けでご飯がすすむ。

魯肉 ●ローバー

台湾風の豚の角煮。日本と同じように箸でほぐせるほどにやわらかく、じっくり味が染みていておいしい。

花枝丸 ●ホアヂーワン

イカのすり身を油で揚げたイカ団子。塩をつけたシンプルな食べ方で、アツアツがおいしい。

紅蟳米糕 ●ホンシュンミーガオ

ワタリガニ入りのおこわ。カニみそがたっぷり入ったカニをまるごと一匹、贅沢に使用している。

宜蘭西魯肉 ●イーランシールウロウ

宜蘭名産の三星ネギ、白菜やカニ肉、サメの皮など10種の具材が入る伝統的なあんかけスープ。

炒米粉 ●チャオミーフェン

野菜たっぷりの焼きビーフン。豚肉入り、カボチャ入りなど店によってアレンジを加えている。

石頭火鍋 ●シートウフオグオ

野菜、肉、魚介類、餃子など具だくさんの台湾風寄せ鍋。石鍋を使ってじっくり煮込む。

【調理法】

炒（チャオ）：油で炒める
煎（ジィエン）：油で両面に焼き色をつける
炸（ザー）：油で揚げる
烤（カオ）：直火のあぶり焼き
拌（バン）：和える

中国料理

フカヒレやアワビといった高級食材を使用する広東料理、上海ガニに代表される上海料理、宮廷料理がルーツの北京料理、香辛料を効かせた四川料理など、台北ではさまざまな中国料理を味わうことができる。

北京烤鴨 ●ベイジンカオヤー

蜜をかけながらこんがり焼き上げた北京料理の王様。注文は1羽単位なので、3〜4人以上で食べたい。

紅燒排翅 ●ホンシャオパイチー

フカヒレの姿煮。数日かけて戻したフカヒレを鶏のスープでじっくり煮込んだ極上の一品。

嶄皇原雙鮑 ●ハオホアンユエンシュアンバオ

アワビの姿煮。味の決め手となるスープは、地鶏や金華ハム、豚肉など店によってレシピが異なる。

小籠包 ●シャオロンバオ

ジューシーなあんとアツアツのスープがヤミツキに。店ごとに味を競っており、ハイレベル。

東坡肉 ●ドンポーロウ

豚バラ肉の角煮。香辛料と豚肉を土鍋に密封し、やわらかくなるまで煮て甘辛く仕上げる。

白菜獅子頭 ●バイツァイシーズトウ

巨大な肉団子を白菜と一緒に土鍋で煮込んだもの。ご飯とよく合う。

鍋巴蝦仁 ●グオバーシアレン

おこげのエビあんかけ。カリカリに揚げたおこげに、アツアツのあんを食べる直前にかける。

乾燒蝦仁 ●カンシャオシアレン

エビのチリソース。プリプリした大きなエビの食感を甘辛いチリソースが引き立てる。

客家小炒 ●クージアシャオチャオ

スルメイカ、豚バラ肉、ネギの甘辛炒め。イカの風味が豊かで、ご飯にもお酒にも合う。

腰果蝦仁 ●ヤオクォシアレン

エビとカシューナッツの炒め物。ネギ、キュウリなどを加え、ピリりと辛めの味付けに仕上げる。

麻婆豆腐 ●マーボードウフウ

四川定番の豆腐のとうがらし炒め。四川特産の花椒を使った、しびれるような辛さが特徴。

酸辣湯 ●スワンラータン

鶏肉や豆腐、長ネギなどが入った酸味豊かな辛みのあるスープ。日本人にもなじみ深い。

富貴雙方 ●フウクェイシュアンファン

甘辛く味付けした金華ハムと揚げた湯葉を、蒸しパンに挟んで食べる定番料理。

生菜蝦鬆 ●ションツァイシアソン

エビのミンチをレタスに包んで食べる上品な料理。レタスのシャキシャキ感がマッチしている。

【食材名】

牛肉(ニウロウ)：牛肉
豬肉(ヂュウロウ)：豚肉
雞(ジー)：ニワトリ
蛋(タン)：卵
蝦(シア)：エビ
魚翅(ユィーチー)：フカヒレ

葱油餅 ●ツォンヨウビン

みじん切りのネギを油で炒め、水で溶いた小麦粉に混ぜて焼いたお好み焼風の焼き餅。

蘿蔔糕 ●ルオボーカオ

大根餅。米のペーストにすりおろした大根、中国ハム、干しエビなどを加えて香ばしく焼いたもの。

麺とご飯

麺は小麦粉、米など素材が多彩で、さらに肉類、魚介類など、スープと具の組み合わせも無限に広がる。また、ご飯ものも、かけご飯、炒飯、お粥、ちまきなど、メニューが非常に豊富で日本人好みの味が多い。

牛肉麺 ●ニウロウミエン

具は大ぶりの牛肉。澄んだ塩味の清燉や、豆板醤などを加えた紅焼などのスープがある。最近はトマト味も人気。

擔仔麺 ●ダンザイミエン

麺に豚ひき肉の煮込みをトッピングし、エビのスープをかけたもの。スープの有無など店によってアレンジも多彩。

刀削麺
●ダオシャオミエン

麺生地を包丁で削り、沸騰した湯に飛ばしながら入れ、茹でて仕上げるモチモチの麺。

排骨麺 ●パイグウミエン

具は骨付き豚のスペアリブ。香ばしい風味とダイナミックさが特徴のボリューム満点の麺。

炒麺
●チャオミエン

いわゆる焼きそばで、さまざまな麺で作られる。太いものは焼きうどんに近い食べごたえ。

魯肉飯 ●ルウロウファン

豚ひき肉の醤油煮込みかけご飯。台湾屋台や食堂の定番メニューで、店ごとにその味を競っている。

鶏肉飯 ●ジーロウファン

ゆでた(蒸した)鶏を鶏のだしで味付けしてご飯にのせた丼もの。あっさりしていて心和む味わい。

肉粽 ●ロウゾン

肉、シイタケなどが入ったちまき。素材のうま味がもち米に染み込み、冷めてもおいしく食べられる。

竹筒飯 ●ヂュウトンファン

味付けしたもち米を竹筒に詰めて炊いた、台湾原住民、タイヤル族伝統の料理。

地瓜粥
●ディーグアヂョウ

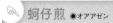

サツマイモ入りのお粥。薄味仕立てで、いろいろなおかずと一緒に食べるのが台湾風。

【調味料】

醤(チャン):ソース・タレ
醤油(チャンヨウ):醤油
塩(イエン):塩　砂糖(シャータン):砂糖
酢(ツウ):酢
胡椒(フウジャオ):こしょう
辣椒(ラーチャオ):とうがらし

小吃と屋台

夜市などの屋台で一番の楽しみは、なんといっても小吃。ひと口サイズのまんじゅうやジューシーなチキンといった屋台フードを、夜市の雰囲気を楽しみながら食べ歩きするのがオススメ。値段も安く、気軽に買える。

蚵仔煎 ●オアアゼン

カキ入りのオムレツ。台湾の屋台料理を代表する一品。甘めのタレで食べる。プルプルの食感が独特。

臭豆腐 ●チョウドウフウ

野菜などを発酵させた汁に漬け込んだ豆腐。名前のとおり独特のくさみがあるが、ぜひお試しを!

鶏排 ●ジーパイ

いわゆるフライドチキン。ジューシーでボリュームたっぷり。サクサクに揚がり、見た目より脂っぽくない。

胡椒餅 ●フウジャオビン

豚ひき肉と青ネギを厚い皮で包んで石窯で焼いたもの。こしょうが効いて美味。

刈包 ●クワバオ

豚肉の煮込みをまんじゅうのようなやわらかいパンに挟んで食べる台湾版ハンバーガー。

スイーツ

体にやさしい漢方食材を使ったものから南国フルーツを使ったものまで幅広く、ヘルシーで美容効果が高いメニューも多い。屋台で手軽に買えるものも多く、散策途中のひと休みに気軽に食べられる。

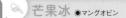

芒果冰 ●マンゴビン

マンゴーかき氷。ミルクをかけた氷の上に、マンゴーをたっぷりトッピングしてある。

杏仁豆腐 ●シンレンドウフウ

日本でもおなじみのスイーツ。杏仁霜（アンズ類の種）と牛乳をベースに作られる。木綿豆腐状にするなど、アレンジが多彩。

愛玉 ●アイユィー

クワ科の植物の種子から作る寒天状のゼリー。レモンジュースと一緒に食べる。

豆花 ●ドウホア

豆乳プリン。フルフルのやわらかさで、甘いシロップや小豆、ピーナッツなどをトッピングすることが多い。

仙草 ●シエンツァオ

シソ科の植物を煮詰めて、冷やし固めたのが仙草ゼリー。漢方のような風味があり、体によい。

粉圓 ●フェンユエン

台湾スイーツの定番である黒タピオカ。もちもちとした食感と歯ごたえがヤミツキになる。

紅豆湯 ●ホンドウタン

やわらかく煮込んだシンプルな小豆がたっぷりと入った、やさしい甘さのおしるこ。

【 フルーツ 】

蘋果（ピングオ）：リンゴ
橘子（ジュズズ）：ミカン
香蕉（シャンジャオ）：バナナ
芒果（マングオ）：マンゴー
草苺（ツァオメイ）：イチゴ
鳳梨（フォンリー）：パイナップル

ドリンク・中国茶

日本でも人気のタピオカをはじめ、牛乳やフルーツを使用した甘いドリンクが多い。茶は定番の烏龍茶から鉄観音茶、花茶・工芸茶とよばれる見た目にも美しいものまで種類が多くあるので、飲み比べてみたい。

珍珠奶茶 ●ヂェンヂュウナイチャー

日本でも人気になったタピオカ入りのミルクティー。太いストローで吸い込んで食べる食感が楽しい。

木瓜牛乳 ●ムーグァニウナイ

台湾で定番のパパイヤ牛乳。街角のスタンドで売られているので手軽に買える。

翡翠檸檬茶 ●フェイツェイニンモンチャー

レモン入りアイスグリーンティー。さわやかな酸味が人気。砂糖があらかじめ入っているものもある。

台湾啤酒 ●タイワンピージウ

台湾でよく飲まれている銘柄のビール。サッパリとした味わいで飲みやすい。

豆漿 ●ドウジャン

豆乳。甘い砂糖入りが多いが、無糖にすることもできる。揚げパンとのセットが朝食の定番。

凍頂烏龍茶 ●ドンティンウーロンチャー

代表的な烏龍茶。美しい金色とまろやかな香りから台湾茶の最高峰ともいわれる。

東方美人茶 ●ドンファンメイレンチャー

発酵度が高く、まるで紅茶のような香りと味わいが楽しめると人気が高い琥珀色の茶。

普洱茶 ●プウアルチャー

台湾では生産されていない。ヴィンテージものは高値で取り引きされる。

シーン別 カンタン会話

Scene 1 あいさつ

こんにちは 你（您）好 ニー（ニン）ハオ	さようなら 再見 ザイジェン
ありがとう 謝謝 シエシエ	ごめんなさい 對不起 ドゥェイブチー
はい 是 シー	いいえ 不是 ブウシー

Scene 2 レストランで

日本語のメニューはありますか 有 日文 的 菜單 嗎? ヨウ リーウェンダ ツァイダンマ	注文をお願いします 我 要 點菜 ウォー ヤオ ディエンツァイ
とてもおいしいです 很 好吃 ヘン ハオチー	お勘定をお願いします 請 結帳 チン ジエヂャン
[メニューを指して]これをください 我 要 這個 ウォー ヤオ ヂョーガ	小皿をください 請 給 我 小盤子 チン ゲイ ウォー シャオパンズ

Scene 3 ショップで

| いくらですか
多少 錢?
ドゥオシャオ チエン | このカードは使えますか
可以 使用 這個 信用卡 嗎?
クーイー シーヨン ヂョーガ シンヨンカーマ |
| ○○はありますか
有 ○○ 嗎?
ヨウ ○○ マ | これをください
我 要 買 這個
ウォー ヤオ マイ ヂョーガ |

Scene 4 観光で

| ○○はどこですか
○○ 在 哪裡?
○○ ザイ ナーリー | 入場料はいくらですか
門票 多少 錢?
メンピャオ ドゥオシャオ チエン |
| 写真を撮ってもいいですか
可以 拍照 嗎?
クーイー パイヂャオ マ | 私の写真を撮っていただけませんか
可以 幫 我 拍照 嗎?
クーイー バン ウォー パイヂャオ マ |

Scene 5 タクシーで

| ○○まで行ってください
請 到 ○○
チン ダオ ○○ | ここで停めてください
請 在 這裡 停車
チン ザイ ヂョーリー ティンチョー |

よく使うからまとめました♪

数字

1	イー
2	アル
3	サン
4	スー
5	ウー
6	リウ
7	チー
8	バー
9	ジウ
10	シー

MRT 捷運 ジエユン
タクシー 計程車 ジーチョンチョー
バス 公車 ゴンチョー
駅 車站 チョーヂャン
切符売り場 售票處 ショウピャオチュウ
1回券 單程票 ダンチョンピャオ
1日乗車券 一日票 イーリーピャオ
チャージ式乗車券 悠遊卡 ヨウヨウカー
改札口 驗票匣門 イエンピャオシアメン
プラットホーム 月台 ユエタイ
エレベーター 電梯 ディエンティー

レート

NT$1 ≒ 4.5円
（2023年8月現在）

書いておこう♪
両替時のレート

NT$1 ≒ ☐ 円

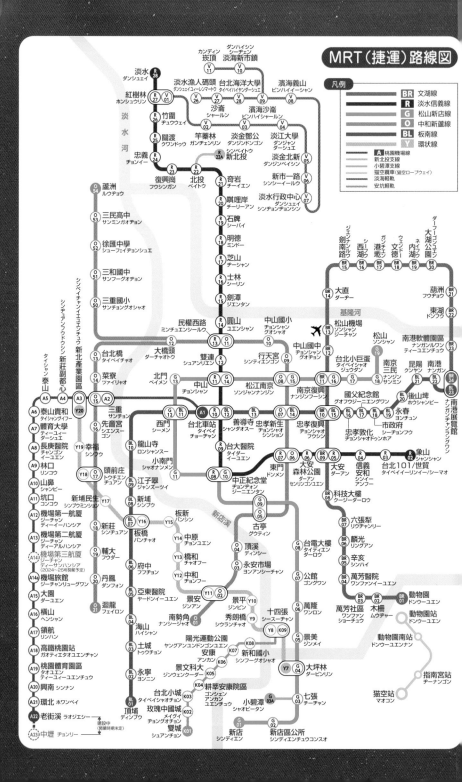